中国古典名著译注丛书

老子译注

辛战军译注

中华书局

图书在版编目(CIP)数据

老子译注/辛战军译注．—北京:中华书局，2008.6
(2018.3 重印)
(中国古典名著译注丛书)
ISBN 978-7-101-06175-8

Ⅰ．老…　Ⅱ．辛…　Ⅲ．①道家②老子-译文③老子-注译　Ⅳ．B223.1

中国版本图书馆 CIP 数据核字(2008)第 078497 号

书　　名　老子译注
译 注 者　辛战军
丛 书 名　中国古典名著译注丛书
责任编辑　聂丽娟
出版发行　中华书局
(北京市丰台区太平桥西里 38 号　100073)
http://www.zhbc.com.cn
E-mail:zhbc@zhbc.com.cn
印　　刷　北京市白帆印务有限公司
版　　次　2008 年 6 月北京第 1 版
2018 年 3 月北京第 7 次印刷
规　　格　开本/850×1168 毫米　1/32
印张 10¼　插页 2　字数 200 千字
印　　数　22001-25000 册
国际书号　ISBN 978-7-101-06175-8
定　　价　32.00 元

目录

下篇　德经

叙　言

《老子》为中华文化的经典著作，而研读《老子》则为历代学者的必修功课。许多学者都著作专书以注解《老子》，前前后后据说有数千家之多。然而“仁者见之谓之仁，智者见之谓之智”，由于注解《老子》者的生活时代不同，思想观念不同，见识深浅又不同，遂使各种说解纷然杂陈，莫衷一是。黄老派引其义以成“君人南面之术”，养生家解其义而为安身长命之说，或以其书为谈兵之作，或以其书为救世之书，近代学者则称其为论说哲理的哲学著作，当然也有人以其为气功之书。清儒章学诚曾说：“古人著书，各有立言之宗。”又说：“读其书，知其言，知其所以为言而已矣。”那么，老子的立言宗旨到底如何，或者说老子著作其书的目的是什么呢？只有弄清楚这一点，我们才能够正确地解读《老子》一书，才能够明了其句读而通达其文义。

要想明了老子著作其书的宗旨，当然先要明白老子生活的社会背景，了解老子其人的思想观念。前贤孟子说过：“颂其诗，读其书，不知其人，可乎？是以论其世也。”就是说，知人论世是我们分析问题与认识问题的基础。

关于老子的生平事迹，司马迁《史记·老子韩非列传》中记载其事云：

老子者，楚苦县厉乡曲仁里人也，姓李氏，名耳，字聃，周守藏室之史也。

孔子适周，将问礼于老子。老子曰：“子所言者，其人与骨皆已朽矣，独其言在耳。且君子得其时则驾，不得其时则蓬累而行。吾闻之，良贾深藏若虚，君子盛德容貌若愚。去子之骄气与多欲，态色与淫志，是皆无益于子之身。吾所以告子，若是而已。"孔子去，谓弟子曰："鸟，吾知其能飞；鱼，吾知其能游；兽，吾知其能走。走者可以为网，游者可以为纶，飞者可以为矰。至于龙，吾不能知，其乘风云而上天。吾今日见老子，其犹龙邪！"

老子修道德，其学以自隐无名为务。居周久之，见周之衰，乃遂去。至关，关令尹喜曰："子将隐矣，强为我著书。"于是老子乃著书上下篇，言道德之意五千余言而去，莫知其所终。

由司马迁的记载我们可以确知：一、老子乃春秋时人，与孔子同时而年长于孔子。二、老子曾任职为周守藏室之史，居周久之，见周之衰而离去。三、其离职之时，著有言道德之意的五千言，而其书分为上下两篇。

关于司马迁的这些记载，到宋代便有学者提出了怀疑，其后疑者逐渐增多，至于上世纪三四十年代，终于发生了一场关于老子生活时代的大论辩。这场论辩吸引了许多学者，如梁启超、顾颉刚、钱穆、胡适之、张煦、唐兰、马叙伦等都参与其中，双方争论得十分热烈。现在，当以往的争论归于平寂，当我们宁神静气地再次分析双方的论据论点后，我们就会发现，还是司马迁的记载比较确实，比较可信。老子生活在春秋末期而与孔子同时，应该是不争的事实。

老子既生活于春秋末期，且任职为周朝的"守藏室之史"，则春秋时期社会生活中政治、经济、文化诸方面的种种情形，必然对其思想观念的形成变化产生深刻影响。换句话说，《老子》书中所反映的思想，所表达的要义，应该符合春秋时期的历史背景,应该符合春秋末期的时代特征。

要了解春秋时期的社会历史,当然要阅读与研究《春秋左氏传》。据《春秋左氏传》所载,春秋时代是一个“礼崩乐坏”的时代,不但因为诸侯国君的私欲膨胀引发了各国间的兼并战争,而且诸侯国内那些权臣间的争斗攻杀也异常激烈。周天子的权威逐渐坠落,世卿世禄的礼乐制度日渐瓦解,各国诸侯假“仁义”之名竞相争霸,而其卿大夫之间则相互倾轧。孔子的弟子子夏说:“《春秋》之记臣弑君、子弑父者以十数矣,皆非一日之积也,有渐而以至矣。”(见《韩非子·外储说右上》)孟子说:“世衰道微,邪说暴行有作。臣弑其君者有之,子弑其父者有之,孔子惧,作《春秋》。”(见《孟子·滕文公下》)汉代学者如董仲舒、司马迁等人则说:“《春秋》之中,弑君三十六,亡国五十二,诸侯奔走不得保其社稷者不可胜数。”(见《史记·太史公自序》)可以说这是一个充满血污与战乱的时代。

《左传》开篇的“郑伯克段于鄢”,记载了郑庄公与其同母弟共叔段之间的相争相斗。《左传》记载的最后一件大事,是韩、赵、魏的三家分晋。而每件事变发生的根源,不都是因为君王与卿大夫的私心贪欲吗?不都是他们为追逐私利而互相攻击吗?春秋五霸,有说是齐桓公、晋文公、楚庄王、吴王阖闾与越王勾践的,也有说是齐桓公、宋襄公、晋文公、秦穆公和楚庄王的,但无论是谁,都是依靠他们的强大国力,镇服或吞并周边的小国,挟制周天子而成为诸侯霸主的。比如晋文公,就是在率领宋、齐、秦等国军队经城濮之战打败楚、郑、陈、蔡等国的联军后,把周襄王叫到他在践土修建的王宫里,接受周天子的策命而成为侯伯的。而为了取得对楚国的胜利,晋文公早就进行了充分的政治、经济、军事等各方面的准备工作。

从社会发展的一般规律来看，应该说导致这种变化的原因本质上是社会生产力的日益发展，但其外在表现则是人们的私欲在不断地扩张。国君的私欲在扩张，卿大夫的私欲在扩张，整个社会人们的私欲都在扩张。正是在人们不断追求和实现自己私欲的同时，国家陷于动乱之中，人民陷入贫困之中。面对这动荡不安的社会，一些爱民忧国的志士则探求思索，企图寻找到一条切实可行的道路，来引导人民过上和平安定的社会生活。而老子与孔子就是这批志士中的佼佼者。

孔子并没有自己的著作问世，由他的弟子纂修的《论语》则比较全面地体现了孔子的思想。在孔子看来，天下已呈现“礼崩乐坏”而君不君、臣不臣、父不父、子不子的局面，只有恢复礼乐制度，天下才能和谐，社会才能安定。而要想恢复礼乐制度，就必须做到“己所不欲，勿施于人”，必须“克己复礼”。所谓“克己”，就是要克制自己的私心贪欲。他认为“君子怀德，小人怀土；君子怀刑，小人怀惠”，“君子喻于义，小人喻于利”。他称赞颜回：“一箪食，一瓢饮，在陋巷，人不堪其忧，回也不改其乐。贤哉，回也！”这与《老子》书中所主张的君王须致虚守静，谦下不争，见素抱朴，少私寡欲，知足知止是基本一致的。也就是说，老子与孔子的心愿、期望是相通的。

当然，事情的另外一面是，在孔子看来，“政者，正也。其身正，孰敢不正”，“礼者，理也”，“礼之用，和为贵”。只要君王能够“克己复礼”，就可以“天下归仁焉”；恢复了礼乐制度，社会自然也就安定了。而老子的看法则与此不同，在他看来，周初制定的礼乐制度虽然先前曾经维护和巩固过周王朝的统治，但现在已经受到破坏而不起作用了。从周天子到列国诸侯，因为追求私利，满足私欲，已经搞得天下大乱了，礼乐制度并没有约束与遏止这种混乱的发生和蔓延，要想使社会安定，必须返归于无为自然的大道。君王只要顺乎自然，只要“处无为之事，行不言之教”，就能解决好社会问题而实现其和谐安定。可以看出，面对春秋时期的社会问题，老子和孔子都想找到一个解决问题的好办法，而由于他们各自的经历不同，分析问题的方法不同，认识问题的出发点也不同，因而他们为解决社会问题所开具的处方也完全不同。老子与孔子其实是志同而道不合的诤友，并不是相互对立的敌手。司马迁所说的“世之学老子者则绌儒学，儒学亦绌老子”，那是老、孔后学的事情。

再者，老子既为周守藏室之史，自然就有辅教天子行政的职责。《国语·周语上》说：“天子听政，使公卿至于列士献诗，瞽献曲，史献书，师箴，瞍赋，矇诵，百工谏，庶人传语，近臣尽规，亲戚补察，瞽、史教诲，耆、艾修之，而后王斟酌焉，是以事行而不悖。”所谓“史献书”，所谓“瞽、史教诲”，就是要史官研究历史发展，总结历史经验，然后进献治国安民之策。这正是老子作为史官的工作职责之所在。《老子》一书中所说的道德之论，该是他当时辅政天子而进献的忠言，这些教诲的言说或者当时就已经在公卿大臣中传抄了。司马迁说老子为关令尹喜“著书上下篇，言道德之意五千余言而去”。或者老子当时将自己原先的旧本交给了关令尹喜，而并非临时在关中仓促著书五千余言。或者五千言之《老子》乃经关令尹喜整理编辑而成，然后流传于世，也未可知。

随着社会政治经济的不断变化发展，春秋时期也形成了新的社会思潮，这就是人们对于“人道”的研究开始不断深入。我们看《左传》、《国语》的记载，大凡言人道时，必亦言天道，即把社会人事同所谓的天意结合在一起,以证明上天的冥冥意志主宰着人世,人们的意识行为顺乎天意则存,逆于天意则亡。但是,一些科学的、正确的思想已经被如郑子产等一些人认识了。据《左传》昭公十七年、十八年记载:郑国裨竃请求子产禳火灾,子产不肯,后郑国果然有了火灾。裨竃又请求禳火灾,并说:“不用吾言,郑又将火。”众人也都请求子产听用裨竃之谋。而子产却坚持不肯,子产说:“天道远,人道迩,非所及也,何以知之?竃焉知天道?是亦多言矣,岂不或信?”子产不禳火灾,郑国也没有再发生火灾。这一事件说明,传统的“以人随君,以君随天”,天象和人事总是密切相关的思想观念已经受到怀疑,新的思想观念已经开始出现。

正是在此基础之上,或者说正是受到新的社会思潮的影响,老子的思想认识也出现了新的突破。老子提出的“道”,不仅是恒久之道,亘贯古今,而且“先天地生”,“吾不知其谁之子,象帝之先”。这样,“道”成了天地万物的本原,“道”先于天且高于天。老子的这种新的思想观念,无疑给我们透露出一种信息,即上古神学体系对人们思想的笼罩正在逐步瓦解,一种新的人文思想正在逐步形成。而随着这种新观念新意识的出现,又催生各种新的思想、新的见解、新的概念、新的学说不断涌现,之后终于出现了百家争鸣的崭新局面。

总之,可以明确看出,老子其人的思想观念正是春秋时期社会政治、经济、文化等不断发展变化与影响的产物。《老子》一书著作的宗旨,就是要通过宣传道德之论,教诲君王改变其思想观念,促使君王循守大道而顺其自然;就是要君王少私寡欲而清静无为,进而实现社会和谐与天下大治。明确了《老子》一书的著作宗旨,也就奠定了正确解读《老子》全书的基础。在此基础上,《老子》的文义即可明通之,不合于老子宗旨的谬说误解即可纠正之,各种对于《老子》文句的增删误改即可校定之。

当然,说起来似乎事情很简单,真正做起来其实很麻烦。《老子》一书自传世以来,至今已有两千多年,其间曾经屡屡被人增删改动过。传世的各家注本由于各种原因的改动,极其繁多也极其复杂。其中有其后学者为畅达其意而主动增补者,有异说之人为附会己意而擅自窜改者,亦有浅识者未达其旨而盲目加减者,有限于避讳之词而不得不改者,有误读他本而依其引文改动本文者,亦有传抄誊写而不慎改动者,有抄写时将夹注文字误入正文者,有抄写时以字形不明而误作他字者。当然,更有许多不明缘由的改动大量存在着。这些改动有的使其文义转而显明,有的则使其文义晦涩难懂。所谓"校正其字句",并非是要考定《老子》原书之"旧",而是要通过考辨而确定《老子》之"正"。就是说,文字的校订要使其能够正确反映出老子的思想,能够正确体现出老子的宗旨。因为老子之书,无论是传世本还是地下出土本,均非老子之旧。我们根本不可能见到《老子》亲传的原本,并据此改正他本之讹误。我们只能是依据老子的著书宗旨,参考众本而校订字句,以确定其正读。如若疑而不能判,或虽能判定而缺少依据,则只能考辨其异而并存其说。

好在我们有了历代学者对《老子》一书的研究与考证的坚实基础,再加上我们生活在非常幸运的时代,先有长沙马王堆汉墓帛书《老子》甲、乙本的发现,继有荆州郭店楚墓竹简《老子》的出土,以及许多学者对此进行的认真细致的整理与考辨工作。正是有了这些特殊的、优越的条件,才使我们有可能得到新的认识,产生新的见解,从而使我们能够对《老子》一书了解得更加清晰,更加准确,更加符合老子的本义。

宋儒郑樵说过:“学术超诣,本乎心识。”以本人生性鲁钝,学识浅陋,书中谬误自然不少,恳请方家不吝赐教。

辛战军

公元二〇〇七年十二月

例　言

一、《老子》一书版本众多，各本之间文句亦多有不同。此书乃师法商务印书馆汇印“百衲本二十四史”之意，博采《老子》诸本之长校定而成。其所用版本主要有传世的王弼本（简称王本）、傅奕本（简称傅本），长沙马王堆汉墓出土的帛书甲、乙本，荆门郭店战国墓出土的竹简本（简称楚简本），以及景龙碑本等。

二、王弼的《道德经注》流传至今，为《老子》传世本中最重要与最有影响者，今此书即以王弼本为底本。长沙马王堆出土的帛书《老子》甲、乙本，为西汉初年抄写的古本，虽然其中多有衍文脱字且损坏残缺严重，未可称为善本；然而其近古而存真，较少地被后人改动，故此书即以帛书甲、乙本为主校本。又唐初傅奕依据北齐武平年间发掘项羽妾冢所得的抄本校定成书的《古本老子》，亦保存了不少《老子》旧文，故此书亦将其作为主校本。

三、湖北荆门郭店战国墓出土的竹简《老子》虽年代最古，然其仅抄录部分内容而未为全本。严遵《老子指归》虽成书较早，然亦残损将半。河上公注本虽托名汉人，其成书实晚于王弼，且其中文字讹误尤多。故本书校订文句时同其他版本如景龙碑本及历代刊本一样，将以上三本作为参校本使用。若其内容于校订文字有重要关系，或其文字确实优于王本、傅本及帛书本，本书采用时则详细录记，一般则略而不载，以简省文字。

四、帛书甲、乙本之叙次，并《德经》在前而《道经》在后，其文字也都没有分章，另外，其中部分文字与传世本相较，位置次序或有颠倒。其他传世本之分章也有与王弼本不同者。此书则一依王弼本之分章与次序写正,他本与王本不同者也不再另行标出。

五、帛书甲、乙本《老子》中多有假借字和异体字,其文字的确定以马王堆汉墓帛书整理小组校定的本子为准。荆门郭店楚简本《老子》的文字确定则以文物出版社一九九八年五月版《郭店楚墓竹简》中的释文为准。

六、本书内容主要由原文、章旨、校勘、注释、译文组成,部分章节中有需要辨明的重要问题,则设立"辨析"一项进行讨论。为方便校勘,各章依文字之多寡划分成若干短句,并由加方形括号之数码依次标出,如[1]、[2]等。而所需注释的词语或短句,则由加圆形符号之数码依次标出,如①、②等。校勘或注释中需要特别注明的,则另加按语说明。

七、历代学者对《老子》一书的注解,多有能发明其本旨精义者,此书校勘注释中多录取其说以为申明老子本义之参考。其引用诸家之说时,皆直称其名,首次引用时标明时代。以上世纪八十年代初作者曾师从于张舜徽先生研修中国文献学,故特称"先生"以表尊敬。

八、译文力求流畅明白而不失老子本义,但以《老子》原文言辞简略,有时则不得不添加一些词句。此外,在对原文或引文作适当订正时,也有增补或删除文字的情况。书中凡属增补的文字,一律外加(　)号标识。若为当删除的衍误文字,则外加[　]号标识。

上篇　道经

共三十七章

一 章

道,可道也,非恒道也①;名,可名也,非恒名也②[1]。无名,万物之始也③;有名,万物之母也④[2]。故恒无欲也,以观其妙⑤;恒有欲也,以观其所噭⑥[3]。此两者同出而异名⑦,同谓之玄⑧,玄之又玄,众妙之门⑨[4]。

【章旨】

此章为道经开篇,乃老子向君王介绍其所倡之"道"。一则指出"道"的恒久性,一则指出"道"的玄妙性。并告诫君王,只有虚静无欲,才能明了"道"的玄妙与精深。

【校勘】

[1]道,可道也,非恒道也;名,可名也,非恒名也。

此从帛书甲本写定。乙本有缺损。王弼本无诸"也"字,又"恒"字作"常"。傅奕本同王本。

按:王本、傅本"恒"作"常",义同。当以汉时避孝文帝刘恒名讳而改。

[2]无名,万物之始也;有名,万物之母也。

此从帛书本写定。王弼本两句末并无"也"字,"万物之始"作"天地之始"。傅奕本同王本。

按:王弼注云:"凡有皆始于无,故未形无名之时,则为万物之始。及其有形有名之时,则长之、育之、亭之、毒之。"据此,王本原亦当为"万物之始"。又《史记·日者列传》云:"此老子之所谓'无名者万物之始'也。"所引亦同。

[3]故恒无欲也，以观其妙；恒有欲也，以观其所噭。

此从帛书甲本写定而依王弼本改“眇”作“妙”，增补缺损之“故”字。乙本间有缺损。王本“恒”字作“常”，无两“也”字与“所”字，“噭”字作“徼”。傅奕本同王本。

[4]此两者同出而异名，同谓之玄，玄之又玄，众妙之门。

此从王弼本写定。傅奕本同。帛书乙本作“两者同出，异名同胃，玄之又玄，众眇之门”。甲本同乙本而“又”字作“有”。帛书本“有”、“又”常通用，并“谓”字作“胃”，“妙”字作“眇”，此后不一一注出。

【注释】

①道，可道也，非恒道也——前一“道”字为名词，本义指人们行走的道路，由此处到达彼处所遵循的途经。引申而指事物发展进程中所遵循的客观规律，或者说是事物发展变化必然遵从的客观法则。各种事物正是循着客观规律才由小到大，由弱到强，由生到灭的，这恰如循着道路才能由此至彼一样。而这个客观规律是可以感知而不能触及，可以通过现象去认识而不能明察眼见的，所以就借用“道”来命名它。《说文》：“道，所行道也。从辵从首。一达谓之道。”《释名·释言语》：“道，导也，所以通导万物也。”可道，指能够解说的确切明白，清清楚楚。道，说解，解释；用作动词。恒道，指经常不变的、贯通古今的、恒久存在的道。

②名，可名也，非恒名也——前一“名”字为名词，指人们为说明事物的形态和性质特征而给予事物的称呼。《释名·释言语》：“名，明也。明实事使分明也。”古人认为，事物的名称须要表明事物的形态或本质，即形名相应、名实相副。《尹文子·大

道》云:“名者,名形者也。形者,应名者也。……今万物具存,不以名正之则乱;万名具列,不以形应之则乖,故形名者不可不正也。”可名,能够使名称正确地表明事物的本质和形态。名,称名,命名;用作动词。恒名,指能够恒久地表明事物的本质和形态而可以经常行用的名称。

《庄子·知北游》云:“道不可闻,闻而非也;道不可见,见而非也;道不可言,言而非也。知形形之不形乎?道不当名。”

③无名,万物之始也——谓天地万物未萌发产生前的含孕化育之初,无象无形,虽生成其物而未明于世,故无名可称。亦即王弼注所言之“未形无名之时”。无名,指无名可称,无形可明。始,本指妇女怀孕育子的初起。《说文》:“始,女之初也。”《玉篇》:“女,以女妻人曰女。”宋郑樵《通志·六书略》云:“始,女子之初。”女子,谓妇女怀孕生子。男女交合而含孕生子,其交合成孕之初即为始。

④有名,万物之母也——谓天地万物的孕育成熟而生出于世,则有形可见而有名可称。母,即“乳”。其字从女,中有两点象两乳,谓孕妇怀妊十月,产子而乳养之。《说文》:“母,牧也。从女,象怀子形。一曰象乳子也。”《广韵》:“母,父母。《苍颉篇》云‘其中有两点,象人乳形。’”其用作动词,则有产生、生养之义。《汉书·外戚传》云:“妇人免乳大故,十死一生。今皇后当免身,可因投毒药去也。”又云:“(许美人)元延二年怀子,其十一月乳。”又云:“见宫腹大,问宫,宫曰:‘御幸有身。’其十月中,宫乳掖庭牛官令舍。”其“乳”字并同“母”义,谓分娩产子。

⑤恒无欲也,以观其妙——无欲,没有私心和欲念。观其妙,即观察明了于天地万物孕育长养的情形。妙,为玄妙幽冥之意,指“道”之化生天地万物。天地万物之孕育长养皆由大道以

生之、成之，故察知天地万物之情则能明了大道的幽隐精微，神奇玄妙，而无欲无私才能明圣通达，故能“观其妙”。

⑥恒有欲也，以观其所噭——谓人们在其贪欲旺盛时，只能观看到大道所产生的外现于形的事物。有欲，指人有私心贪欲而不知满足。观其所噭，指观察大道所产生的世间万物，即“万物之母”，而后可睹其形，可明其状。噭，孔穴。用作动词，意谓由洞穴涌动而出，引申之而为产生、生出。《玉篇》：“噭，孔也，呼也。”《说文》：“噭，吼也。从口敫声。一曰噭，呼也。”天地万物所表现出的生成养长的情状和变化，即为“道”的功用的外在体现，其可见可察，故易知易得。人有私欲则障于物而黯于“道”，故只能“观其所噭”，只能观看到那些外现的事物与情形。

⑦此两者同出而异名——谓万物之始孕与万物之产生全都出自于大道，即为“道”所造化而成，而其称名则彼此不同。两者，指“万物之始”与“万物之母”。始乃孕养之初起，母为孕育之结果，故两者同出。始而无名，母则有名，故两者异名。

⑧同谓之玄——指万物之始与万物之母都是玄妙神奇之事，都不是人们所能设计与操控的。玄，玄妙，幽隐。这是老子对“道”的形容，以其幽冥难明而变化神奇，故谓之“玄”。

⑨玄之又玄，众妙之门——指“道”的变化幽冥精深而隐微难明，是非常玄妙、非常神奇的，而它正是世间万物所同出共生的门户。玄之又玄，即神而又神。众妙，指天地万物。天地万物各自存在于不同的环境而具有不同的形态与性质，其千变万化，千差万别，各自展现出独特的风采，故老子称为“众妙”。

清高延第云：“‘玄之又玄’，即庄子‘深而又深，神而又神’，赞道之词，犹云无声无臭。门者，人所共由，喻道为万物所由生，万事所由出也。”

【译文】

“道”,如果能够完全解说得确切明白,那它就不会是贯通古今的恒久之道。名,如果能够准确地表明事物的形态和本质,那它就不会是经常行用的恒久之名。(我所宣扬的“道”虽然不可道说其所以然,不可称名其状与形,但它却是亘贯古今、遍及万物的恒久之道。)天地万物在其孕含育养之始,则无形可见亦无名可称;而当其孕育长成而产生于世后,则有形可见而有名可称。只有那些无私无欲之人才能察知明了它的精微玄妙,而那些有欲有为之人则只能看到它所显现出的外象。万物之始孕含育与万物之产生长养虽然同出于“道”,而其名称则并不相同。它们同样都是极其玄妙,极其神奇的。那玄远幽隐、精微神妙的大“道”,乃是世间万物所共由生出的神奇之门。

二　章

天下皆知美之为①,美斯恶已②;皆知善之为,善斯不善已[1]。有、无之相生③也,难、易之相成④也,长、短之相形⑤也,高、下之相盈⑥也,音、声之相和⑦也,先、后之相随⑧,恒也⑨[2]。是以圣人处无为之事⑩,行不言之教⑪[3]。万物作而弗始⑫也,为而弗恃⑬也,成功而弗居⑭也。夫唯弗居,是以不去[4]。

【章旨】

此章从分析有无、难易、长短、高低等事物的相随相生着手,指出美与恶、善与不善总是相互依存和相互转化的。告诫君王千万不要自以为所为所行是美事善事即任意妄为，而应当循守大道而顺乎自然，处无为之事，行不言之教。

【校勘】

[1]天下皆知美之为，美斯恶已；皆知善之为，善斯不善已。

此从王弼本写定。傅奕本同。帛书甲本作“天下皆知美为，美恶已；皆知善，斯不善矣。”乙本同甲本而“知美为”作“知美之为”。又郭店楚简本作“天下皆知美之为，美也恶已；皆知善，此其不善已。”诸本前后句对偶或不同，但文义无别。

[2]有、无之相生也，难、易之相成也，长、短之相形也，高、下之相盈也，音、声之相和也，先、后之相随，恒也。

此从帛书甲本写定而依傅奕本改“刑”作“形”。乙本首句有缺损。王弼本作“故有无相生，难易相成，长短相较，高下相倾，音声相和，前后相随。”傅本作“故有无之相生，难易之相成，长短之相形，高下之相倾，音声之相和，前后之相随。”楚简本同帛书本而无“恒也”二字。

按：帛书本“形”作“刑”，形、刑古通用。又王本“形”作“较”，盖后人误改。清毕沅云：“古无‘较’字。本文以‘形’与‘倾’为韵，不应用‘较’又明矣。”近人刘师培以为：“疑《老子》本文亦作‘形’，与‘生’、‘成’、‘倾’协韵。‘较’乃后人旁注之字，以‘较’释‘形’，校者遂以‘较’易‘形’矣。”又“相盈”二字，传世本或作“相倾”。张松如言“当是避汉孝惠帝刘盈讳而改，‘盈’义长。”又王本、傅本等作“前后相随”。近人蒋锡昌云：“《老子》本书‘先’、‘后’连言，不应于此独异。如七章‘是以圣人后其身而身先’，六十六章‘欲先民必以身后之’，六十七章

'舍后且先'，皆其证也。"

[3]是以圣人处无为之事，行不言之教。

此从王弼本写定。傅奕本同。帛书本"处"作"居"。二字义同，《说文》："居，处也。"

[4]万物作而弗始也，为而弗恃也，成功而弗居也。夫唯弗居，是以不去。

此从帛书乙本写定而依甲本增补"弗始"后"也"字，依王弼本改"弗去"作"不去"。甲本首句缺损，"为而弗恃"作"为而弗志"。王本作"万物作焉而不辞，生而不有，为而不恃，功成而弗居。夫唯弗居，是以不去。"傅奕本同王本而首句作"万物作而不为始"，又"弗居"作"不处"。楚简本作"万物作而弗始也，为而弗志也，成而弗居。夫唯弗居也，是以弗去也。"

按：王本首句作"万物作焉而不辞"。其"不辞"原本当作"不为始"。清易顺鼎云："考十七章王注云：'大人在上，居无为之事，行不言之教，万物作焉而不为始。'数语，全引此章经文，是王本作'不为始'之证，但比傅本多一'焉'字耳。"毕沅云："古始、辞声同，以此致异。"

又传世本"不为始"后有"生而不有"四字，而楚简本、帛书本并无之，疑其乃夹注之混入正文者，故此从帛书本删去。

帛书甲本与楚简本并作"为而弗志"，志，记也。谓万物自为而君王并不记在心中以为己功。

【注释】

①皆知美之为——指人人都去做那些被认为是美好的事情。为，作为。《玉篇》："为，造作也。"

②美斯恶已——美好的事物就会变得不美了。斯，则，就。

恶，不美。《广韵》："恶，不善也。"面貌丑陋曰恶，物有瑕疵曰恶，饭食粗糙曰恶，器物不良曰恶，年成不收曰恶，行为不端曰恶。其词义并不如后世的"恶劣"、"罪恶"等含有贬义的程度更深更重。已，同"矣"，语助词。

人们所谓的美事、善事，皆为人们主观自我的感觉。在"道"看来，万事万物莫不顺乎自然而发展演变，各循其当行之路，各依其客观规律，本无所谓美与恶、善与不善的区别。如果君王依据自己的好恶欲望去作为那些所谓的美事善事，必定会影响天下之人相率仿效，而如果天下之人都去作为那些美善之事，那么美事就会不美了，善事就会不善了。比如羊肉为美味，若天下之人天天都吃，顿顿都吃，则羊肉之美味就会变的令人生厌。比如盖房造屋以利人居为善事好事，若天下之人家家都造高堂广厦、楼宇殿阁，多伐大木，多毁森林，则必然造成沙尘肆虐而环境恶劣，甚至使得人们难以生存，好事自然也就变成坏事了。老子此言在于告诫人君，无欲无为，顺乎自然乃为大道之要。虽其自认为美善之事，亦不可任意而为。

③有、无之相生——指事物的有与无，即存在与消亡之间的相对成立与相互转化。无而生有，有而成无。相生，彼此生成。既指有与无的相对存在，又指其彼此间的相互转化。

④难、易之相成——指难与易之间相对而言的彼此存在与转化。有难才有易，知易始知难。难可变成易，易可转为难。相成，相互形成，彼此成全，义同"相生"。

⑤长、短之相形——指物形的相互比较而显现其长短，以短而见长，以长而知短。

⑥高、下之相盈——指高与低的不同为相对存在，其彼此间常因增益充盈而出现转化，使高者变低而低者增高。高下，即高

与低。《说文》:"下,底也。"盈,充盈,增益。《说文》:"盈,满器也。从皿夃。"徐铉曰:"夃,益多之义也。"

⑦音、声之相和——指发音和听声总是互相应和的,发音则有声,闻声知有音。《说文》云:"音,声也。生于心有节于外谓之音。从言含一。"又云:"声,音也。从耳殸声。殸,籀文磬。""音"字"从言含一","一"为指事之"、",乃指言语时所发出的音响。声字"从耳殸声",音入耳则为声。显然,"音"指口中发出之声,"声"指入耳所听之声。口发音而耳听声,闻其声则必有音,故言"音声相和"。《广韵》:"和,声相应。"

⑧先、后之相随——指或先或后,二者相随而现。有先必有后,有后须有先。

⑨恒也——指以上所言数事乃是恒久不变的,经常存在的。是对上文所言各种现象的总结之辞。

张舜徽先生云:"'恒也',乃总结上六句之辞,必不可少,今本夺去久矣。《老子》言事物之可名者,如有无、难易、长短、高下、音声、前后之类,皆以相对而存在。且皆相互依赖,彼此转化,包含有朴素辩证法思想。"

⑩圣人处无为之事——谓明道之君处理政事即施政治国时总是无欲无为,顺乎自然。圣人,此为老子对于能明通大道而虚静无为之君的特殊称呼。《广雅·释诂》云:"圣,通也。"《白虎通义》云:"圣者,通也,明也,声也。道无所不通,明无所不照,闻声知情也。"无为,不依个人的心志欲念去作为,而依照事物自身的客观规律去行事。

《韩非子·内储说上》云:"齐国好厚葬,布帛尽于衣衾,材木尽于棺椁。桓公患之,以告管仲曰:'布帛尽则无以为幣,材木尽则无以为守备,而人厚葬之不休,禁之奈何?'管仲对曰:

‘凡人之有为也，非名之则利之也。’于是乃下令曰：‘棺椁过度者戮其尸，罪夫当丧者。’夫戮死无名，罪当丧者无利，人何故为之也?”由此可知，“有为”，乃有欲之心追名逐利之所为。“无为”，即不为名利而妄兴事功。

⑪行不言之教——不言，不依个人的主观意志去制定政策，发布教令。君王既已明知于“道”，深通事物相互依存，彼此转化之理，故其行教理政皆能顺乎自然，循其规律，而不以个人的欲望喜好任意作为。

⑫万物作而弗始——谓明道之君处事行教，不造设不为始，顺乎自然而任由万物遂其个性自由发展。作，兴起，生成。《说文》：“作，起也。”弗始，指不加人为，不为创设。三十章王弼注有言：“为始者务欲立功生事，而有道者务欲还反无为。”则“弗始”即“无为”。

⑬为而弗恃——谓万物自为而圣人不恃。即万物各依其自然而运化成长，而明道之君并不自恃有德，不自以为有恩于物。为，乃成长、发展、运化之意。《广雅·释诂》：“为，成也。”

⑭成功而弗居——谓万物虽成就其功业而明道之君不自居其功，即所谓不贪天之功为己有。《玉篇》：“居，处也，安也。”

宋范应元云：“万物之生育运为，皆由于道。而道未尝以为己有，亦未尝自恃，至于成功，而未尝以自处。夫惟不以功自处，是以(与)物不违也。圣人体道而立，故亦如是。”

【辨析】

此章首句标点，学者多作：“天下皆知美之为美，斯恶已；皆知善之为善，斯不善已。”然标点虽同，而解说却各异。主要有：

1. 元吴澄云：“美，谓美于他物，以质而言也；善，谓善于其事，以能而言也。美恶善不善之名相因而有：以有恶故有美，以有不善故有善。皆知此之为美，则彼为恶矣；皆知此之为善，则彼为不善矣。欲二者皆泯于无，必不知美者之为美，善者之为善，则亦无恶无不善也。"近人则释作：天下皆知美的东西之所以为美，这就已经有恶的东西了（所谓的恶就出现了）。天下皆知善的东西之所以为善，这就已经有不善的了（所谓不善就出现了）。

2. 张松如言："美是人的感情观照，善是人的道德标准。此二者，'人也，非天也。'是人为的，破坏自然的，所以都是'非恒名'，因而也是'非恒道'，对'道'说来，乃是'恶'、是'不善'，亦即是'丑'、是'恶'。"

3. 张舜徽先生言："此言君道之所以为美善，不同于世俗之所谓美善也。世俗以有为为美，而君道以无为为善；世俗以烦劳相尚，而君道以简易相高；世俗以尊威自重，而君道以谦下自处；世俗竞炫其才智，而君道率安于愚弱。举凡天下所共推为美且善者，皆君道之所忌，当深恶而痛绝之。凡善为君者，不必与世俗计美恶，校短长。所谓'君无为而臣有为'；'君臣异道则治，同道则乱'；皆道论之精英，故《老子》于此发之。"

4. 魏源云："盖至美无美，至善无善。苟美善而使天下皆知其为美善，则将相与市之托之，而不可常矣。此亦犹有无、难易、长短、高下、音声、前后之类，然当其时，适其情，则天下谓之美善，不当其时，不适其情，则天下谓之恶与不善。"

上述各说，或添加文字而释之，或脱离本句竟以己意解说之，或以假设之辞言其义，似乎并不合于老子本义。若据其文而直解，则又与下文"是以圣人处无为之事，行不言之教"之义不相连属。故高亨言："'是以'二字疑后人所加，盖《老子》原书本不分章，后人强为分之，有文意不相联而合为一章者，遂加'是以'或'故'等字以联之,此类甚多。……本章此前八句为老子之相对论,此后八句为老子之政治论。文意截然不相联,本无'是以'二字,明矣。"

今检核汉墓帛书甲、乙本,亦并有"是以"二字,则高氏之怀疑不能成立。然高亨之所以有此怀疑,亦事出有因。盖学者于此章首句多标点作:"天下皆之美之为美,斯恶已;皆知善之为善,斯不善已。"将其解释为:"天下之人都知道美的东西之所以为美的,那末恶的概念也就出现了。天下之人都知道善的事物之所以为善的,那末不善的概念也就产生了。"这样的标点与解释,只能使人理解为前言乃"老子之相对论",后言乃"处无为之事,行不言之教"的"老子之政治论",自然"文意截然不相联"。而事实是,那被人看作"截然不相联"的两句文字却前后相联而在同一章中。这难道不正说明了先前学者对《老子》本章的点读有误,因而未能正确理解《老子》的本义吗?

物之美善,皆人心之感触。喜之者谓之美,恶之者谓之恶。然心虽己心,亦在社会风俗、生活习惯、文化环境之笼罩中,当其时适其情则谓之美善。然而时间在不断推移,事物之形态、多寡也在不断变化,故美恶之心境也在变化之中。老子有鉴于此,因以释君王之惑以明"无为不言"之理。盖老子教君王清静无为而顺乎自然,君王则以为我所行之事乃美事善事,于国于民皆有利而无害,奈何不为?老子因有此言,以为君王乃邦国之主,其所做所为必定上行下效而成邦国众人之所为。若天下之人皆为此美善之事,则事物之形态、多寡必随之而变,美者变为不美者,善者变为不善者。这正如有无之相生、难易之相成一样。故君王虽为美善之事而未必得美善之果,反不若循行清静自然、无为不言之"道",而终能收其大治之效。

时雍道遥《道德真经全解》云:"美也,善也,天地自然之道也,天下皆知之也。美虽天地之道至于之,为美则斯恶已;善虽天地之道至于之,为善则斯不善已。何哉?天地生物之形而形未始不美,由物有出生入死如神奇臭腐反衍复化之类,则外于美而为可恶者也。天地生人之神而神未始不善,由人有智能外通如和大怨必有余怨之类,则分于善而为不善者也。既出于为美、为善,斯不合无为之道,故一彼一此,更相变更,相见而皆反是焉。"

另外,《庄子·徐无鬼》篇所言,也可以发明《老子》以为美、成美而适成恶事之义。其云:武侯曰:"欲见先生久矣!吾欲爱民而为义偃兵,其可乎?"徐无鬼曰:"不可。爱民,害民之始也。为义偃兵,造兵之本也。君自此为之,则殆不成。凡成美,恶器也。君虽为仁义,几且伪哉!形固造形,成固有伐,变固外战。君亦必无盛鹤列于丽谯之间,无徒骥于锱坛之宫,无藏逆于得,无以巧胜人,无以谋胜人,无以战胜人。夫杀人之士民,兼人之土地,以养吾私与吾神者,其战不知孰善?胜之恶乎在?君若勿已矣,修胸中之诚以应天地之情而勿撄,夫民死已脱矣。君将恶乎用夫偃兵哉!"

武侯欲为美成美,即"爱民而为义偃兵"。徐无鬼以为"不可"。因为"成美,恶器也。君虽为仁义,几且伪哉!"这事是做不得的。他劝武侯"修胸中之诚以应天地之情而勿撄",换句话说就是真心实意地持守大道,顺其自然,无为不言,而不要去做那些所谓的美、善之事。

【译文】

如果天下之人都知道作为那些所谓的美事,那么美事就会变得不美了;如果天下之人都知道作为那些所谓的善事,那么善事就会变得不善了。有与无的相互转化，难与易的彼此促成，长与短的相形而见，高与低的相益而生，音与声的相和相应，先与后的相随相依，这些总是客观存在且恒久不变的。因此，明道之君总是无欲无为，顺乎自然。不依个人的心志欲念去施政治国，不依自己的主观意愿去颁布教令。（总是依顺于事物自身的客观规律去行政施教而不以个人的欲望好恶而妄为兴废。）万物孕育初起时不以己意去造设始兴，万物运化成长时不自以己恩而占为己有，万物成就功业时也不自居其功而矜夸骄盛。你不自居其功，那功德当然也就不会离你而去了。

三　章

不尚贤①，使民不争；不贵难得之货②，使民不为盗；不见可欲③，使民心不乱[1]。是以圣人之治④也，虚其心，实其腹，弱其志，强其骨⑤[2]。恒使民无知无欲⑥也，使夫知者不敢弗为⑦而已，则无不治⑧矣[3]。

【章旨】

此章阐明君王必须首先做到无私无欲，虚静无为，才能循守大道而使天下达于大治。具体而言，就是要“虚其心，实其腹，弱其志，强其骨”。

【校勘】

[1]不尚贤，使民不争；不贵难得之货，使民不为盗；不见可欲，使民心不乱。

此从王弼本写定。傅奕本同。帛书本“尚”作“上”，“使民心不乱”句亦无“心”字。甲本间有缺损。

按:“使民不为盗”句,景龙碑、开元幢之《道德经》并无“为”字。马叙伦言:“《北堂书钞》二七引作‘不贵货,使民不盗。’王弼注曰:‘贵货过用,贪者竞趋,穿窬探箧,没命而盗。’则《书钞》所引疑古本也。”据此,疑古本原作“不上贤,使民不争;不贵货,使民不盗;不见可欲,使民不乱。”

[2]是以圣人之治也,虚其心,实其腹,弱其志,强其骨。

此从帛书乙本写定。甲本间有缺损。王弼本无“也”字。傅奕本同乙本。

[3]恒使民无知无欲也,使夫知者不敢弗为而已,则无不治矣。

此从帛书乙本写定而依王弼本“知”后补“者”字。甲本多有缺损。王本作“常使民无知无欲,使夫智者不敢为也,为无为,则无不治。”傅奕本同王本而“无不治”作“无不为矣”,误。前言“圣人之治也”,此处自当作“无不治”,则上下文义始能贯通。又“使夫知者不敢弗为而已”句,遂州龙兴观碑本作“使夫知者不敢不为也”。敦煌本作“使知者不敢不为”。

【注释】

①不尚贤——谓君王不贪爱与聚敛钱财,不矜夸与炫耀权势。尚,崇尚,尊崇,推重。引申为追求,喜好。贤,指财富多,权势大。《说文》:“贤,多才也。”段玉裁《说文解字注》云:“贤,本多财之称。引申之凡多皆曰贤。人称贤能,因习其引申之义而废其本义矣。”贤(繁体为賢)字从又从臣从贝,以手执臣、贝者,自然地位高,权势重,财富多。

②不贵难得之货——谓君王不看重那些难得而稀见的财宝,

如金、玉、珠、贝等。《说文》:“货,财也。”又云:“财,人所宝也。”

③不见可欲——谓君王不显示炫耀那些能够引发人们欲望的东西。见,通“现”,展现,显示;引申为炫耀。可欲,可以引起私心贪欲的财宝之物。《说文》:“欲,贪欲也。”《汉书·楚元王传》载刘向奏章有言:“孝文皇帝居霸陵,北临厕,意凄怆悲怀,顾谓群臣曰:‘嗟呼!以北山石为椁,用纻絮斮陈漆其间,岂可动乎?’张释之进曰:‘使其中有可欲,虽锢南山犹有隙;使其中无可欲,虽无石椁,又何戚焉?’”句中之“可欲”,指墓中陪葬的金玉珠宝等引人贪欲之物。

④圣人之治——指明道之君的治理国家而使其安定和谐。《广韵》:“治,理也。”此有二义,既指君王自己身心健康,又指国家民众安定和谐。

⑤虚其心,实其腹,弱其志,强其骨——谓君王自己当虚静少欲,卑弱处下,安身全体,坚强自立。张舜徽先生云:“四‘其’字,皆指人君自己。虚其心,谓少欲也;实其腹,谓广纳也;弱其志,谓谦抑能下人也;强其骨,谓坚定有以自立也。”

⑥恒使民无知无欲——意谓使民众总是守持其纯真质朴之性,不迎合君王的心志以玩弄其智巧,不傅会君王的好恶以满足其贪欲。知,同“智”。

⑦使夫知者不敢弗为——使那些聪明智能之人既不敢,又不为。既无刚强亢奋之心而志在必得,又无纵欲恣肆之行而贪求争盗。

此句王弼本脱“弗”字,其后又妄增“为无为”三字。傅奕本进而又改“无不治”作“无不为”,遂全失老子本旨。六十七章云“不敢为天下先”,六十九章云“吾不敢为主而为客,不敢进寸而退尺”,七十三章云“勇于敢则杀,勇于不敢则活”,并用“不敢”

一词，意谓君王当守其柔弱而虚静处下。其“敢”字，乃指君王之多欲有为，用其刚强而必得于物。朱谦之云：“今案：‘不敢’、‘不为’乃二事，与前文‘无知’、‘无欲’相对而言。……老子原意谓常使一般人民无知、无欲，常使少数智者不敢、不为，如是则清静自化而无不治。”

⑧则无不治——谓如此而行，则国家必然条理秩序，社会必然安定和谐。

【译文】

君王若不喜爱聚敛财富与炫耀权势，那就使得臣民不会各私其利而彼此争夺；君王若不贪爱与追求那些难得稀见的珍宝，那就使得臣民不会偷盗窃取；君王若不显示与炫耀那些可以引发人们贪欲的财物，那就使得臣民澹然虚静，而不会惑乱其心志。所以明道之君治理天下国家的时候，总是虚静自己的心志，充实自己的体腹，卑弱自己的志意，强健自己的筋骨。总是使得广大民众安处于纯真质朴之中而不用智慧，不生欲望；使得那些智能之士既无贪求必得之心，又无恣肆妄行之事。如此而行，天下就会达于大治，社会就会和谐安定。

四　章

道冲①，而用之又不盈②也，渊兮似万物之宗③[1]。挫其锐④，解其纷⑤，和其光⑥，同其尘⑦，湛兮似或存⑧[2]。吾不知其谁之子⑨也，象帝之先⑩[3]。

【章旨】

这一章是对“道”的解说和描述。指出“道”之用虽然渊深广博,有似万物之宗,而“道”之体则无状无象,幽隐难明。亦不知其从何而出,由何而来。

【校勘】

[1]道冲,而用之又不盈也,渊兮似万物之宗。

此从王弼本写定而依傅奕本改“或”作“又”,且依帛书本增“也”字。帛书本“兮”并作“呵”,此后亦不一一注出。甲本间有缺损。傅奕本“冲”作“盅”,“盈”作“满”。

按:易顺鼎云:“窃谓王本作‘又’,河上本作‘或’。王注云:‘故冲而用之,又复不盈,其为无穷,亦已极矣。’足证王本作‘又’无疑。”又云:“古‘或’字通作‘有’,‘有’字通作‘又’,三字义本相同。”

[2]挫其锐,解其纷,和其光,同其尘,湛兮似或存。

此从王弼本写定。傅奕本同。帛书乙本“挫”作“銼”,“锐”作“兑”,“纷”作“芬”。甲本间有缺损。

[3]吾不知其谁之子也,象帝之先。

此从帛书乙本写定。甲本间有缺损。王弼本、傅奕本并无“其”、“也”二字。

按:蒋锡昌云:“王本‘知’下有‘其’字,二十五章王注‘不知其谁之子’,系引此文,可证。”

【注释】

①道冲——谓道体的虚无玄妙,若器之虚中而无物。冲,空虚,虚无。《玉篇》:“冲,虚也。”或作“盅”,义同。《说文》:“盅,

器虚也。"

②用之又不盈——指道之行用则无边无际,无可限量。若大器之虚而能受,虽容万物而不可满盈。盈,与"盅"义相对。《说文》:"盈,满器也。"

③渊兮似万物之宗——意谓大道幽深广大,似为天地万物之根本。渊,水深的样子,形容"道"的幽深广大。《说文》:"渊,回水也。"《广雅·释诂》:"渊,深也。"宗,根本,宗主。族人之所尊崇者为宗。又流派之所出为宗。众物之所归往为宗。《广雅·释诂》:"宗,本也。"

④挫其锐——摧折其锋芒之形而使之平和,此指道的主于无为不争。挫,摧折,毁折。《广雅·释诂》:"挫,折也。"其,指"道"。

⑤解其纷——消解其盛壮之势而使之柔弱,此指道的守持虚静柔弱。纷,盛壮,强盛。《经典释文》:"纷,《广雅》云:'众也,喜也。'一云盛也。"《玉篇》:"纷,乱也。"事物繁盛众多始能乱。帛书乙本作"芬",亦为众多,盛起之意。《管子·地员篇》:"青怵以肥,芬然若灰。"注云:"芬然,壤起貌。"即尘烟盛起的样子。《诗·大雅·凫鷖》:"旨酒欣欣,燔炙芬芬。"毛传云:"欣欣然,乐也。芬芬,香也。"则香气充溢之为"芬"。"纷"字亦有作"忿"者,如景龙碑本。总之,事物繁盛谓之纷,香气盛大谓之芬,心生怒恨谓之忿,气盛不平谓之愤,激励振作谓之奋,高起土堆谓之坟,增强地力谓之粪,等等,是"纷"音本有众多、盛壮、强大之意。

⑥和其光——柔和其光芒而使之不炫耀、不显明,此指道的幽隐不明。和,协和,柔和,和同。光,光芒,光照。《广雅·释诂》:"光,照也。"

⑦同其尘——卑下其身而使其合同于世间之众，此指道的卑微处下而协同万物。

⑧湛兮似或存——谓大道虽虚静澄寂，隐没无形，而察其所用则无所不有，似乎它又存在于世。湛，隐没，沉没。《说文》："湛，没也。"

高延第云："挫其锐，谓反于太朴，不为厓异；解其纷，谓清静自处，不与物相撄；和其光，不自表暴，光而不耀也；同其尘，不修身以明污，受天下之垢也。湛，没也，安也。言无为之人藏身万物之上，若存若亡。"

⑨吾不知其谁之子——我不知晓"道"是什么时候由何物所生养的。吾，乃老子自谓。子，用作动词，生养，孳生。《广韵》："子，子息。环济《要略》曰：'子，犹孳也。'"

⑩象帝之先——像是在天帝之前就已经出现了。帝，天帝。《国语·周语下》："莫非嘉绩，克厌帝心。"韦昭注："帝，天也。"先，早前，之前。《玉篇》："先，前也，早也。"

王弼注云："地守其形，德不能过其载；天慊其象，德不能过其覆。天地莫能及之，不亦似帝之先乎？"

【译文】

"道"体虽然看似空虚无形，玄妙幽隐，但它的作用则是永无穷尽的。它是那样深邃广大啊，就好像是世间万物的本原。它摧折自己的锋芒而无欲不争，消解自己的强盛而柔弱处下，融和自己的光芒而从不炫耀，混同于尘屑中而幽微难明。它无象无形好似隐没无物，却又无处不在无时不有。我不知道它是何时何物产生的，大概是在天帝之前就已经出现了。

五　章

天地不仁①,以万物为刍狗②;圣人不仁,以百姓为刍狗③[1]。天地之间其犹橐籥乎④!虚而不屈⑤,动而愈出⑥[2]。多闻数穷⑦,不若守于中⑧[3]。

【章旨】

人类社会生活中所依据和效法的往往是至高无上、伟大广博的天地,此章便以天地所循行的顺其自然的规律,来阐明君王当无欲无私,虚静无为的"道"理。

【校勘】

[1]天地不仁,以万物为刍狗;圣人不仁,以百姓为刍狗。

此从王弼本写定。傅奕本、帛书本并同。

[2]天地之间其犹橐籥乎!虚而不屈,动而愈出。

此从王弼本写定。傅奕本"屈"作"诎","愈"作"俞"。帛书本"乎"作"与","屈"作"淈"。甲本"动"作"踵",乙本作"勭"。又帛书本并"愈"作"俞",此后亦不一一注出。

[3]多闻数穷,不若守于中。

此从帛书本写定。王弼本、傅奕本均作"多言数穷,不如守中"。

按:"多闻"与"多言",历来说解不一。然依四十七章"不出于户,以知天下;不窥于牖,以知天道"及六十四章"学不学,复众人之所过"之义,似作"多闻"为是。

【注释】

①天地不仁——谓天地原本就没有什么私亲偏爱之心。许慎《说文解字》云:“仁,亲也。从人从二。”《孟子·尽心上》云:“亲亲,仁也。”亲爱其至亲,私亲其近亲之人,则自有私爱、私亲、偏爱等意。

②以万物为刍狗——意谓视天下万物如同刍狗,当用则用之,当弃则弃之。刍狗,古代祭祀时,陈列摆放的用植物秸杆捆扎成的羊犬等求福之物。《庄子·天运篇》云:“夫刍狗之未陈也,盛以箧衍,巾以文绣,尸祝斋戒以将之。及其已陈也,行者践其首脊,苏者取而爨之而已。”其义同此。狗,泛指牲畜的幼子,非如今日之呼“犬”为“狗”。明薛蕙云:“天地之德,大公而无所私亲。其于万物,任其自生自化,天地何容用焉?”

③以百姓为刍狗——意谓视群臣百官如同刍狗,使各行其职,各尽其事。当用则用之,当弃则弃之。百姓,指百官。《国语·周语中》:“百姓兆民,夫人奉利而归诸上,是利之内也。”韦昭注:“百姓,百官也。官有世功,受氏姓也。”古代贵族始有姓氏。周朝实行宗法制,世卿世禄,官守其职,故百姓指百官。不似今日指平民大众。

④其犹橐籥乎——大概就像是那鼓风吹火的橐籥吧。橐籥,古代冶铸时用以吹风炽火的器具。橐者为外之椟,所以受籥;籥者为内之管,所以鼓橐。其作用犹如后世的风箱。

⑤虚而不屈——谓天地之间如同橐籥,虽中虚无物,而其鼓动运化则永无穷尽。屈,竭尽,穷尽。《汉书·食货志》:“用之亡度,则物力必屈。”师古曰:“屈,尽也。”

⑥动而愈出——谓天地之间如同橐籥一般运化无穷而生生不息。出,指生养万物。天地之间虽空虚无物,然其流转运化,

生生不息，正如巨大的鼓风橐籥一般；其长养万物，永无穷竭，动摇变化，所出愈多。《礼记·乐记》所言“阴阳相摩，天地相荡，鼓之以雷霆，奋之以风雨，动之以四时，暖之以日月，而百化兴焉”即同此义。

⑦多闻数穷——谓君王以博闻多识自许而有为多事，必然会很快陷入困顿之中。多闻，指多知世事。数，快速，急速。《尔雅·释诂》：“数，疾也。”穷，终极，穷尽。《玉篇》：“穷，极也。”

⑧不若守于中——反不如持守虚静之道为宜。中，通“冲”、“盅”，谓处虚守静，无欲无为。守于中即守于虚静，多闻则不能虚静。天地之间“虚而不屈，动而愈出”，故“守于中”则顺乎自然而长久不衰。

【辨析】

此章中“天地不仁”，“圣人不仁”二句，学者多不得其正解。“仁”字之义，一般均解作“仁爱”、“仁慈”、“仁惠”、“仁德”等，谓“天地无仁爱”，“圣人不仁慈”，于义定然不通。有学者遂变通其义，以为“天地无所谓仁爱”，“圣人也无所谓仁爱”。也有增字以释其义者，如范应元云：“仁者，爱之理。谓天地生育，其仁大矣，而不言仁。”“圣人体此道以博爱，其仁亦至矣，而不言仁。其于百姓，亦如天地之于万物，辅其自然而不害之。”以“不仁”等同于“不言仁”。当然也有对天地、圣人持批判意见者，以为“天地对于万物是没有什么仁心的”，而圣人“无时不愚弄百姓，残杀百姓，无时不剥夺百姓的自由，无时不侮辱百姓的人权，无时不以百姓为刍狗，有什么仁慈”？

或以为上述说解均不合理，乃另作他解。如劳健云：“此章言‘不仁’，犹医家谓痿痹不识痛痒为不仁。如《晏子春秋·内篇》‘景公欲杀犯槐者’条‘妾父不仁，不闻令，醉而犯之。’《史记·仲尼弟子列传》子贡说齐，称‘鲁君愚而不仁。’皆用不仁为昏昧无知之义，非谓无仁德也。”不说天地、圣人不仁德，却说他们昏昧无知，所说也未必合乎老子本义。

问题产生的根本原因，在于我们没有认识“仁”字，没有真正明了“仁”字的本义。或者说是许慎的《说文解字》没有完全解释清楚“仁”字的字义。《说文解字》云：“仁，亲也。从人从二。”为什么“从二”呢？徐铉曰：“仁者兼爱，故从二。”有道理吗？没有。兼爱，那“麻痹不仁”、“愚而不仁”也兼爱吗？杏仁、桃仁、花生仁、核桃仁也兼爱吗？根本不对。所以说许慎对“仁”字的解释不完全，说解字形也不正确。

其实，“仁”字是一个象形兼指事字，本字原当作“[illegible]”。[illegible]象妇女怀孕之形，中间一点乃指事之“丶”。其所指示者，为妇女腹中包孕之胎儿。胎儿发育成长，分娩之后脱离母体就会长大成为新的生命体，一个“人”。《孟子·尽心下》云：“仁也者，人也。”所以“仁”字的读音为“人”。随着时间的推移，汉字字形渐趋简明。“[illegible]”字之“[illegible]”遂写作“亻”，而象肚腹之形的“ↄ”与指事之“丶”则演变为“二”，于是“仁”字便“从人从二”了。由“仁”字乃指母体包裹其胎儿引申而言，则凡被外皮包裹起来，能够孕育成长为新的生命体，犹如胎儿一般的种子，亦可称之为“仁”。如杏仁、桃仁、果仁等皆是。因为母亲孕育保护着自己的胎儿，母子之间相亲相近，形同一人，“仁”字则有亲近、亲爱之义。《孟子·尽心上》云：“亲亲，仁也。”许慎《说文》云：“仁，亲也。”盖本于此。也正因为母亲保护亲爱着自己的胎儿，所以“仁”有私爱，偏爱之义。“天地不仁”、“圣人不仁”之仁，即本于此义。

而母亲孕育保护的胎儿,乃另外一个他,所以“仁”有慈爱、关爱他人之义。《孟子·离娄下》云“仁者,爱人”盖本于此。后世引申其义,遂有“仁爱”、“仁慈”、“仁德”等词相继出现。不仅如此,胎儿在母体中孕育之时,母亲与胎儿和谐通畅,毫无间隔,毫无妨碍,所以“仁”字又有顺畅、通达之义。其痿痹不畅者称为“麻痹不仁”,其愚昧不通事理者称为“愚钝不仁”。而《论语·颜渊篇》中的“克己复礼,天下归仁焉”之“仁”,则指人们的互相合作,社会的安定和谐。总之,“仁”字的造字,乃是由一种现象,或一种事物而产生,因此它的字义并非是单一的,而是集群的。许慎《说文解字》对其字义只作一种解释,所以是不完全的。后人仅由此一种字义而解释众多的语言现象,当然也就窒碍难通了。

为了证明古人造字往往由一种事物或一种现象产生的说法,我们不妨再举一个例子。比如“献”字,繁体字作“獻”,象形兼会意字,一个铸有虎头造形的“鬲”(即今之锅)中盛着煮熟的肥犬。《说文解字》云:“宗庙犬名羹献,犬肥者以献之。”献给谁呢?当然是献给祖先神灵。也就是说,“献”字的产生,是由享献于祖先神灵之事形成的。所献之物,即鼎锅中所煮之肥犬,名“献”,如“羹献”、“膳献”。享献之事,即把羹献如肥犬等进奉给祖先神灵,名“献”,如“进献”、“奉献”。主持享献之礼的人名“献”,即德高年劭的“贤者”。如孔子曰“文献不足故也”,其中“文”,指文章。“献”,指贤人。当然还有许多例子,比如“史”、“卜”诸字,此不一一赘述。

【译文】

天地之德原本就没有什么私亲偏爱,视同万物有如那祭祀求福的“刍狗”一样，当用则自用之，当废则自废之，一切全都顺其自然。明道之君也没有任何的私爱偏心，而使群臣百官各尽其用，各守其职，从不妄自干涉。天地之间不正象那鼓风的橐籥一样吗？虽然它看似虚空无物，却能够永不屈竭，总是在运转变动中化生万物。因此，君王如果不能守虚处静而以多闻博识自许，进而有为多言，那很快就会导致穷败，反不如处虚守静而无为不言能够取得成功。

六 章

谷神不死①，是谓玄牝②。玄牝之门③，是谓天地之根[1]。绵绵兮若存④，用之不堇⑤[2]。

【章旨】

此章也是对“道”的解说。言大道主于虚静处下而生机无限，就像那幽深玄妙的母牝一样，孕育长养着天地万物。

【校勘】

[1]谷神不死，是谓玄牝。玄牝之门，是谓天地之根。

此从傅奕本写定。王弼本“根”前无“之”字。帛书本“谷”作“浴”，此后亦不一一注出。

[2]绵绵兮若存，用之不堇。

此从帛书甲本写定而依王弼本例改“呵”作“兮”。乙本“若”前有“其”字。王本、傅本“若”前无“兮”字，“堇”作“勤”。

【注释】

①谷神不死——谓大道犹如溪谷一般神灵奇妙，其运化无穷而生生不息。谷，山谷，溪谷。《尔雅·释水》："水注溪曰谷。"邢昺《疏》云："谓山谷中水注入涧溪也。"神，神灵，神妙。溪谷之因应变化、育生万物，皆非人力所为而永无穷尽，故言其神。《易·系辞》云："阴阳不测之谓神。"《孟子·尽心下》云："圣而不可知之之谓神。"不死，精气聚结而不散失，生息长养而无休止。溪谷中幽深虚静，流水潺潺，植被茂密，动物繁殖，处处生机勃勃，所以说不死。《白虎通义》曰："死之为言澌，精气穷也。"《大戴礼·本命篇》云："化穷数尽谓之死。"

②玄牝——喻指幽深玄妙而生生不息的大道。玄，玄妙。谓大道之幽隐不明，微妙难识。牝，母畜生殖器。《说文》："牝，畜母也。从牛匕声。""匕"为"牝"之初字，象女阴之形。溪谷之形状凹下有似母性生殖器之外阴（即牝），又以其幽静神妙而生机勃勃，因借以喻指化生天地万物的大道。

③玄牝之门——谓大道化育天地万物之所从出处。门，指母畜生殖器的阴户，牲畜之幼子即从此出。老子想象天地万物的产生亦如猪狗牛羊等皆由母畜孕育生养而成，那生生不息，育养万物的神灵之物，就像是一个幽深虚静、运化神妙的玄牝。它生机勃勃而永无竭尽，它就是天地万物的本根。

④绵绵兮若存——绵绵，微细而连绵不断的样子。《诗·王风·葛藟》："绵绵葛藟，在河之浒。"毛传云："绵绵，长不绝之貌。"大道之化育万物连绵不断，其形虽不可明见，却似无而实存于世。

⑤用之不堇——谓大道之运化施用无穷无尽。堇，少，引申有竭尽义。《广雅·释诂》："堇，少也。"堇，从人作"仅"，《说

文》:“仅,才能也。”从言作“谨”,少言,慎言,成语有“谨言慎行”。从力作“勤”,指力尽仍辛苦劳作。从“食”作“馑”,《谷梁传》:“三谷不升谓之馑。”从“歹”作“殣”,谓少食饥饿而死于路旁。从“广”作“廑”,《说文》:“廑,少劣之居也。”并有少、竭、尽之义。它本或作“勤”,与“堇”音义并同。《淮南子·原道训》曰:“旋县而不可究,纤微而不可勤。”又曰“纯德独存,布施而不既,用之而不勤。”则究、既、勤词义相同,并为尽、竭之义。

【译文】

“道”就像那幽深的溪谷一样神灵奇妙而生机勃勃,它就是一个玄妙幽静的母牝。这玄妙的母牝即生育万物的门户,也就是那天地万物所产生的本根。它绵绵不绝而似存于世,化育万物且永无穷尽。

七　章

天长地久①。天地所以能长且久者,以其不自生②,故能长生[1]。是以圣人后其身而身先③,外其身而身存④。非以其无私邪,故能“成其私⑤”[2]?

【章旨】

此以天长地久为喻,说明君王之无私无欲而不自生、不自利,反倒能“身先”、“身存”而统御天下。

【校勘】

[1]天长地久。天地所以能长且久者,以其不自生,故能

长生。

此从王弼本写定。傅奕本同。帛书本“所以”前有“之”字，“自生”后有“也”字。

[2]是以圣人后其身而身先，外其身而身存。非以其无私邪，故能“成其私”？

此从王弼本写定。傅奕本“非”作“不”。帛书本“后”作“退”，“非……邪”作“不……与”。又乙本衍“外其身而身先”六字。

【注释】

①天长地久——谓天地之长生久存，永无尽头。此言似为古代成语，人们不知天地之生，不见天地之死，而惟见其生机蓬勃，故言天长地久。

②自生——自益其生。指人们自私其身而爱之养之，用尽心思欲其长生不死。老子主张顺其自然而反对自益其生，故此章以天地为喻说解之。

③后其身而身先——意谓君王虽置自身于民众之后，却能得到民众拥戴而身居君王之位。后其身，使其身退居人后。此指众人皆孜孜以求，追逐利益；而君王独默默如愚，无私无欲。

④外其身而身存——意谓君王清虚自守，无欲无为，虽置自身于度外而不营求私利，却能得民众拥戴而身居于君王之位。

⑤成其私——成就其自私之事。此指君王的居至尊之位而行君人之事，总百官而治国家。依自私者的眼光来看，这正是“成其私”。而并非老子别有用心，用“无私”作幌子，以达到个人极端自私的目的。

吴澄云：“无私，谓后其身、外其身。成其私，谓身先、身存。圣人非欲成其私也，而自有身先身存之效。假设众人有心成其私者言之，则为能成其私也。”

【译文】

古语说“天长地久”。天地之所以能够长久存在的原因，就是因为它们从不自益其生自利其身，故而才能长生久存。因此，明道之君若能卑弱处下甘居人后，反而会身在众人之上；若能无欲无私不求自利，反而会身处君王之位。这难道不是因为他们无欲无私，反而能够（如私欲之人所说的）“成就其私”吗？

八　章

上善若水①[1]。水善利万物而不争②，处众人之所恶③，故几于“道”④矣[2]。居善地⑤，心善渊⑥，与善仁⑦，言善信⑧，正善治⑨，事善能⑩，动善时⑪[3]。夫唯不争，故无尤⑫[4]。

【章旨】

此章以水为喻，说明处下不争为大道之要。君王的行为举止，言谈处事总是卑身处下，虚静无为，顺乎自然，无欲不争，那就诸事顺理而不会有什么差错。

【校勘】

[1]上善若水。

此从王弼本写定。傅奕本同。帛书乙本作“如水”，甲本作“治水”。“治”为“似”之音同假借字。

[2]水善利万物而不争，处众人之所恶，故几于“道”矣。

此从王弼本写定而依帛书本增“矣”字。帛书甲本“不争”作“有静”,乙本作“有争”。帛书本、傅奕本“处”作“居”。

按:甲本“有静”可读作“有争”。帛书整理小组认为:“乙本亦作‘而有争’,通行本作‘而不争’,义正相反。按下文云‘夫唯不争,故无尤’,疑通行本是。”

[3]居善地,心善渊,与善仁,言善信,正善治,事善能,动善时。

此从王弼本写定。傅奕本“仁”作“人”,“正”作“政”。帛书乙本“与善仁”作“予善天”。甲本间有脱字。

[4]夫唯不争,故无尤。

此从王弼本写定。帛书乙本同。甲本“争”作“静”。傅奕本句末有“矣”字。

【注释】

①上善若水——谓君王所推崇所喜好之事当如同流水一般。上,通“尚”,尊崇,崇尚;用作动词。善,喜好,爱好;用作动词。《左传》襄公二十八年:“庆氏之马善惊,士皆释甲束马。”孔颖达《正义》云:“善惊,谓数惊。古人有此语,今人谓数惊为好惊。好,亦善之意也。”《荀子·解蔽篇》:“其为人也愚而善畏,明月而宵行,俯见其影以为伏鬼也,印视其发以为立魅也。”杨倞注:“善,犹喜也。好有所畏。”《史记·扁鹊仓公列传》:“公孙光善为古传方。”司马贞《索隐》云:“谓好能传得古方也。”

我国古代有水为万物之本的思想,《管子·水地篇》云:“水者,何也?万物之本原也,诸生之宗室也。”此章便以水喻“道”,教君王崇尚而爱好之。“道法自然”,而水性最为顺乎自然,遇方则方,遇圆则圆,处下而不争,利物而不言,所以老子教人学习它。

②水善利万物而不争——水虽喜好利益润泽于万物,却不争名,不争利,不争能,不争功。古人以水为地之血脉,其流通滋润而使万物荣华繁茂,故言水善利万物。

③处众人之所恶——指水经常停留在众人所厌恶的低洼之地。恶,厌恶。俗话说"人往高处走,水往低处流"。卑微低下为常人所厌恶,而水却能守辱处下。

④几于"道"——谓水之所为所行接近于道。几,接近,近似。《尔雅·释诂》:"几,近也。"高延第云:"水柔而处下,又能滋养万物,受天下之垢,故近于道。"

⑤居善地——指君王存身立世时喜好卑微处下。地,低下。《荀子·儒效篇》云:"至高谓之天,至下谓之地。"《释名·释地》:"地者,底也。其体底下,载万物也。"

⑥心善渊——指君王用心着意时当沉静深隐。渊,深隐,深沉。

⑦与善仁——指君王之接人待物,要无私无欲而利益他人。与,亲近,亲善。《说文》:"与,党与也。"指与人接触,与人交往。

⑧言善信——指君王之出言行教须诚信而不虚妄。信,诚实,诚信。《国语·晋语二》:"申生甚好信而强。"韦昭注:"信,言必行之。"

⑨正善治——指君王之治国施政能简要而条理。正,傅本、河上公本并作"政"。正、政古通用,指为政,行政。《说文》:"政,正也。"《论语·颜渊篇》:"子曰:'政者,正也。子率以正,孰敢不正。'"治,举事简要而条理。《荀子·修身篇》:"少而理曰治。"《汉书·景十三王传》:"王身端行治,温仁恭俭。"师古曰:"端,直。治,理也。"

⑩事善能——指君王之行事要尽人之才能而顺乎其才性。能，指自己所熟悉的、擅长的、能够胜任的事情。如水之浮载，清鉴，攻坚，润物等。《玉篇》："能，多技艺也，工也，善也。"《史记·高祖本纪》："吾非敢自爱，恐能薄，不能完父兄子弟。"张守节《正义》曰："能，才能也。高祖谦言才能薄劣，不能完全其众。能者，兽，形色似熊，足似鹿，为物坚中而强力。人之有贤才者，皆谓之能也。"

⑪动善时——指君王之行为举动能无为不言而顺合天时，时行则行，时止则止。时，时节，指春夏秋冬四时。水于春夏为云雨，于秋冬为霜雪，其有序有节，条理顺适，所以说"动善时"。

⑫无尤——没有什么异常，没有乖谬过分的事情。《说文》："尤，异也。"《玉篇》："尤，过也，怪异也，责也，多也，怨也。"没有乖谬，当然也就没有咎怨。

【辨析】

此章中"与善仁"之句，似有疑问。通观全书，老子视"仁"为大道缺失后的产物，君王尚"仁"乃有欲有为之表现，对其甚为藐视。如第五章云"天地不仁"，"圣人不仁"。十八章云"大道废，焉有仁义"。十九章云"绝仁弃义，民复孝慈"。三十八章云"上仁为之而无以为也"，"失德而后仁，失仁而后义"。因此作"与善仁"似不合乎老子本旨。又帛书乙本乃作"予善天"（甲本有脱误），疑为老子原文。"予"与"与"词义相同。天，普惠万物而均平无私，功遂身退而无为不争。第九章云："功遂身退，天之道也。"十六章云："公乃王，王乃天，天乃道。"二十五章云："人法地，地法天，天法道，道法自然。"七十三章云："天之道，不争而善胜，不言而善应，不召而自来，绰然而善谋。"七十七章云:“天之道,损有余而补不足。”并为其证。予善天,意谓君王之接人待物有如上天一样无偏无私而普惠万物。又傅奕本“与善仁”作“与善人”,疑其以天、人字形相近,或传抄中误“天”作“人”。而后又改“人”作“仁”,遂成今本。

【译文】

君王的爱尚喜好应该有似于流水。水喜好利惠万物而无欲不争,又能处于众人所厌恶的低洼之地,故而接近于“道”。所以,君王应该存身立世能卑微居下,用心存意能幽深沉静,接人待物能慈爱好施,言谈话语能诚信不欺,治国理政能简明条理,行教任事能用人所长,举动行为能合乎时宜。只要君王能够无欲不争,也就决不会有什么差错和怨尤。

九　章

持而盈之①,不如其已②;揣而棁之③,不可长保[1]。金玉盈室④,莫之能守;富贵而骄,自遗其咎⑤[2]。功遂身退⑥,天之道也[3]。

【章旨】

此章从事物过盈太盛都不可长久的事例,说明物极则必反,知止而不殆的“道”理。告诫君王如果私欲旺盛,骄奢过度,必然会招致灾祸。只有退身隐后,柔弱处下,才能合于大道。

【校勘】

[1]持而盈之,不如其已;揣而棁之,不可长保。

此从王弼本写定。傅奕本“揣”作“敾”，“敾”与“揣”音义相同。帛书乙本作“揎而盈之，不若其已；㨋而兑之，不可长葆也”。揎与持、㨋与揣音义相同。甲本多有缺损。

[2]金玉盈室，莫之能守；富贵而骄，自遗其咎。

此从王弼本写定而依帛书本改“满堂”作“盈室”。傅奕本“盈”字亦作“满”。其作“满”字者，因避汉惠帝刘盈名讳而改。帛书本后句作“贵富而骄，自遗咎也”。

[3]功遂身退，天之道也。

此从帛书乙本写定。甲本“遂”作“述”，“退”作“芮”。王弼本、傅奕本句末无“也”字。又傅本“功遂”前增“成名”二字。

【注释】

①持而盈之——已然握执其物而不失所得，还要抓持得更多。持，把握，握执。《说文》：“持，握也。”

②不如其已——不如及早终止。已，终止，完结。《玉篇》：“已，止也，毕也，讫也。”

③揣而棁之——谓捶击其物使之尖锋锐利，有如芒刺。揣，捶击，击打。《说文》：“揣，量也。度高曰揣。一曰捶之。”此当从第二义。《后汉书·党锢列传序》云：“二家宾客互相讥揣，遂各树朋徒，渐成尤隙。”讥揣为互相嘲笑挖苦，指责抨击。棁，河上公本作“锐”，《说文》：“棁，木杖也。从木兑声。”又云：“锐，芒也。从金兑声。”王弼注云：“既揣末令尖，又锐之令利。”可证“棁”、“锐”音义并同。盖棁为木之长而尖利者，锐为金之尖利者。

④金玉盈室——指家中极其富有而多藏金玉财宝。《玉篇》：“盈，满盈也。”

⑤自遗其咎——自己把灾祸余留给自己，即自己招致祸殃。遗，遗留，留存。《广雅·释诂》："遗，余也。"咎，祸灾。《说文》："咎，灾也，从人从各。各者，相违也。"河上公曰："耆欲伤神，财多累身。夫富当赈贫，贵当矜贱，而反自骄恣，必被祸患。"

⑥功遂身退——谓做完了自己该做的事就隐身退后。遂，完成，终结。《广雅·释诂》："遂，竟也。"《国语·晋语三》："置而不遂，击而不胜。"韦昭注："遂，成也。"天下万物，各有其运化周期，各行其客观规律。当生则生，当长则长，当成则成，当没则没。如日之昼出夜伏，如气之寒来暑往，如草之春发秋萎，如人之出生入死，此即所谓"天之道"也。君王统治天下，自当遵循这"天之道"，事成功遂则退身隐后。毋以功劳自居，毋以名声自贤，毋以富贵自夸，毋以权势自矜。

【译文】

手中已然握持其物仍然贪多欲得而抓握不止，倒不如及早罢手为有得。手中已然握执尖利之器还要锤砸不止必欲使之锋锐无比，那决不可能使其保持长久。大肆聚敛而使得金玉满堂、珍宝无数，这世上没有谁能够守护得住。富有尊贵而骄奢淫侈，那只能给自己招致祸灾。事成功遂便隐身退后，这是上天所循行的客观规律。

十　章

载营魄抱一，能无离乎①[1]？專气致柔，能婴儿乎②[2]？涤除玄览，能无疵乎③[3]？爱民治国，能无以知乎④[4]？天门开阖，能为雌乎⑤[5]？明白四达，能无以为乎⑥[6]？生之畜之⑦，生而不有，为而不恃，长而不宰⑧，是谓玄德⑨[7]。

【章旨】

老子此章以反问的句式，明确提出了君王循守大道应该做到的具体内容。告诫君王要精气团聚而柔弱处下，静心虚志而无私无欲，清静无为而不用智巧。果能如此，则万物各顺其性，各应其命，而君王之德则达于至德。

【校勘】

[1]载营魄抱一，能无离乎？

此从王弼本写定。傅奕本“抱”字作“裦”。帛书乙本作“戴营袙抱一，能毋离乎？”甲本全部缺损。

[2]專气致柔，能婴儿乎？

此从王弼本写定。傅奕本“能”后有“如”字。帛书乙本“專”作“槫”、“致”作“至”，甲本缺损前四字。

[3]涤除玄览，能无疵乎？

此从王弼本写定。傅奕本同。帛书乙本作“修除玄监，能毋有疵乎？”甲本作“修除玄蓝，能毋疵乎？”

按：《说文》：“览，观也。从见、监，监亦声。”“蓝”读为“监”。览、监、鉴古通用。

[4]爱民治国，能无以知乎？

此从傅奕本写定。王弼本无“以”字。帛书乙本“治”作“栝”，疑为误字。甲本全部缺损。

[5]天门开阖，能为雌乎？

此据傅奕本写定。王弼本“为”作“无”。帛书乙本“开”作“启”，甲本全部缺损。

按：帛书本“开”作“启”，“启”当为本字。王本、傅本盖以避汉景帝刘启名讳而改“启”为“开”。“为雌”，王本作“无雌”。然其注云：“雌应而不倡，因而不为。言天门开阖能为雌乎，则物自宾而处自安矣。”据此王本原亦当作“为雌”。

［6］明白四达，能无以为乎？

此从傅奕本写定。王弼本无“以”字。帛书乙本作“能毋以知乎”，与前句重复，似有误。甲本全部缺损。

按：“能无以为乎”，王本作“能无为乎”。然据其注云：“言至明四达，无迷无惑，能无以为乎则物化矣。”可知王本原亦当作“能无以为乎”。

［7］生之畜之，生而不有，为而不恃，长而不宰，是谓玄德。

此从王弼本写定。傅奕本同。帛书乙本无“为而不恃”四字。甲本间有缺损。

【注释】

①载营魄抱一，能无离乎——谓君王的灵魂依附于其身体啊，能够守其本性、和谐为一而不分离吗？载，语助词，此用在句首，犹如“夫”字。《诗·鄘风·载驰》：“载驰载驱，归唁卫侯。”毛传云：“载，辞也。”营魄，即魂魄，灵魂；犹如今言之“精神”。《左传》昭公七年疏云：“魂魄，神灵之名。附形之灵为魄，附气之神为魂也。”《楚辞·远游》“载营魄而登霞（遐）兮”，王逸注云：“抱我灵魂而上升也。”抱一，即守一，守身；谓魂魄与形体相附和而为一体。守一则不贰，阴阳相和而不离散。若牵制于外物，则心志流而不归，魂魄离而逸散。古人以为：灵魂为独立存

在之物，灵魂附和于形体则生，即为抱一；人死则灵魂分离于形体而升天为鬼。故灵魂外驰，神与身离，乃道家大忌。

②専气致柔，能婴儿乎——谓君王之团聚精气不使散失，以至于血脉通畅而身体柔和，比得上初生的婴儿吗？専，通"团（繁体字作團）"，义为聚合，聚结。《说文》："团，圜也，从口専声。"字或作"摶"，或作"槫"，音义并同。《说文》："摶，圜也。"《管子·内业篇》："摶气如神，万物备存。"尹知章注："摶，谓结聚也。"《孙膑兵法·十阵》云："圆陈者，所以槫也。"能，读如"耐"。义为比得过，可胜任，堪与相比。《汉书·严助传》："然而不可入者，以保地险，而中国之人不能其水土也。"师古曰："能，堪也。"古人以为婴儿之躯体柔弱和顺，其精气聚结团圆，所谓"和之至"也。所以如此，皆由于婴儿纯真无邪，无知无欲，心志不分驰于外物。老子因此以婴儿为喻。

③涤除玄览，能无疵乎——意谓君王清除自己的意念，纯洁自己的心灵，能够做到象洗涤明镜那样没有瑕疵，没有尘污，即没有私心杂念吗？玄览，即玄鉴。鉴指镜子，古人以清水盛于器中平静后为鉴。玄鉴，即隐微清静的心镜。指玄妙幽深的、纯洁无暇的、未受外物影响的观察认识客观事物的能力。《淮南子·修务训》云："清明之士，执玄鉴于心，照物明白。"疵，瑕疵，病害。《说文》："疵，病也。"

范应元云："心不虚则不明，不明则不通。谓涤除私欲，使本心精明，如玉之无瑕疵，鉴之无尘垢，则冥观事物皆不外乎自然之理，人能之乎？"

④爱民治国，能无以知乎——谓君王慈爱民众治理国家而使其和谐安定，能够做到不倚赖和使用自己的聪明才智吗？知，同"智"。王弼注云："任术以求成，运数以求匿者，智也。"六十

五章云:“故以知治国,国之贼也;不以知治国,国之德也。”五十八章云:“其政闷闷,其民淳淳;其政察察,其民缺缺。”因此,君王之治国理政能弃其智巧,则民不邪辟而国家安定。

⑤天门开阖,能为雌乎——意谓君王在用自己的感官去接触与认识客观事物的运动变化,用自己的心脑去指挥操控自己的言语行为时,能够守柔处下,虚静退让吗?能够无私无欲,无为不言吗?天门,指天生而成的,生来就有的各种感觉器官,如耳鼻口目及心脑等。高亨言:“天门,盖谓耳目口鼻也。……盖耳为声之门,目为色之门,口为饮食言语之门,鼻为臭之门,而皆天所赋予,故谓之天门也。”开阖,开启或关闭,指人身各种感觉器官对外界事物的接触与反应。为雌,指守柔处下,无为不言。一般说来,雄主强健、进取;雌主柔弱、谦下。为雌,即王弼所谓的“雌应而不倡,因而不为”。

⑥明白四达,能无以为乎——谓明道之君虽然聪明睿智而周知于天地万物,却能够处虚守静而不去逐利争物吗?明白四达,指耳聪目明,心慧志能,通达于天地四方之事,明知于世间万物之情。无以为,即无所为,义同三十八章“上德无为而无以为”中之“无以为”。指君王的处虚守静而无为不言。

⑦生之畜之——谓大道化生万物,育养万物。畜,育养,长养。《广韵》:“畜,养也。”《论语·乡党篇》:“君赐生,必畜之。”疏云:“谓君赐已牲之未杀者,必畜养之以待祭祀之用也。”

⑧长而不宰——谓大道虽为万物之主,却并不裁制其物,而是顺其自然,任其发展。长,君主,君长。《国语·晋语二》:“夫长国者,唯知哀乐喜怒之节,是以导民。”韦昭注:“长,君也。”宰,裁制,宰制。《广韵》:“宰,冢宰。又制也。”

⑨玄德——指体行大道之德。以其幽隐,可言根本之德;以

其深远，可言最高之德。苏辙云：“其德既足以生畜万物，又能不有、不恃、不宰，虽有大德而物莫之知也，故曰玄德。”

道化生万物而畜养之，使万物各顺其性，各终其命。对于天下万物而言，道的功绩可以说是至高至伟。然而，道生养万物却不据为己有，成就万物却不自恃其功，虽为万物之长却不宰制它们。这正是最深厚最崇高的玄德。人君体道而行，顺其自然，无私无欲，清静无为，当然就会达到玄德之境了。

【译文】

作为一个君王，你能够作到形神合一，使魂魄不驰于外物而妄自离散吗？能够作到精气团聚而纯真柔和如同婴儿一样吗？能够作到时常洁净自己的心灵使它质纯无邪吗？能够作到治国理民时无欲无为，不用智巧吗？能够在感知外物、认识世界时作到贵柔守雌，虚静因应吗？能够作到行政施教而去私去智，不以自己的耳目聪明而顺乎自然吗？大道化生万物，长养万物，（只是尽其责任与义务而已。）虽然它育生万物却不据为己有，虽然它化成万物却不自恃有恩，虽然它为万物之长却不对其宰制，这就是大道的玄远幽隐之德。（君王体道而行，也就会具有至高至伟之德。）

十一章

三十辐共一毂①，当其无，有车之用②也[1]。埏埴以为器③，当其无，有器之用④也[2]。凿户牖以为室⑤，当其无，有室之用⑥也[3]。故有之以为利⑦，无之以为用⑧[4]。

【章旨】

凡俗之人往往见物之有而不知其无,见物之实而不知其虚,见有之以为利而不知无之以为用。老子因此以车毂、埴器、户牖的实虚有无的不同作用为例,来说明事物的空虚之处也正是它的有用之处。以此劝喻君王循守虚静无为之道。

【校勘】

[1]三十辐共一毂,当其无,有车之用也。

此从王弼本写定而依帛书本增句末“也”字。傅奕本同王本。帛书乙本首句作“卅楅同一毂”。甲本间有缺损。

[2]埏埴以为器,当其无,有器之用也。

此从王弼本写定而依帛书本增句末“也”字。傅奕本同王本。帛书乙本作“燃埴而为器,当其无,有埴器之用也”。甲本“埏”作“然”,亦间有缺损。

按:“埏”、“燃”、“然”并假为“挻”。《说文》云:“挻,长也。从手从延。”朱骏声云:“凡柔和之物,引之使长,抟之使短,可折可合,可方可圆谓之挻。陶人为坯,其一端也。”朱谦之言:“埏、挻义通。《字林》:‘挻,柔也。’今字作揉。”

[3]凿户牖以为室,当其无,有室之用也。

此从王弼本写定而依帛书本增句末“也”字。傅奕本同王本。帛书乙本无“以为室”三字,甲本间有缺损。

[4]故有之以为利,无之以为用。

此从王弼本写定。傅奕本、帛书本并同。

【注释】

①三十辐共一毂——此指造车之制,由三十个车辐会集于

轮毂之上而组成车轮。辐，谓车轮中的三十根直木，外端通连车辋，内端凑于车毂。《周礼·冬官·考工记》曰：“轮辐三十，以象日月也。”共，通“拱”，会集，拱卫。毂，车轮中间贯穿车轴的圆木，其外承接三十辐及轮圈。《说文》：“毂，辐所凑也。”

②当其无，有车之用——意谓当其车毂中间空虚无物的时候，便具有贯穿车轴而使车子运转行进的效用。当，正值，正逢。无，空虚无物，此指挖空车毂中间承受车轴的圆孔。

③埏埴以为器——谓用黏土和水成泥，按压揉和而制作成各种器物。埏，搀水和泥而揉捏按压之。埴，黏土。《荀子·性恶篇》：“陶人埏埴而为器。”杨倞注：“埏，击也。埴，黏土也。击黏土以成器。”为器，制作陶盆陶碗等器物。

④当其无，有器之用——意谓当所作器物的中间空虚无物时，便具有了容器可以盛放物品的功用。

⑤凿户牖以为室——谓开凿门窗而建造屋室。户牖，指门窗。《说文》：“户，护也。半门曰户。”又云：“牖，穿壁以木为交窗也。”

⑥当其无，有室之用——意谓当凿开墙壁使其中空无物而成为门窗的时候，便具有了屋室的居住功用。才能有门可以出入，有窗可以透亮，而使人得以居住生活于其中。

⑦有之以为利——谓保有其物则能使人得到具体的利益。为利，产生利益，获得利益。

⑧无之以为用——谓去除其物而使之空虚无有时，则能产生相应的功效或表现出相应的作用。

事物之有与无，利与用，既是相对的，又是相依的。决不可只见其有而不见其无，只见其利而不见其用。君王明知此理，就该循守于无为不言之道。薛蕙云：“章内虽互举有、无而言，顾其指意，实所以即有而发明无之为贵也。盖有之为利，人莫不知；而无之为用，则皆忽而不察，故老子借数者而晓之。”

【译文】

制作车轮时以三十根木条会集于车毂上，在把车毂中间挖空以后，才能贯穿车轴于其中，车轮才能转动行走而有了车的功用。搀水和泥而抟揉按压以制作陶器，在把器物做成中空以后，才可以盛装东西而有了器物的功用。挖凿房门和窗子来制作屋室，在把门窗之处的墙壁凿空以后，才可以进进出出、通透光明而有了屋室的功用。因此，当存在其物时能够使人们见到具体的利益，而当空虚无物时则能使人们得到相应的效用。

十二章

五色令人目盲①，五音令人耳聋②，五味令人口爽③，驰骋畋猎令人心发狂④，难得之货令人行妨⑤[1]。是以圣人之治也，为腹不为目⑥。故去彼取此⑦[2]。

【章旨】

世人往往为满足耳目口腹之欲而贪图享乐，老子以物极必反之理告诫君王，贪图声色美味，追求驰骋田猎与难得之货的享受，只会使人魂不守舍而行为失常。君王必须清心寡欲，虚静无为，才会使自己身心健康，使国家安定和谐。

【校勘】

[1]五色令人目盲，五音令人耳聋，五味令人口爽，驰骋畋

猎令人心发狂，难得之货令人行妨。

此从王弼本写定。傅奕本“畋”作“田”。帛书本次序与此不同，“五音”、“五味”两句排在“令人行妨”句后。又“令”作“使”，“畋”作“田”，“猎”作“腊”。甲本“盲”误作“明”。

按：高亨言：“‘发’字疑衍。《说文》：‘狂，狾犬也。’重文作忹。狂本心疾，故字亦从心。《左传》昭公二十三年传：‘幼而狂。’杜注：‘狂，无常也。’盖心失其本能，改其常态，是为狂。今人所云疯病、精神病是也。‘心狂’二字，其意已足，增一‘发’字，则反赘矣。此文‘令人目盲，令人耳聋，令人口爽，令人心狂，令人行妨。’句法一律，增一‘发’字，则失其句矣。”

[2]是以圣人之治也，为腹不为目。故去彼取此。

此据王弼本写定而依帛书本增“之治也”三字。傅奕本同王本。帛书乙本“腹”后、“彼”后并有“而”字。甲本间有缺损。

【注释】

①五色令人目盲——各种颜色纷然杂陈，看久了会使人眼花缭乱。五色，青、黄、赤、白、黑五种颜色，泛指色彩缤纷。目盲，眼睛昏花不明。《释名·释疾病》：“盲，茫也，茫茫无所见也。”河上公曰：“贪好淫色，则伤精失明。”

②五音令人耳聋——歌乐之声喧杂不已，听久了会使人耳聋失聪。五音，亦称五声，本指宫、商、角、徵、羽五个音级，此泛指各种歌乐之声。耳聋，指听力受到损伤，听声时不可察知其真。《说文》：“聋，无闻也。”《释名·释疾病》：“聋，笼也。如在蒙笼之内，听不察也。”

③五味令人口爽——嗜好美味，饱食佳肴，时间久了就会使人食欲不振。五味，甜、酸、苦、辣、咸五种味道，泛指饱食各种美

味的食物。口爽，指饮食时不知滋味，胃口病伤而食欲不佳。《广雅·释诂》："爽，伤也。"《淮南子·精神训》："五味乱口，使口爽伤。"高诱注："爽，病。病伤滋味也。"

④驰骋畋猎令人心发狂——谓人们或驱马奔驰竞争先后，或追逐围猎捕取禽兽，时间久了就会心智狂乱而性情放荡。畋猎，指围捕猎取各种野兽。《广韵》："畋，取禽兽也。""畋"或作"田"，"田"即古"畋"字。心发狂，即《庄子·天地篇》所谓"趣舍滑心，使性飞扬"。《广韵》："狂，病也。《韩子》曰：'心不能审得失之地，则谓之狂也。'"

⑤难得之货令人行妨——指贪爱珠玉金银等难得之货，时间久了就会使人行为乖戾，精神失常。货，金银珠玉等物。《玉篇》："金玉曰货。"行妨，指行为受到妨害而失于常理。《说文》："妨，害也。"河上公曰："妨，伤也。金银珠玉，心贪意欲，不知餍足，则行伤身辱也。"

⑥圣人之治也，为腹不为目——意谓明道之君的治身治国等事，当取于外物而养己，不能徇于外物而伤身。治，指治身，治国。治身而身体健康，治国而国家安定。《国语·齐语》："教不善则政不治。"韦昭注："治，理也。"为腹，腹以喻内，为腹则以物养己而无欲无求。为目，目以喻外，为目则为外物所役使而多欲有为。

⑦去彼取此——谓明道之君借鉴此理，治理家国天下时当去其"为目"之多欲贪求，取其"为腹"之无欲易足。蒋锡昌云："按'腹'者，无知无欲，虽外有可欲之境而亦不可见。目者，可见外物，易受外境之诱惑而伤自然。故老子以'腹'代表一种简单清静，无知无欲之生活；以'目'代表一种巧伪多欲，其结果竟至'目盲……耳聋……口爽……发狂……行妨'之生

活。明乎此，则‘为腹’即为无欲之生活，‘不为目’即不为多欲之生活。‘去彼取此’谓去目（多欲之生活）而取腹（无欲之生活）也。”

【译文】

色彩缤纷，艳丽繁杂，看久了就会使人两眼昏花。歌乐欢动，喧哗不已，听久了就会使人耳聋失聪。山珍海味，美食佳肴，吃多了能够使人胃口病伤而恶饮厌食。驱马奔驰，围捕田猎，时间久了能够使人心智狂乱而纵情放荡。贪求宝物而不知满足，时间久了就会使人的行为乖戾而举动失常。（物极至而必反，贪欲盛则必伤。）因此明道之君在治国理政时，总是无欲无为而不徇于外物，少私寡欲而能处虚守静。故而君王必须取此“为腹”，即无欲无为；而去彼“为目”，即多欲有为。

十三章

宠辱若惊①，贵大患若身②[1]。何谓宠辱若惊？宠为下③，得之若惊，失之若惊④，是谓宠辱若惊[2]。何谓贵大患若身？吾所以有大患者，为吾有身⑤；及吾无身，吾有何患⑥[3]！故贵以身为天下⑦，若可寄天下⑧；爱以身为天下，若可托天下[4]。

【章旨】

老子此章以解说成语的形式，告诫君王必须时时处处虚静处下，无私无欲。如此才能内无忧患，而外有天下。

【校勘】

[1]宠辱若惊,贵大患若身。

此从王弼本写定。傅奕本同。帛书甲本"宠"作"龙","患"作"梡"。乙本"宠"作"弄",帛书整理小组以为"此盖假弄为宠"。

[2]何谓宠辱若惊?宠为下,得之若惊,失之若惊,是谓宠辱若惊。

此从王弼本写定。傅奕本同。"宠为下",帛书甲本作"龙之为下",乙本作"弄之为下也"。

[3]何谓贵大患若身?吾所以有大患者,为吾有身;及吾无身,吾有何患!

此从王弼本写定。傅奕本"及"作"苟","何患"后有"乎"字。帛书本"有身"后有"也"字,"无身"后无"吾"字。

[4]故贵以身为天下,若可寄天下;爱以身为天下,若可托天下。

此从王弼本写定。傅奕本作"故贵以身为天下者,则可以托天下矣;爱以身为天下者,则可以寄天下矣"。帛书乙本作"故贵为身于为天下,若可以橐天下;爱以身为天下,女(如)可以寄天下矣。"甲本同乙本而"托"作"迈",句末无"矣"字。

【注释】

①宠辱若惊——谓君王当崇尚爱好于守辱处下,即置身于低贱屈辱之地,得之则惊喜,失之则惊惧。宠,崇尚,贵尚;用作动词。《说文》:"宠,尊居也。"《国语·楚语下》:"宠神其祖,以取威于民。"韦昭注:"宠,尊也。"辱,指污下、屈辱之地,与君王之尊贵之位正好相反。惊,《说文》:"惊,马骇也。"引申之亦指

人之突遇刺激而精神紧张,或喜,或忧,或骇,或惧。

②贵大患若身——义同“贵身若贵大患”。谓君王贵重私爱自身,正如同贵爱大患一样。贵,看重,重视;用作动词。患,指忧苦、疾病、灾祸等。《说文》:“患,忧也。”《玉篇》:“患,祸也,疾也。”

张舜徽先生云:“此二语乃上世遗言,故《老子》采用之,而又分释其义于下也。‘辱’与‘大患’对举,皆名词;‘崇’与‘贵’皆动词。‘宠’谓爱之,‘贵’谓重之也。”

③宠为下——指君王推重并喜好自处于卑弱低贱之地而不自尊自大。为下,犹如居下,如其自称孤、寡、不穀等。

④得之若惊,失之若惊——谓君王得以居处于卑微低贱之地则心生惊喜,若不能居处于卑微低贱之地则心生惊惧。

⑤为吾有身——因为我心中总是惦念着自己,私爱着自己。有身,指私爱自身,爱惜自己。此言私爱其身则累害其德,累害其德则必生大患。所以说贵爱其身者,乃贵爱大患。

⑥及吾无身,吾有何患——意谓如果我全无自私之心而毫不偏爱自己,那我还能有什么忧患之事呢? 及,犹“若”。《管子·大匡篇》:“岂及彭生而能止之哉?”尹注云:“及,如也。”

⑦以身为天下——谓无私无欲而把自身奉献给天下之人。为,同“遗”,施予,给与。《左传》襄公二十三年:“齐侯将为臧纥田。”杜注云:“与之田邑。”又《老子》八十一章云:“既以为人己愈有,既以与人己愈多。”上言“为人”,下言“与人”,亦可证“为”、“与”义同。

⑧若可寄天下——谓如此行事乃可以将家国天下寄托于其人。若,犹“而”、“乃”、“则”。《易·夬》:“君子夬夬,独行,遇雨若濡,有愠,无咎。”孔颖达《正义》释“若”作“则”。傅奕本

"若"字正作"则"。君王虽居尊崇之位,却能够卑身处下而不自贵不自爱,能够无私无我而把自身奉献给天下之人。如此之君才可以把天下寄托给他,他也才能把天下治理得安定和谐。

【译文】

古语曾说"宠辱若惊",又说"贵大患若身"。什么叫"宠辱若惊"呢? 君王崇尚与喜爱自己过上守辱处下的生活,能够卑微处下则感到惊喜,不能卑微处下则感到惊惧,这就叫做"宠辱若惊"。什么叫"贵大患若身"呢? 我之所以存有大患,是因为我有着"利益自我"的私心,若是没有了"利益自我"的私心,我又有什么忧患呢! 因此,那些甘愿把自身奉献给天下(即无私)的人,才可以将天下寄托给他;那些甘愿把自身奉献给天下(即无我)的人,才能够将天下交付给他。

十四章

视之不见名曰夷①,听之不闻名曰希②,搏之不得名曰微③。此三者不可致诘④,故混而为一⑤[1]。一者,其上不皦,其下不昧⑥,绳绳兮不可名⑦,复归于无物⑧[2]。是谓无状之状,无物之象⑨;是谓惚恍⑩。迎之不见其首,随之不见其后[3]。执古之道,以御今之有⑪,以知古始⑫,是谓道纪⑬[4]。

【章旨】

此章还是对"道"的描述与评介。虽然人们的感官不能知觉"道"的形状物态,看也看不见,听也听不到,摸也摸不着,但

"道"确是实实在在、真真切切存在于世的。君王能够循守大道去治理国家,必定能够取得成效。

【校勘】

[1]视之不见名曰夷,听之不闻名曰希,搏之不得名曰微。此三者不可致诘,故混而为一。

此从王弼本写定。傅奕本同。帛书甲本作"视之而弗见名之曰微,听之而弗闻名之曰希,捪之而弗得名之曰夷。三者不可至计,故㮯而为一"。乙本同甲本而"名"作"命","搏"作"捪","混"作"绲"。

按:范应元本"夷"作"几"。《说文》云:"几,微也。"劳健曰:"'视之不见名曰几',范本如此,他本皆作'夷'。范注:'几字,孙登、王弼同古本。傅奕云:"几者,幽而无象也。"'按范注特引傅氏义训,知所见傅本必作'几'。然今道藏傅本与诸王本并皆作'夷',《释文》亦作'夷'。盖夷、几二字草书与六朝别体形皆相近,其讹由来已久。"张松如言:"视、听、搏之与夷、希、微,诸本交错,似无固谊,大约都是幽而不显的意思,不过就视、听、搏几个不同的方面言之罢了。"又帛书甲本"混"作"㮯",马王堆汉墓帛书整理小组云:"按㮯从束从囗,疑即《说文》部首之'橐'字,在此读为'梱',完木未析也。"乙本"混"作"绲",混字从水昆声,绲字从糸 君声,昆、君古音相同。帛书整理小组云:"绲,疑即'绲'字,……在此读为掍,同也。"高明认为:甲本"㮯"字与乙本"绲"字,均当从今本假作"混"。

[2]一者,其上不皦,其下不昧,绳绳兮不可名,复归于无物。

此从王弼本写定而依帛书本增补"一者"二字,依傅奕本增

“兮”字。傅本“上”、“下”二字后并有“之”字。帛书乙本作“一者,其上不谬,其下不忽,寻寻呵不可命也,复归于无物。”甲本“皦”作“攸”,“绳绳”亦作“寻寻”。

按:传世本之“皦”字,帛书甲本作“攸”,字当同“攸”。乙本作“谬”。“皦”与“攸”、“谬”古音相通。又“昧”,帛书本作“物”,字同“忽”。“昧”与“忽”古音亦通。高明认为:“‘攸’、‘谬’、‘皦’通假。‘忽’与‘昧’通假。”

[3]是谓无状之状,无物之象;是谓惚恍。迎之不见其首,随之不见其后。

此从王弼本写定。傅奕本“惚恍”作“芴芒”。帛书乙本“惚恍”作“沕望”,“随之不见其后”在“迎之不见其首”句前,两“之”字作“而”。甲本间有缺损。

按:王本之“惚恍”,傅本作“芴芒”,帛书乙本作“沕望”。蒋锡昌云:“‘惚恍’或作‘忽恍’,或作‘芴芒’,或作‘惚怳’,双声叠字,皆可通用。盖双声叠字,以声为主,苟声相近,即可通假。”

[4]执古之道,以御今之有,以知古始,是谓道纪。

此从王弼本写定而依帛书本改“能知”作“以知”。傅奕本“以御”作“可以御”。帛书本“执古之道”作“执今之道”。

【注释】

①名曰夷——称名之为夷。夷,平易不显,幽隐不明。《说文》:“夷,平也。”《广雅·释诂》:“夷,灭也。”《国语·周语下》:“子孙为隶,下夷于民。”韦昭注:“夷,灭也。”乙本“名”作“命”,义同。

②名曰希——称名之为希。希,稀疏,寡少。此处形容声音

极其微细而难于听见。《尔雅·释诂》:“希,罕也。”

③搏之不得名曰微——谓以手拍打它却不能触及,由此而称名之为微。搏,拍打,拍击。《玉篇》:“搏,手击也。”《汉书·灌夫传》:“夫与长乐卫尉窦甫饮,轻重不得,夫醉,搏甫。”颜师古曰:“搏,以手击之。”帛书本作“捪”,《说文》:“捪,抚也,从手昏声。一曰摹也。”意为触摸,抚循。则“捪”与“搏”义近。微,义同“无”。《礼记·檀弓下》:“曾子闻之,曰:‘微与,其嗟也可去,其谢也可食。’”郑注云:“微,犹无也。无与,止其狂狷之辞。”《论语·宪问篇》:“微管仲,吾其被发左衽矣!”何晏《集解》云:“马(融)曰:‘微,无也。无管仲则君不君,臣不臣,皆为夷狄。’”

④此三者不可致诘——谓“道”之视而不见、听而不闻、搏而不得三事,不能追问到底而弄个明白。诘,追问,责问。《说文》:“诘,问也。”《左传》昭公十四年:“诘汝慝。”杜注云:“诘,责问也。”

⑤故混而为一——因此就混沌不明而笼统地合其为“一”,一即“道”。混,混沌不分。马叙伦云:“案‘混’借为‘梱’,古书言‘混沌’者,皆谓未分析。《说文》:‘梱,完木未析也。’今通用‘混’。”

⑥其上不皦,其下不昧——指道体的混沌不明,若明若暗。其在上者并不光明,而在下者亦不昏暗。皦,明亮,光明。《广韵》:“皦,明也,皎也。”昧,昏暗,昏冥。《广雅·释诂》:“昧,冥也。

苏辙曰:“物之有形者,皆丽于阴阳,故上皦下昧,不可逃也。道虽在上而不皦,虽在下而不昧,不可以形数推也。”

⑦绳绳兮不可名——谓道体之似有似无,幽隐不明,因而不

能给它一个合适的名称。绳绳,假作"黽黽",义同"冥冥",昏昧不明的样子。帛书本作"寻寻",寻寻、绳绳音同,并为重言喻形词。高亨言:"'绳绳'疑本作'黽黽',形近而讹。《说文》:'黽,冥也。从冥黽声。读若黽蛙之黽。'则黽黽犹冥冥矣。谓待其不可见也。不可见自不可名,故曰'黽黽不可名。'"不可名,不能明了它的情状、形态等,并据此给它一个合适的名称。

⑧复归于无物——指道体的隐微不明有如返归于似无其物的状态。复归,返还,返归。《国语·晋语五》:"其卒将复,中以外易矣。"韦昭注:"复,反也。"无物,指事物极其隐微而莫明其形。

⑨无状之状,无物之象——没有具体明晰的形状的一种状态,没有具体明晰的物态的一种形象。王弼注云:"欲言无邪,而物由以成;欲言有邪,而不见其形。故曰'无状之状,无物之象'也。"按:"道"本非具体之物,此乃设定其为"物",而描述其"物状"、"物象"。

⑩惚恍——指"道"体的那种似有似无,若明若暗,幽冥难知,模糊不清的情形。蒋锡昌云:"'惚恍'亦即'仿佛',《说文》:'仿,仿佛,相似,视不諟也。''忽兮'、'恍兮',皆形容幽远无形,状不可审諟。"

⑪执古之道,以御今之有——谓君王当持守古道以治理今世之家国天下。执,守持。指遵循其"道"以行教处事,若持物而不失。御,统领,治理。《诗·大雅·思齐》:"以御于家邦。"郑笺云:"御,治也。"有,通"域",州域。刘师培云:"'有'即'域'之叚文也。'有'通作'或','或'即古'域'字。《诗·商颂·[列祖](玄鸟)》:'奄有九有',毛传:'九有,九州也。'又'正域彼四方',毛传:'域,有也。'《国语·鲁语》:'共工氏之伯

九有也’，韦注：‘有，域也。’此文‘有’字与‘九有’之‘有’同。‘有’即‘域’，‘域’即二十五章‘域中有四大’之‘域’也。‘御今之有’，犹言御今之天下国家也。”

按：帛书本作“执今之道，以御今之有。”说者谓“今‘道’与古‘道’一也。道是永远不变的，所以古今虽异，其‘道’则一。疑后人不知此义而改‘今’为‘古’”。而《史记·高祖功臣侯者年表序》有言：“居今之世，志古之道，所以自镜也。”司马贞《索隐》云：“言居今之代，志识古之道，得以自镜当代之存亡也。”是以史为鉴乃古今通例。故而疑帛书本“执今之道”，或为抄写之误而将‘古’字写作‘今’字。

⑫以知古始——即乃知古始。谓如此而能知古道之本。以，而，乃。古始，原本，初始；指大道之本。王弼本“以”作“能”。古“以”、“而”、“能”往往通用。

⑬道纪——指道的体系、系统。纪，总要之名。《礼记·礼运》：“礼义以为纪，以正君臣，以笃父子。”孔疏云：“纪，纲纪也。五帝以大道为纪，而三王则用礼义为纪也。”《史记·乐书》：“故乐者天地之齐，中和之纪，人情之所不能免也。”裴骃《集解》云：“纪，总要之名。”从道家的宗旨来看，“道”是恒久不变的，贯通古今的。因此今道就是古道，古道就是今道；古今虽异，其道则一。持守这个“道”以治理家国天下，且据其今之有而察其始之无，得以了解其初始的情况，这就能总体明了于“道”的整个体系。

【译文】

“道”这种东西，用眼察看又不见其形状，可称名之为“夷”；用耳倾听又不闻其声音，可称名之为“希”；用手拍打也触及不到它的质体,可称名之为“微”。从这三方面来看,它实在是过于玄妙,过于幽微,过于细小了,以至于根本不可能推究到底而弄个明白,所以就只好笼统地把它看作“一”,也就是“道”。就是这个“道”,虽其在上也并不显得明亮,虽其在下也并不显得昏暗。幽幽隐隐,渺渺茫茫,似有似无而不可称名,延伸至其极端而复返于隐微无物的状态。这就是没有形状的形态,不见其物的物象,这就叫作“恍惚”。迎面而对看不见它的头,紧随其后也看不见它的尾,它就是那样的无始无终,无穷无极。持守这个“道”,就能治理好万事万物,就能统御好家国天下。同时又据其“有”而察其“无”,得以知晓远古时其初始的情况,这样就明了了“道”的整个体系。

十五章

古之善为士者①,微妙玄通②,深不可识③[1]。夫唯不可识,故强为之容④。曰:豫兮其若冬涉川,犹兮其若畏四邻⑤,俨兮其若客,涣兮其若凌释⑥,敦兮其若朴⑦,旷兮其若谷⑧,混兮其若浊⑨[2]。浊以静之,徐清⑩;安以动之,徐生⑪[3]。保此道者不欲盈⑫,夫唯不欲盈,是以能敝而不成⑬[4]。

【章旨】

此章通过对守道之士“微妙玄通,深不可识”的品格的形象描述,说明了循守此“道”的君王必须不存私欲,不求满盈。

【校勘】

[1]古之善为士者,微妙玄通,深不可识。

此从王弼本写定。傅奕本“士”作“道”。帛书乙本作“古之善为道者,微眇玄达,深不可志”。甲本间有缺损。郭店楚简本亦作“善为士”。

按:王本之“善为士者”,亦见于六十八章“善为士者不武”。帛书本之“善为道者”,亦见于六十五章“古之善为道者,非以明民,将以愚之”。善为道者,谓能持守大道以治国的君王,即明道之君。善为士者,即善为事者。老子主张无为不言,顺其自然,则善为事者必须明了道德之义而能体道行德,所以说善为士者亦即明道之君。由郭店楚简本亦作“善为士”可证“士”字并非后人所改。

[2]夫唯不可识,故强为之容。曰:豫兮其若冬涉川,犹兮其若畏四邻,俨兮其若客,涣兮其若凌释,敦兮其若朴,旷兮其若谷,混兮其若浊。

此从王弼本写定而依帛书本增补“曰”字,增补“其”字在“豫兮”、“犹兮”、“涣兮”后,改“豫焉”作“豫兮”,改“若容”作“若客”,改“冰之将释”作“凌释”。傅奕本“豫兮”、“犹兮”、“俨兮”、“涣兮”后并无“其”字,“俨”、“涣”后无“兮”字。帛书本“豫”作“与”,“敦”作“沌”,“混”作“湷”,“旷”作“溌”等。又“涉川”作“涉水”,“湷呵其若浊”在“溌呵其若浴”前。各本用字虽或有别,而文义并无不同。

[3]浊以静之,徐清;安以动之,徐生。

此从王弼本写定而依帛书本删“浊”前、“安”前“孰能”二字及“动”前“久”字。傅奕本同王本而“静之”作“澄靖之”。帛书本“浊”后“以”字作“而”,“安”字作“女”,“动”字作“重”。

又甲本“静”作“情”,“徐”作“余”。楚简本两“徐”字前并有“将”字。

按:王本“动之”前有“久”字。据其所注云“夫晦以理,物则得明;浊以静,物则得清;安以动,物则得生。此自然之道也”。可知“久”字当为衍文。

[4]保此道者不欲盈,夫唯不欲盈,是以能敝而不成。

此从傅奕本写定而依帛书甲本改“夫惟不盈”作“夫唯不欲盈”。王弼本末句作“故能蔽不新成”。甲本间有缺损。乙本“保”作“葆”,“敝”作“獘”,亦间有脱误。

【注释】

①善为士者——谓善于治事理政的明道之君。为士,指治事,理政。《说文》:“士,事也。”段玉裁注:“凡能事其事者称士。”其善为士者,并能自成其事而善理众事,即为能体道行德之君。“善为士”,帛书本作“善为道”,二者用词有别,而其义实同。

②微妙玄通——谓体道行德之君,其心志玄妙幽隐而畅达于天地万物之情状。玄,既指微妙幽隐,又指玄远幽深。

③深不可识——意谓明道之君能守辱处下而深藏不露,虽其心志明通畅达于幽隐玄妙之物,而其容貌则有若愚钝无知,故无人能测知其真。识,明知,明了。《玉篇》:“识,知也。”范应元云:“善为士者,谓善能体道之人也。惟其善能体道,故其心微妙而与物冥通,渊深而不可测也。”

④强为之容——指勉强描绘出他的形象特征。容,容貌,仪容;用作动词,谓描绘其形象。善为士者深不可识,故勉强描绘其形象以仿佛其容貌举止。

⑤豫兮其若冬涉川，犹兮其若畏四邻——意谓其临事而惧，小心谨慎。既如严冬渡河而水寒刺骨，惟恐失足没入河中。又若害怕同四邻为伴而关系不睦，多生争执而事端无穷。“豫兮”与“犹兮”互文，即犹豫二字分别言之。犹豫，行为处事迟疑不决的样子。

按：或说“豫”与“犹”同为兽名，二兽性多疑。凡临事不决，进退迟疑者借以为喻。《礼记·曲礼上》：“卜筮者，……所以使民决嫌疑，定犹與也。”郑注云：“與，音预。本亦作豫。”孔疏云：“《说文》云‘犹’，兽名，玃属。‘與’，亦是兽名，象属。此二兽皆进退多疑。人多疑惑者似之，故谓之犹與。”又《汉书·高后纪》：“或以为不便，计犹豫，未有所决。”师古曰：“犹，兽名也。《尔雅》曰：‘犹，如麂，善登木。’此兽性多疑虑，常居山中，忽闻有声，即恐有人且来害之，每豫上树，久之无人，然后敢下。须臾又上，如此非一，故不决者称犹豫焉。一曰陇西俗谓犬子为犹，犬随人行，每豫在前，待人不得，又来迎候，故云犹豫也。”而王念孙《广雅疏证》以为：“嫌疑、狐疑、犹豫、蹢躅，皆双声字。双声之字本因声以见义。不求诸声而求诸字，固宜其证之多凿也。”

⑥俨兮其若客，涣兮其若凌释——谓其行事则谨慎小心、恭敬庄重，有如到别人家作客一般。而其心志则豁达疏放、无拘无束，有如春天封河化解时冰凌之流散离析。俨兮，恭敬庄重的样子。《尔雅·释诂》：“俨，敬也。”到别人家作客，自然不敢恣意放肆，而只须恭敬。涣，消解，消散。《说文》：“涣，流散也。”凌释，指春天阳气转盛而封河之冰遂消解融化。

⑦敦兮其若朴——形容其本性敦厚质朴，如同未经雕凿的朴木一样。敦，质朴，敦厚。朴，未经雕琢加工的原木。《说

文》:“朴,木素也。”《礼记·郊特牲》云:“素车之乘,尊其朴也,贵其质而已矣。”

⑧旷兮其若谷——谓其眼界高远、思想解放、胸襟开阔,有如虚静空旷的山谷一般。旷,空旷,旷远。《玉篇》:“旷,广远也。”

⑨混兮其若浊——谓其外若昏昧而示人以愚,有如浑浊的河水,不可测知其浅深。浊,污浊,浊流。形容河水多含泥沙杂质,浑浊而不能明澈见底。

⑩浊以静之,徐清——意谓水之混浊者,守之以静,就会慢慢澄清而明澈。以,同“而”,连词。徐,舒缓,缓慢。《说文》:“徐,安行也。”

⑪安以动之,徐生——谓物之安定者,行之使动,就会慢慢地生长变化。

按:此二句在于说明“反者,道之动也”的规律,进而引出其下“保此道者不欲盈”之句。王本、傅本等此二句前并有“孰能”二字,则以反问的形式表达肯定的内容。意谓:浊而静之将何能?将徐清。安而动之将何能?将徐生。

⑫保此道者不欲盈——谓持守大道之君总是虚心弱志而无私无欲,绝不会私欲旺盛而骄奢贪求。欲盈,指贪欲旺盛。《玉篇》:“欲,贪也,愿也。”

⑬敝而不成——意谓如同物有缺敝不足而并不求满求全一样,明道之君总是谦虚谨慎而柔弱处下。

【译文】

古时候那些善于任事理政的君王,其心精微幽隐而玄妙通达,其行深藏不露而难以测知。正因为对他不能测知明了,因此就只能勉强给他描述一个形象。这就是:他的行为处事总是谨慎警惕啊,就像在那严冬时节涉水过河。他的言语总是小心翼翼啊,好像是害怕影响和惊动四邻。他的外表总是那样恭敬庄重啊,就像是到别人家里作客。他的内心却无拘无束轻松自如,好像是春意融融时冰消雪化。他是那样淳厚质朴,诚信实在,就像是那未经雕琢的素木。他的心胸那样的虚静而宽广啊,就好像那空旷的深山幽谷。他貌似愚钝憨厚而志趣不可见,心意不可知,又好像是那浑浊的河水。污浊之水让它静止之后慢慢地就能变得清澈,安定之物使它运动起来慢慢地发展就会获得新生(“道”的作用就是这样巨大)。懂得并体行这个“道”的人绝没有旺盛的私利贪欲,正因为他没有充盈的私利贪欲,因此才能够时时事事谦卑处下,而从不会骄矜满盈。

十六章

致虚,极也①;守静,笃也②[1]。万物并作③,吾以观其复④也[2]。夫物芸芸,各复归其根⑤。归根曰静,是谓复命⑥[3]。复命,常也;知常,明也。不知常,妄⑦;妄作,凶[4]。知常容⑧,容乃公⑨,公乃王⑩,王乃天⑪,天乃道⑫,道乃久,没身不殆[5]。

【章旨】

此章乃告诫君王要切切实实做到虚静无为,只有虚极静笃才能归根复命,归根复命才能顺常,才能合于天而同于道,才能没身不殆。否则就会妄作而致凶。

【校勘】

［1］致虚，极也；守静，笃也。

此从王弼本写定而依帛书本增补两“也”字。傅奕本“静”作“靖”。帛书本“致”作“至”。又甲本“静”作“情”，“笃”作“表”。帛书整理小组云：“表，或是裻之误。”乙本“笃”作“督”。楚简本作“至虚恒也，守中笃也”。

［2］万物并作，吾以观其复也。

此从傅奕本写定且依帛书本增补“也”字。王弼本无“其”、“也”二字。帛书本“并”作“旁”，音同而假。

［3］夫物芸芸，各复归其根。归根曰静，是谓复命。

此从王弼本写定。傅奕本作“凡物䒷䒷，各归其根。归根曰靖，靖曰复命”。帛书乙本作“天物秐秐，各复归于其根。曰静。静，是谓复命”。甲本间有缺损，其首句作“天物云云”。

按：夫，帛书本作“天”，疑为笔误。傅本“夫”作“凡”。《经典释文》亦作“凡”，其注云：“本作夫。”芸芸，帛书甲本作“云云”，乙本作“秐秐”，傅奕本作“䒷䒷”，楚简本作“员员”，皆重言喻形词，形容繁茂众多的样子。此以其声而达其意，即段玉裁所谓“古有以声不以义者”，因此很难确定何为正字，何为假借。

［4］复命，常也；知常，明也。不知常，妄；妄作，凶。

此从帛书乙本写定而依王弼本改“芒”字作“妄”。甲本“妄”作“芇”。王本、傅本并作“复命曰常，知常曰明。不知常，妄作，凶”。

［5］知常容，容乃公，公乃王，王乃天，天乃道，道乃久，没身不殆。

此从王弼本写定。傅奕本同。帛书甲、乙本间有脱字。

按：劳健《老子古本考》言：“‘知常容，容乃公’，以容、公二字为韵。‘天乃道,道乃久’,以道、久二字为韵。独‘公乃王,王乃天’二句韵相远。‘王’字义本可疑,王弼注此二句云:‘荡然公平,则乃至于无所不周普也。无所不周普,则乃至于同乎天也。’‘周普’显非释‘王’字。道藏龙兴碑本作‘公能生,生能天’,‘生’字更不可通。按《庄子·天地》云:‘执道者德全,德全者形全,形全者神全,神全者圣人之道也。’此二句‘王’字盖即‘全’字之讹。‘公乃全,全乃天’,全、天二字为韵。王弼注云‘周普’是也。又《吕览·本生》篇‘天子之动也,以全天为故者也’。高注‘全,犹顺也’。可补王注未尽之义。今本‘王’字,碑本‘生’字,当并是‘全’之坏字,‘生’字尤近于‘全’,可为蜕变之验也。”劳氏所说言之成理,故备注于此。

【注释】

①致虚,极也——谓其虚心弱志而实现无欲无求,要能尽其极至而达到最高境界。致,达至。《玉篇》:“致,至也,送诣也。”

②守静,笃也——谓其处虚守静而实现无为不言,要能达至其终极而坚固不移。笃,坚实,牢固。《尔雅·释诂》:“笃,固也。”

薛蕙云:“虚静者,性命之本也。有生之后,迁于物而背其本,其不虚不静亦甚矣。故为道者必损有以之虚,损动以之静。损之又损,以至于虚静之极,则私欲尽而性可复矣。”

按:楚简本此处文字作“至虚,恒也;守中,笃也”。恒则久,而能至于其极。其文义与传世本区别不大。“守中”与“守静”看似差别很大,其实不然。中,同“盅”。中则虚空,虚则有静。故“守中”义同“守静”。

③万物并作——谓万物竞相兴发生长。作,兴起。《玉

篇》:"作,起也,造也。"《国语·晋语八》:"死者若可作也,吾谁与归?"韦昭注:"作,起也。"

④观其复——指观察万物之返归于静。物之发生,由静而动,故其返归初始之静,即为"复"。王弼注云:"凡有起于虚,动起于静,故万物虽并动作,卒复归于虚静,是物之极笃也。"

⑤夫物芸芸,各复归其根——指天下万物纷然杂陈而生长繁茂,最终则都要循守大道而返归其根本之性,即复归于虚静。吴澄云:"凡植木,春夏则生气自根而上达于枝叶,是曰动;秋冬则生气自上反还而下藏于根,是曰静。"

⑥归根曰静,是谓复命——意谓万物返归其本始则归于虚静,这就是回归其天生的根本之性。曰,则,就。复命,指回归其本性。命,指天生之性。《礼记·中庸》云:"天命之谓性。"

⑦不知常,妄——谓不能顺乎自然而返归其本性,就会违离常道而产生错乱。常,谓返本归根而全其本性,顺其自然而恒久不衰。妄,指违背事物的自然规律而胡乱作为。《说文》:"妄,乱也。"

⑧知常容——谓君王能循守大道而返归于本性,才能处虚守静而广纳有容。容,包函,包容。《说文》:"容,盛也。从宀谷。"徐铉曰:"屋与谷皆所以盛受也。"器虚乃能容,此指明道之君的虚极静笃而胸怀宽广。

⑨容乃公——谓君王能够胸怀宽广,包容万物,才能无私无欲,公平公正。公,大公无私,公平公正。《玉篇》:"公,通也。又公者,无私也。"

⑩公乃王——谓君王能公平公正、无欲无私,才能为天下人所拥戴而真正成为统御天下的君王。王,为天下人所拥戴的君主。《说文》:"王,天下所归往也。"

⑪王乃天——谓君王能够为天下人所归往与拥戴，就能通达于天，如同天之覆盖万物一般广大普遍。

⑫天乃道——谓君王能够上同于天而顺乎自然，并非依照个人的心志去任意妄为，就能合同于大道。

【译文】

君王体行虚静无为之道，致虚守静必须达到极至的境界。天下万物蓬勃生长，我则观察它们的最后归宿。万物虽芸芸而生，纷然杂陈，而最终则全都各自返归其根。返归其根即处虚守静，这就是复归其本性。复归其性，是符合自然规律的；而了解认识了自然规律，则是非常明智的。反之，如果不了解其自然规律，就会妄想妄动，盲目行事，妄想妄动则必定招致凶险祸灾。总之，人君明了于客观规律，就能冲虚包容；包容万物，就能做到公正无私；大公无私，就能为天下人所拥戴而成为其王；为天下人所拥戴，就能合于上天而顺乎自然；顺乎自然而无为不言，就能符合于大道；而君王能循守大道，就能长治久安，终其一生都毫无危殆。

十七章

太上①，下知有之②；其次，亲而誉之③；其次，畏之；其下，侮之④[1]。信不足⑤，焉有不信⑥[2]。悠兮其贵言也⑦！功成事遂，百姓皆谓我自然⑧[3]。

【章旨】

这里是从民众对君王态度的逐步转变的历史发展，来证明人君循守大道而无为不言的重要性。

【校勘】

[1]太上，下知有之；其次，亲而誉之；其次，畏之；其下，侮之。

此从王弼本写定而依帛书本改“其次，侮之”作“其下，侮之”。傅奕本“其次，亲而誉之”作“其次亲之，其次誉之”。又帛书本无“而”字，“侮”字作“母”。

[2]信不足，焉有不信。

此从傅奕本写定而依帛书本删句前“故”字。王弼本作“信不足焉，有不信焉”。又“焉”字甲本作“案”，乙本作“安”。

[3]悠兮其贵言也！功成事遂，百姓皆谓我自然。

此从王弼本写定而依帛书本增补“也”字。傅奕本“悠兮”作“犹兮”，“也”作“哉”，“谓”作“曰”。又帛书本“悠兮”作“猷呵”，“功成事遂”作“成功遂事”，末句作“而百姓谓我自然”。

【注释】

①太上——即太古之时，指唐虞以上之世。《礼记·曲礼上》：“太上贵德，其次务施报。”郑注云：“太上，谓三皇五帝之世。”

按：或说“太上”为最上等，最高级。如蒋锡昌云：“‘太上’者，古有此语，乃最上或最好之谊。《魏策》：‘故为王计：太上，伐秦；其次，宾秦；其次，坚约而详讲与国，无相离也。’谓最好，伐秦也。襄二十四年《传》：‘太上，有立德；其次，有立功；其次，有立言。’谓最上，有立德也。……皆其证也。此文‘太上’，亦谓最好，系就世道升降之程度而言，犹谓最好之世也。”

②下知有之——谓民众只知道有其君王在上位而已，既无

亲爱之心,又无怨恨之意。下,指社会下层的广大民众。

③其次,亲而誉之——指在其后的社会中,民众往往亲爱其君而称誉之。其次,其后,此后。

④其下,侮之——谓最近之世,君王贪货行私而欺诈侵害民众,民众遂群起反抗而辱戮其君。其下,犹言最近之时。侮,轻侮,慢易。《方言》:“秦晋之间骂奴婢曰侮。”郭璞注:“言为人所轻弄。”

唐陆希声云:“太古有德之君,无为无迹,故下民知有之而已。德既下衰,仁义为治,天下被其仁,故亲之;怀其义,故誉之。及仁义不足以治其治,则以刑法为政,故下畏之。及刑法不足以服其意,则以权谲为事,故下侮之。此皆由诚信递降,故渐有不信。若夫在上者行不言之教,而及其成功,百姓各遂其性,皆曰我自然而然,则亲誉畏侮之心不生于世矣。”

⑤信不足——指君王以谲诈欺伪对待民众而失其诚信之心。信,诚信,诚实。《说文》:“信,诚也。从人从言,会意。”

⑥焉有不信——谓民众亦因此以诈伪欺瞒应对其君而毫无诚信。焉,于是,则。与“安”、“案”义同。王引之《经传释词》云:“安,犹于是也,乃也,则也。字或作‘案’,或作‘焉’,其义一也。”宋董思靖云:“吾诚自信,则以道御天下足矣。惟自信之诚不足,而后申之以劝赏,重之以刑政,而民始有不信之心矣。”

⑦悠兮其贵言也——此赞美君王的无为不言,顺其自然是多么的高妙啊!悠兮,为赞美之辞。悠,高远,深远。《诗·鄘风·载驰》:“驱马悠悠。”毛传云:“悠悠,远貌。”《诗·王风·黍离》:“悠悠苍天,此何人哉!”毛传云:“悠悠,远意。”傅本作“犹兮”,帛书本作“猷呵”,语义并同。《玉篇》:“猷,与‘犹’同。”犹,尊尚,高尚。《广韵》:“犹,尚也。”《礼记·檀弓上》:

“仲子亦犹行古之道也。”孔疏云：“仲子虽生周世，犹上行古之道也。”《诗·大雅·常武》：“王犹允塞，徐方既来。”郑笺云：“犹，尚也。允，信也。”孔疏云：“《兵法》：‘临敌设权。’王尚守信自实，所以为美也。”贵言，即重言，希言。指君王的施无为之政，行不言之教，不以己志私欲随便发号施令。

⑧百姓皆谓我自然——意谓群臣百官面对功成事遂之善，全都说一切事情原本就自当如此，我所为之事自然而然就该如此。自然，指万物顺其性命，自化而成。王弼注云：“自然，其兆端不可得而见也，其意趣不可得而睹也。”又云：“居无为之事，行不言之教，不以形立物，故功成事遂，而百姓不知其所以然也。”

【译文】

太古之时，（君王“无为不言”而顺乎自然，其下属的臣民安居乐俗而各得其所，故）但知有其君王而已。其后的君王，（虽自贤其才智，犹能存仁爱之心而无私欲，因此）民众往往亲近他们，称誉他们。再以后的君王，（虽然能处事公平公正，但却毫无仁爱之心而只是依照法律禁令施政，因此）民众往往畏惧而服从于他们。而近时的君王，则（私欲旺盛，为所欲为，欺诈民众，祸害国家，因此）往往被民众所反对以至攻杀。正是因为君王的诚信缺失了，于是臣民对他们的信任也就没有了。可见那“无为不言”是多么高妙啊！其意义是多么深远啊！（人君处无为之事，行不言之教，群臣各尽其职，万民各安其生。）事情办好了，功业实现了，百姓都说我原本就自然如此。

十八章

大道废①，焉有仁义②。智慧出③，焉有大伪④[1]。

六亲不和⑤,焉有孝慈⑥。国家昏乱,焉有贞臣⑦[2]。

【章旨】

这里对仁义、智慧、孝慈、忠臣等观念的产生提出了自己的看法,认为它们是无欲无为、顺乎自然的大道遭到废弃之后的产物,是人们用私智、行私欲而败家害国的产物。

【校勘】

[1]大道废,焉有仁义。智慧出,焉有大伪。

此从傅奕本写定。王弼本无两“焉”字,“智慧”作“慧智”。帛书本句前有“故”字。甲本“慧”字作“快”。

[2]六亲不和,焉有孝慈。国家昏乱,焉有贞臣。

此从傅奕本写定而依帛书本例增两“焉”字。甲本“焉”字均作“案”,乙本均作“安”。又甲本“孝”作“畜”。王弼本“贞臣”作“忠臣”。

【注释】

①大道废——指无为不言、顺其自然之道被人们的私心贪欲所阻止而不得行用。太古时期,君王持守大道,顺乎自然,无为不言,天下大治。其后私欲产生而上下逐利,致使大道废止不通。

②焉有仁义——于是便出现了提倡仁爱正义之说以救正其失。仁义,指仁爱与正义的主张,其倡导爱人而为公,以使事物各得其宜。《说文》:“仁,亲也。”《孟子·离娄下》:“仁者,爱人。”《释名·释言语》:“义,宜也。裁制事物使合宜也。”

③智慧出——指人们为满足其私心贪欲,开始使用其聪明

才智以欺伪狡诈的手段争逐财利。智慧，指心志聪明，思想敏捷；引申而指用尽其心智任意妄为。《释名·释言语》："智，知也，无所不知也。"《说文》："慧，儇也。"徐注云："儇，敏也。"

④焉有大伪——于是便出现了许多违背无为自然之道而依据人们的心志意愿为所欲为的虚诈之事。大伪，指人们的行私纵欲而不合于自然之道的所作所为。《说文》："伪，诈也。从人为声。"徐锴曰："伪者，人为之，非天真也，故人为为伪。"《广雅·释诂》："伪，为也。"王念孙《疏证》云："《荀子·性恶篇》云：'不可学，不可事而在人者，谓之性。可学而能，可事而成之在人者，谓之伪。伪，即为也。'"

⑤六亲不和——指家族之中许多人都各私其利，以至于彼此不能和睦相处而发生争执。六亲，父子、兄弟、夫妇。泛指整个家族、宗亲。

⑥焉有孝慈——于是就出现了提倡父慈子孝的主张。孝慈，此指父慈子孝之说。乃为维护宗族家人间恩爱亲和的相互关系而提倡的一种社会观念。《说文》："孝，善事父母者。"又云："慈，爱也。"《左传》文公十八年："宣慈惠和。"孔疏云："慈者，爱出于心，恩被于物也。"

⑦贞臣——即忠臣，朝廷中忠正无私之臣。《玉篇》："贞，正也。"《释名·释言语》："贞，定也。精定不动惑也。"忠，谓其心志中正而无私不偏。

【译文】

当人们的私欲产生而上下逐利，致使清静无为的生活遭到破坏，顺乎自然的大道废止不通的时候，于是便有人提出"仁义"之说，倡导人们仁爱而为公，以救正其失。当社会上竞相玩弄聪明才智，绞尽脑汁以追求私利的时候，于是君行私智以乱国，臣弄私智而篡权，致使君臣上下妄作非为而诈伪横生。六亲相和乃人之天性，当人人自私其利而使夫妻、父子、兄弟之间失去亲爱和谐的时候，于是就有人提倡父慈子孝之说，以表彰孝敬慈爱之事而成全六亲相和之义。君臣和睦乃治国之本，当君臣各私其利而明争暗斗，致使家国陷于昏乱的时候，为挽救其弊，于是又有人提倡忠贞之义，以表彰百官中那些守正无私、忠心为国的贞臣。

十九章

绝圣弃智①，民利百倍；绝仁弃义②，民复孝慈③；绝巧弃利④，盗贼无有[1]。此三言⑤也，以为文未足⑥，故令之有所属⑦[2]：见素抱朴⑧，少私寡欲⑨，绝学无忧⑩[3]。

【章旨】

此言仁义、孝慈、圣智、巧利等概念都是大道被废弃后私欲蔓延的产物，应该完全禁止，彻底废弃，从而复归于无为自然之道。寻其途径，则在于君王的返朴归真。

【校勘】

[1]绝圣弃智，民利百倍；绝仁弃义，民复孝慈；绝巧弃利，盗贼无有。

此从王弼本写定。傅奕本“智”作“知”。帛书本“智”亦作“知”，“慈”作“兹”。又甲本“倍”作“负”，“孝”作“畜”。乙本两"民"前并有"而"字。

[2]此三言也,以为文未足,故令之有所属。

此从帛书本写定。王弼本作"此三者,以为文不足,故令有所属"。傅奕本同王本而"以为文不足"作"以为文而未足也"。

[3]见素抱朴,少私寡欲,绝学无忧。

此从王弼本写定并依帛书乙本将"绝学无忧"由下章之首提前于此。傅奕本同王弼本而"抱"作"褒"。甲本多有缺损。乙本"少私"后有"而"字。

【注释】

①绝圣弃智——谓弃置个人的聪明才智不用,而复归于虚静无为。绝,止息,灭绝。《玉篇》:"绝,断也,灭也。"圣、智,并指个人的聪明智慧。《尚书·洪范》:"睿作圣。"孔传云:"于事无不通谓之圣。"君王用其聪明圣智,乃为行私贪物而利益自身。行私贪物则伤害民众,故绝弃其贪私利己之心,则民利百倍。

②绝仁弃义——谓绝弃社会上所谓的仁爱正义的观念,废止那些所谓的仁爱正义的行事。

③民复孝慈——民众因此就会返朴归真而顺其天性,重新回到那种自然而然的相互间恩爱亲和的生活状态中去。

④绝巧弃利——谓绝止个人的机巧之能与利益之事,而使人们无私无欲。巧,技能,机巧。《说文》:"巧,技也。"利,指私利,财利。《玉篇》:"利,得财也。"

⑤三言——指上文三绝三弃之句。古人或以一字为一言,或以一句为一言。《论语·为政篇》:"诗三百,一言以蔽之,曰'思无邪'。"则一言指一句。

⑥以为文未足——即认为以上三言所展现的文采尚且不够

充分,还不能称之为精辟的警句。文,文采,辞采。《释名·释言语》:“文者,会集众綵以成锦绣,会集众字以成辞义,如文绣然也。”《国语·晋语四》:“晋公子敏而有文,约而不谄。”韦昭注:“文,有文辞。”

⑦令之有所属——谓使其归属于其他文句,既申明其内容,又表现出文采。属,归附,会合。《周礼·地官·乡大夫》:“正月之吉,各属其州之民而读法。”郑注云:“属,犹合也,聚也。”《国语·晋语四》:“公属百官,赋职任功。”韦昭注:“属,会也。”

⑧见素抱朴——指思想和行为全都抱朴守真,外现朴素之行,内守淳朴之质。见,通“现”;显现,外现。素、朴,并谓质朴无华,不加巧饰。《释名·释綵帛》:“素,朴素也。已织则供用,不复加巧饰也。又物不加饰皆自谓之素,此色然也。”

⑨少私寡欲——谓灭弃其私心,绝止其私欲。少、寡并用作动词,意为使之减少,缩小,灭绝。《说文》:“寡,少也。”私,指自私之心。《玉篇》:“私,不公也。”欲,指贪欲。《说文》:“欲,贪欲也。”徐锴云:“欲者,贪欲。欲之言续也,贪而不已。”

⑩绝学无忧——谓废弃其学技益能之事,并绝止其多思深虑之心。无,同“毋”。《仪礼·士相见礼》:“毋上于面,毋下于带。”郑注云:“古文‘毋’作‘无’。”《汉书·高帝纪》:“所过毋得卤掠,秦民喜。”师古曰:“毋,止之辞也。音与‘无’同。”学,仿效,效法。《说文》:“学,放也。”《广雅·释诂》:“学,效也。”王弼注云:“下篇‘为学者日益,为道者日损。’然则学求益所能,而进其智者也。”忧,深思,苦思。《说文》:“忧,愁也。”《尔雅·释诂》:“忧,思也。”疏:“忧者,愁思也。”《诗·周南·卷耳》:“采采卷耳,不盈顷筐。”毛传云:“忧者之兴也。”郑笺云:“器之易盈而不盈者,志在辅佐君子。忧,思深也。”《左传》襄公二十九年:

“为之歌《唐》,曰:‘思深哉!其有陶唐氏之遗民乎!不然,何其忧之远也?’”思深与忧远对言,则忧乃思也。

【辨析】

一、此章首句之“绝圣弃智,民利百倍;绝仁弃义,民复孝慈;绝巧弃利,盗贼无有”似经后人改动而未能完全符合老子本义。上章言“大道废,焉有仁义;智能出,焉有大伪”,则绝者当为“仁义”,为“智能”。《老子》全书多处皆称赞“圣人”,其义并指明道之君。如第二章云:“是以圣人处无为之事,行不言之教。”二十九章云:“是以圣人去甚,去奢,去泰。”四十九章云:“圣人恒无心,以百姓之心为心。”“圣人之在天下歙歙焉,为天下浑其心。”五十七章云:“是以圣人之言曰:‘我无为而民自化,我好静而民自正,我无事而民自富,我无欲而民自朴。’”五十八章云:“是以圣人方而不割,廉而不刿,直而不肆,光而不耀。”等等。此处乃言“绝圣”,疑其有误。今检核楚简本《老子》,此处文字作“绝智弃辩,民利百倍;绝巧弃利,盗贼无有;绝伪弃虑,民复季(稚)子”。其“绝智弃辩”与“绝圣弃智”,“绝伪弃虑”与“绝仁弃义”相比较,楚简本显然更为符合老子本义,而传世本明显有人做过改动。然传世本与帛书甲、乙本所载并同,亦可见其改动时间较早。又“季(稚)子”二字原释为“孝慈”,然明辨上章“六亲不和,焉有孝慈”句中的“孝慈”二字,则与此处字形迥异。故裘锡圭先生改“孝慈”之读为“季(稚)子”。“民复稚子”即民众复归其质真纯朴之性,无私无欲、自然天成而有如赤子一般。

二、此章末句“绝学无忧”中“忧”字之意,学者皆以忧虑、忧患解之。谓“绝学无忧”为“抛弃学问,没有忧虑”。如范应元云:“绝外学之伪,循自然之真,则无忧患。”薛蕙云:“夫学者贵以养性,而养性莫若无累。今世俗之学,务外以累其性情,岂非饮药以加病乎? 绝而不为,可以无忧矣。”然细审文义,则值得商榷。

“见素抱朴,少私寡欲,绝学无忧”三句文法一致,见、抱、少、寡、绝、无六字并作动词,与其后之名词组成动宾结构。若以“忧”为动词,则“绝学无忧”之句式与前两句便截然不同,当然也就不能符合于老子本义。另外,学与忧(即思、虑)是相辅相成的。同素与朴,私与欲一样,学与忧也是一个事务的两个方面。《论语·为政篇》云:“学而不思则罔,思而不学则殆。”《孟子·尽心上》云:“人之所不学而能者,其良能也;所不虑而知者,其良知也。”孔子所言之“思”,孟子所言之“虑”,同老子所言之“忧”,词义是完全一致的。学必须思,思才能学。在这一点上,老子和孔子、孟子的认识是相同的。然而“心之官则思”,有头有脑的人都要思,都能思。而学习之事须深思,苦思,所以老子用“忧”而不用“思”。其实,孔子所言“学而不思则罔”之“思”,即为深思、苦思之意。老子倡言无为自然之道,以为学则多技巧,思则益智能,二者皆令人多私多欲,去朴失真,因此主张“绝学无忧”。绝学,则使人反求诸已身本然之善而保其淳厚之性。无忧,则使人不至追逐外物之伪而失其质朴之真。此与“见素抱朴,少私寡欲”并行于身,最终就能达到虚极静笃的崇高境界。

又“绝学无忧”句,王弼本置于下章之首。而以文意求之,似应属此章之末。张舜徽先生言:“见素抱朴,谓不尚文饰也,承上文‘绝仁弃义’言;少私寡欲,谓不贪异货也,承上文‘绝巧弃利’言;绝学无忧,谓不矜才能也,承上文‘绝圣弃智’言。三者相应，前后不乱，乃总结上文之辞。各本多以‘绝学无忧’一语，误连下文‘唯之与阿’以下文句别为一章，失之。昔贤如归有光、姚鼐，近世如马叙伦、高亨，皆主此句属上，是也。”

【译文】

君王若能弃置自己的聪明智慧而不用，即绝圣弃智而清静无为，就会使人民获得百倍的利益。君王若能废止所谓仁义之说而不听，即绝仁弃义而无私无欲，就会使民众重新复归其天然纯真、慈爱和顺的本性。君王若能禁绝那些机巧技能之事和货财私利之物，即绝巧弃利而抱朴守拙，就会使盗贼绝迹而实现社会安定。以上三句话虽然很重要，但把它们作为警句则还不够精彩，所以就让它们有所归附，即归属于下面的“三言”以显明其旨：既要守持其纯真的本质，又要显现出朴素的外象，使内外一致，以保持其原始的质朴；既要抑制减少其私心，又要禁绝止息其贪欲，使无私无欲，以保持其天然的纯真；既要废弃仿效学习那些机巧技艺之能，又要停止冥思苦想那些机巧货利之事，使绝巧弃利，以保持其淳厚的本性。

二十章

唯之与呵①，其相去几何②？美之与恶③，其相去何若④？人之所畏，亦不可以不畏人⑤[1]。荒兮，其未央哉⑥！众人熙熙⑦，如享太牢⑧，如春登台⑨[2]。我独泊兮⑩，其未兆⑪，如婴儿之未孩⑫，儽儽兮若无所归⑬[3]。众人皆有余⑭，而我独若遗⑮，我愚人之心也哉，沌沌兮⑯！俗人昭昭⑰，我独昏昏⑱；俗人察察⑲，我独闷闷[20][4]。忽兮，其若海；望兮，其若无所止[21][5]！众人皆有以[22]，而我独顽似鄙[23]。我独异于人而贵食母[24][6]。

【章旨】

老子此章以自白的口吻述说了明道之君的与众不同，其见素抱朴而若愚似鄙，虚静淡泊而无欲无求。其所追求所崇尚的，只是在于体道行德。

【校勘】

[1]唯之与呵，其相去几何？美之与恶，其相去何若？人之所畏，亦不可以不畏人。

此从帛书乙本写定而依王弼本增两"与"字前"之"字。帛书甲本"呵"作"诃"。王本作"唯之与阿，相去几何？善之与恶，相去若何？人之所畏，不可不畏"。傅奕本同王本而"若何"作"何若"。

按：王本"呵"作"阿"，当假"阿"为"呵"。又"何若"作"若何"，盖误倒。其注云："唯阿美恶，相去何若。"则王本原文正作"何若"。

[2]荒兮，其未央哉！众人熙熙，如享太牢，如春登台。

此从王弼本写定。傅奕本无"哉"字。帛书本后句作"若鄉于大牢，而春登台"。又乙本"荒兮"作"望呵"。

[3]我独泊兮，其未兆，如婴儿之未孩，儽儽兮若无所归。

此从王弼本写定。傅奕本"泊"作"魄"，"孩"作"咳"，句末作"儡儡兮其不足以无所归"。帛书乙本作"我博焉未垗，若婴儿未咳，累呵似无所归"。甲本间有缺损，其首句作"我泊焉未佻"。

[4]众人皆有余,而我独若遗,我愚人之心也哉,沌沌兮!俗人昭昭,我独昏昏;俗人察察,我独闷闷。

此从王弼本写定。傅奕本“余”后无“而”字,“俗人”后有“皆”字,“我独”后有“若”字。帛书甲本间有缺损,又“沌沌兮”作“惷惷呵”,“俗”作“鬻”。乙本脱“而我独若遗”句,作“众人皆有余,我愚人之心也。湷湷呵!鬻人昭昭,我独若昏呵;鬻人察察,我独闽闽呵”。各本用词或稍异,而文义基本一致。

按:帛书甲本之“惷惷”,乙本之“湷湷”,并与“沌沌”词义相同。又“俗”读若“欲”,帛书本作“鬻”,为音同假借。

[5]忽兮,其若海;望兮,其若无所止。

此从帛书甲本写定而依王弼本改“呵”作“兮”。乙本“忽”作“沕”。王本作“澹兮,其若海;飂兮,若无止”。傅奕本作“淡兮,其若海;飘兮,似无所止”。

[6]众人皆有以,而我独顽似鄙。我独异于人而贵食母。

此从王弼本写定。傅奕本“顽似鄙”作“顽且图”,“我独异”作“吾独欲异”。帛书本“似”作“以”,“我独异”作“吾欲独异”。甲本“鄙”作“悝”。

按:“我独顽似鄙”句,王弼注云:“无所欲为,闷闷昏昏,若无所识,故曰‘顽且鄙’也。”据此可知王本原当作“顽且鄙”。又古“以”、“似”通用,此句“似”读作“以”,用作连词,与“而”、“且”同。帛书乙本正作“顽以鄙”。

【注释】

①唯之与呵——指人们交往时,或顺意而应诺,或违忤而叱责。唯,诺也,应答之词。《汉书·韩信传》:“唯,信亦以为大王弗如也。”师古曰:“唯,应辞。”呵,与“诃”同,为斥责之词。《说

文》:“诃,大言而怒也。”诃,俗作“呵”。

②相去几何——谓二者之间相距有多少呢?去,背离,离开。《说文》:“去,人相违也。”《广韵》:“去,离也。”几何,几许,多少。《汉书·五行志中》:“民生几何,谁能毋偷?朝不及夕,将焉用树!”师古曰:“几何,言无多时也。”

③美之与恶——谓被人称誉赞美与厌恶憎恨。《史记·扁鹊仓公列传》:“太史公曰:‘女无美恶,居宫见妒;士无贤不肖,入朝见疑。’”可见唯之与呵,美之与恶,皆因人心之好恶生成,而非其固有之性。同一人,同一事,或顺从或称美,或违忤或指责,其实并没有太大的区别。“美”字他本或作“善”,盖后人以形近而误改。

④相去何若——义同“相去几何”。何若,何如,如何。《汉书·韩信传》:“仆欲北攻燕,东伐齐,何若有功?”师古曰:“何若,犹言何如也。”

⑤人之所畏,亦不可以不畏人——谓虽是民众所敬畏的君王,也不可不敬畏于民众。畏,敬畏。《广雅·释诂》:“畏,敬也。”君王若专赖威刑酷法而令民生畏,一旦民不能堪而兴起反抗,则君王或被民杀,或被民辱,而必成“其下,侮之”的结果。因此君王虽处至尊之位,也不可不对民众有敬畏之心。

按:此句王本、傅本等并作“人之所畏,不可不畏”。检核楚简本,则作“人之所畏,亦不可以不畏人”,与帛书本相同。“人之所畏,亦不可不畏”易生歧解。因为“人之所畏”者,可以是君王,也可以是上天。其解作上天者以为这是告诫君王,虽处至尊之位,却也不可不敬畏于上天。因为得天则昌,背天不祥。而“人之所畏,亦不可以不畏人”的释义则相对确定而不会产生歧义。

⑥荒兮,其未央哉——此乃赞美宇宙之大,称赞其宽广辽阔,无边无际。荒兮,宽广、广远的样子。荒,本字作“巟”,《说文》:“巟,水广也。”《左传》昭公十年:“周文王之法曰:‘有亡荒阅。’”杜注云:“荒,大也。阅,搜也。有亡人当大搜其众。”《诗·周颂·天作》:“天作高山,大王荒之。”毛传云:“荒,大也。”帛书本作“望”,“望”与“荒”音同而通假。未央,没有尽头,无边无际。《广雅·释诂》:“央,尽也。”《楚辞·离骚》:“及年岁之未晏兮,时亦犹其未央。”王逸注:“央,尽也。”

⑦众人熙熙——谓人人都幸福快乐,和悦欢喜。熙熙,欢乐和谐的样子。《左传》襄公二十九年:“广哉,熙熙乎!”杜注云:“熙熙,和乐声。”《汉书·礼乐志》:“众庶熙熙,施及夭胎。”师古曰:“熙熙,和乐貌。施,延也。”

⑧如享太牢——谓如同享用太牢之美食一样。太牢,古代帝王、诸侯行祭祀天地神灵的礼仪时,牛、羊、猪三牲全备为“太牢”。或以其物献食于宾客,亦称太牢。如《战国策·赵策》云:“鲁人曰:‘吾将以十太牢待子之君。’”享,字或作“飨”。“飨”通“饗”。

⑨如春登台——谓如同于春色盎然之中登临阳光明媚、花团锦簇的台榭一样,心情轻松自然,欢悦愉快。

⑩我独泊兮——谓只有我自己持守大道而淡泊虚静,无欲无为。泊,淡泊,恬静,无欲无为的样子。《汉书·司马相如传》:“于是楚王乃登阳云之台,泊乎无为,澹乎自持。”师古曰:“泊、澹,皆安静意也。”

⑪未兆——指没有任何情感欲望的要求与表露。兆,本指占卜时以火烧灼龟甲使其开裂而形成的纹络。引申之为征候,征兆,表露外现的迹象。《玉篇》:“兆,事先见也,形也。”《国

语·晋语三》:“公子重耳其入乎?其魄兆于民矣。”韦昭注:“兆,见也。”

⑫如婴儿之未孩——意谓如同初生的婴儿一般,无欲无求,蒙昧无知。孩,通“咳”。《说文》:“咳,小儿笑也。从口亥声。古文咳,从子。”婴儿初生,蒙昧无知,故不能咳笑也。

⑬儽儽兮——疲惫懒散的样子。《说文》:“儽,垂皃。一曰懒懈。”字或作“儡儡”,“累累”。《广雅·释训》:“傫傫,疲也。”王念孙《疏证》云:“傫,本作‘儽’,或作‘儡’,通作‘櫐’。《说文》:‘儽,垂皃。’即疲惫之意。”

⑭众人皆有余——谓众人全都多有所得。余,盈利,盈余。《广雅·释诂》:“余,盈也。”俗语云:“天下熙熙,皆为利来;天下攘攘,皆为利往。”故众人皆有余。

⑮我独若遗——谓只有我若有所失。《玉篇》:“遗,失也,亡也。”王弼注云:“众人无不有怀有志,盈溢胸心,故曰‘皆有余’也。我独廓然无为无欲,若遗失之也。”

⑯沌沌兮——形容质朴诚恳、老实厚道而似若愚昧无知、浑沌不明的样子。沌沌,或作“忳忳”。《礼记·中庸》:“肫肫其仁,渊渊其渊,浩浩其天。”郑注云:“肫肫,读如‘诲尔忳忳’之‘忳’。忳忳,恳诚貌也。肫肫,或为‘纯纯’。”

⑰俗人昭昭——谓社会中私欲之人皆用尽心智而事事精明。昭昭,显明清晰的样子。俗人皆争名逐利,辨于纤微,故皆昭昭。“昭”字或作“照”。《广雅·释训》:“照照,明也。”王念孙《疏证》云:“照照,犹‘昭昭’也。”

⑱我独昏昏——谓只有我自己显得愚钝昏昧而无所用心。昏昏,愚钝昏昧的样子。字或作“惛”。《说文》:“惛,不憭也。”不憭,谓心不明而少智能。《荀子·劝学篇》:“是故无冥冥之志

者，无昭昭之明。无惛惛之事者，无赫赫之功。”杨倞注：“冥冥，惛惛，皆专默精诚之谓也。”

⑲察察——详视明审而清晰明了的样子。《说文》：“察，复审也。”《广雅·释训》：“察察，著也。”《左传》庄公十年：“大小之狱，虽不能察，必以情。”杜注云：“察，审也。”俗人竞于用智，反复掂量，详视明审，故察察。

⑳闷闷——形容心志不明，懵懂无知的样子。明道之君，存真守朴，无欲无为，故闷闷。傅本作“闵闵”，帛书本作“闽闽”，与“闷闷”并为重言喻形词，音义相同。

㉑忽兮，其若海，望兮，其若无所止——意谓大千世界无边无际，悠远宽广，人们你来我往，熙熙攘攘，就像那大海一样飘摇涌荡，永无止息。忽，读作“惚”。望，读作“恍”。惚恍，形容事物的飘渺不定，微妙不测。

㉒众人皆有以——谓世人皆逞其才智而足其欲望，各自有所作为。以，作为，行用。《玉篇》：“以，用也。又为也。”《论语·为政篇》：“视其所以。”注云：“以，用也。言视其所行用。”

㉓顽似鄙——义同“顽且鄙”。意谓明道之君持守大道，无欲无知，既不通于私利又不精于算计，似若质朴愚钝之人，顽昧固陋而不通世事。顽，愚昧无知。《广雅·释诂》：“顽，愚也。”鄙，浅陋，朴野，愚钝。《玉篇》：“鄙，陋也，不慧也。”《汉书·董仲舒传》：“性命之情，或夭或寿，或仁或鄙。”师古曰：“仁、鄙，性也。鄙，谓不通也。”又甲本“鄙”作“悝”，盖假“悝”为“俚”，俚即鄙。《汉书·司马迁传》：“辨而不华，质而不俚。”颜师古注云：“刘德曰：‘俚，鄙也。’”

㉔贵食母——意谓崇尚那种恬静安详、纯真无私的自然状态。母，即乳。食母即吮食其母乳。小儿在母亲怀中吮吸母奶，

无欲不贪，恬静安详，纯显了人的本性，体现了人的情感的淳真自然之美。老子“贵食母”，就是想让人们摆脱功利私欲的困扰和侵蚀，让人性回归到初始的、纯朴的、自由的、本真的状态。

【译文】

奉承而唯诺与违忤而怒责，其间有多少差别呢？顺心而称美与逆心而厌恶，相互又有多大差距呢？（人们对于君王的或顺从或称美，或违忤或指责，其间并没有什么特别明显的区别。）因此，作为众人所敬畏的君王，也不可不敬畏于人民。（若专赖威刑酷法令民生畏，一旦民不能堪而反抗盛起，对你的唯诺就会变成斥责，对你的称美就会变成厌恶。）这世界是多么的宽广辽阔，无边无际啊！你看那世俗之众，熙熙攘攘而皆为利往，如享太牢之美味以肥口，如临春台之美景以适目。只有我独自坚守虚静无为之道，淡泊无欲，漠然无求，就好像是蒙昧无知，愚顽未化。浑浑沌沌如同愚昧童昏不能咳笑的婴儿，懒散倦怠好像离家失爱而无所归依。你看那众人皆求索追逐而多有所得，而我却无欲无为而若有所遗。我的心正象那傻子一样啊，浑浑沌沌没有欲念！众人都行私用智、处处精明，而我却无欲无求、蒙昧愚钝。众人都详察明视、非常精细，而我却懵懵懂懂，昏昧无知。这社会之广大，如同无边的海洋一样惚恍漂渺；这社会之变化，如同辽阔的海洋那样涌摇动荡。在这社会中生活的人们都以其聪明才智寻得自己的利益，只有我顽劣愚钝，恰似不开窍的傻瓜。我决不混同于世俗之众，坚持要返归于人性之本，而循守于虚静自然之道。

二十一章

孔德之容，惟道是从①[1]。道之为物②，惟恍惟惚③。惚兮恍兮，其中有象④。恍兮惚兮，其中有物⑤[2]。窈兮冥兮，其中有精⑥。其精甚真，其中有信⑦[3]。自今及古，其名不去⑧，以顺众父⑨。吾何以知众父之然⑩也？以此[4]。

【章旨】

此章仍是老子对“道”的描述说明：大道虽然窈冥恍惚，不可闻见，不可触摸，但其中确实有着真切具体的物象，而且这物象是可以验证而真实不虚的。从古到今，它都顺适着万事万物的生长变化而不曾脱离。因此，有德的君王必须“惟道是从”。

【校勘】

[1]孔德之容，惟道是从。

此从王弼本写定。傅奕本、帛书本并同。

[2]道之为物，惟恍惟惚。惚兮恍兮，其中有象。恍兮惚兮，其中有物。

此从王弼本写定。傅奕本“惚恍”作“芴芒”。帛书本作“道之物，唯望唯忽。忽呵望呵，中有象呵；望呵忽呵，中有物呵”。

[3]窈兮冥兮，其中有精。其精甚真，其中有信。

此从王弼本写定。傅奕本“窈”作“幽”。帛书本“精”并作“请”。甲本“窈”作“幽”，“冥”作“鸣”。乙本“窈”作“幼”。

[4]自今及古，其名不去，以顺众父。吾何以知众父之然也？以此。

此从帛书本写定。王弼本“自今及古”作“自古及今”，“顺众父”作“阅众甫”，“然也”作“状哉”。傅奕本同王本而末句作“奚以知众甫之然哉？以此”。

【注释】

①孔德之容，惟道是从——谓存有大德的君王，其行政施教，治国化民，只是顺从于大“道”。孔德，大德，此指能体道行德的君王。容，动作，行动。指君王的行政施教。《释名·释姿容》：“容，用也，合事宜之用也。”《礼记·月令》：“有不戒其容止者，生子不备，必有凶灾。”郑注云：“容止，犹动静。”

②道之为物——谓“道”之成为“道”这个东西。为物，成为其物。此谓由材质、形状、声音、动作、性情等各方面组成为一个具体之物。按：“道”本非具体“物”，今称其为“物”，乃为便于申言其义。

③惟恍惟惚——即恍恍惚惚，义同仿仿佛佛，模模糊糊。形容“道”的幽微玄妙，似有似无，可知而不可见，能说又说不清楚的样子。范应元云：“道本不可以物言，此言为物者，盖万物皆出于道也。道不可以有无言，故曰惟恍惟忽。谓以道为无，则非无；以道为有，则非有。然而万象由斯而见，万物由斯而出。”

④其中有象——意谓于惚恍不明之中又确实存在着可以感觉到的物象。

⑤其中有物——谓大道虽然惚恍不明，而其中确实有着内在的、可以察知到的、具体实在的物状。

⑥窈兮冥兮，其中有精——谓大道虽然幽隐不明，若有若无，而其中则有真实确切的东西存在着。窈，通“幽”。窈冥，即幽冥，形容道之深邃幽远、隐微玄妙。有精，帛书本作“有请”，

并当读作“有情”，谓的确有着真实的物状存在，而并非是虚妄的。情，实情，真情。指事物的真实情况。《左传》哀公八年：“叔孙辄对曰：‘鲁有名而无情，伐之，必得志焉。’”杜注云：“有大国名，无情实。”《战国策·秦策》：“请谒事情。”高诱注：“情，实也。”《史记·仲尼弟子列传》载孔子答樊迟问曰：“上好信，则民莫敢不用情。”裴骃《集解》云：“孔安国曰：‘情，实也。言民化上，各以实应。’”

⑦其精甚真，其中有信——指“道”的存在是确信不疑的，确实不虚的，而且是有事实验证的。精，假为“情”。真，真实不虚，真切确实。有信，有征信，有验证。《广韵》：“信，忠信。又验也。”大道之运行变化有其客观规律可循，大道之化生万物有其确切效用可察，故言“有信”。薛蕙云：“甚真，谓极真实而无伪。有信，谓有信验而不忒。”

⑧其名不去——指“道”的名称从未脱离其实体。古人认为“名者，明其实也”，名、实总是相副相应的。道之为物，自古至今都确实存在，一直都在发挥着其功用而未曾停止，因此“道”的称名确是名副其实而未曾脱离的。

⑨顺众父——即顺众始，谓依循于万物的产生、出现而不曾脱离。顺，顺从，依循。《玉篇》：“顺，从也。”《释名·释言语》：“顺，循也，循其理也。”王弼本“顺”作“阅”。阅，经历。《汉书·文帝纪》：“阅天下之义理多矣，明于国家之体。”如淳注：“阅，犹更历也。”《汉书·车千秋传》：“无阀阅功劳。”师古曰：“阅，经历也。”则顺、阅词义相近而可通用。众父，指天地万物。父，亦作“甫”。《释名·释亲属》：“父，甫也，始生己者。”《玉篇》：“甫，始也。”众物之始，指天地万物之由道而生。

⑩何以知众父之然——意谓根据什么知道天地万物皆自

“道”而出的这个情状呢？然，指物之如此之状态，事之如此之情形。

【辨析】

传世本“窈兮冥兮，其中有精。其精甚真，其中有信”中之“精”字，学者多解为“精微”、“精气”、“精微的原质”、“极微小的物质”等，或以为“精是精气的精，精神的精”。于省吾更进一步以为“信、申古通。……古神字每作伸，作申。”遂读“信”为“神”。其云：“此言其精甚真，其中有神。言真精之中有神也。”

然而帛书甲、乙本却与传世本不同，不作“精”而作“请”。如果再照“请”字的词义去解释，那肯定是不能通顺了。也就是说，“请”字应当是假借字。那么。它的本字是哪个字呢？同样，“精”字是否也是假借字呢？

按《荀子·修身篇》云：“体倨固而心执诈，术顺墨而精杂污，横行天下，虽达四方，人莫不贱。”杨倞注：“精，当为情。”《荀子·君子篇》云：“世晓然皆知夫为奸则虽隐窜逃亡之由不足以免也，故莫不服罪而请。”俞樾曰：“请，当读为‘情’。情，实也。莫不服罪而情，犹‘莫不服罪而实’也。言服罪而不敢虚诞也。《论语》所谓‘则民莫敢不用情’也。”《荀子·正名篇》云：“正名而期，质请而喻，辨异而不过，推类而不悖。”王念孙曰：“质，本也。请，读为‘情’。情，实也。言本其实而晓谕之也。上文云‘名闻而实喻’是其证也。正名而期，质情而喻。情即是实，实与名正相对也。古者情、请同声而通用。”其他还有《成相篇》“明其请”，杨倞注“请，当为情。”又《礼论篇》“情文俱尽”，《史记·礼书》“情”作“请”，徐广曰：“古情字或假借作请。”由此我们得出的结论是：“请”、“精”、“情”三字皆从“青”得声，它们的读音相同而互为通假。

那么我们读“精”字为“情”，解说“窈兮冥兮，其中有精。其精甚真，其中有信。”是否能通顺畅达呢？结论当然是十分肯定的。不仅如此，我们再来看王弼的注解，也会觉得王弼是读“精”为“情”的。王弼注云：“窈冥，深远之叹。深远不可得而见，然而万物由之，其可得见以定其真，故曰‘窈兮冥兮，其中有精’也。”又云：“信，信验也。物反窈冥，则真精之极得，万物之性定，故曰‘其精甚真，其中有信’也。”就是说大道虽窈冥玄妙不可闻见，但万物由道而生，由道而成，则是可以亲见而确定无疑的，真实不虚的。万物返归于窈冥玄妙之道，它的真实不虚的本性就会呈现，就会确定。王弼所言之“以定其真”，即“其中有情”。其所言之“真精之极得”，即“真情之极得”。

对此问题，高明在《帛书老子校注》中有言：“‘窈呵冥呵，其中有情’，乃承上文‘其中有象’、‘其中有物’而言。谓虽窈冥深远似不可见，但其中则存实不虚。‘其情甚真，其中有信’，此乃进而阐述其中之实不仅存在，而且甚真，并以其自身之运动规律可供信验。后人不知‘精’字当假为情，皆读为本字，则释作‘精神’、‘精力’、‘精灵’、‘精气’，或谓‘最微小的原质’等等。诸说虽辩，但皆与《老子》本义相违，均不可信。”其所言甚是。

据高明所言，早在一九六三年已有冯逸在《文史》中发表文章解释此章文义，其根据《庄子·大宗师》中“夫道，有情有信”之语，谓《老子》此文“精”字当读作“情”，“有精”即“有情”。然而，至今仍多有学者沿用旧说，故此书特重申其义而明证之。

【译文】

身有大德而为天下所拥戴的君王，其行政施教只是依循顺从于大道而已。“道”这个东西的形象特征，实在是惚恍不明而难以言状。然而，其惚恍之中却有可以感觉到的物象出现，其仿佛之间则有确确实实的具体物状存在。于窈冥幽隐之中，又处处体现出“道”的功用。并且它的功用都非常真切，确实可信而毫无虚妄。从今至古，“道”一直都确定无疑地存在着，并且经历了世间万物自始至终的发展变化。天地万物莫不由之而始，亦莫不由之而成。我何以认识和了解这个“道”呢？就是根据这些（天地万物生长变化的情况及其所反映出的客观规律）。

二十二章

曲则全①，枉则直②；洼则盈，敝则新③；少则得，多则惑[1]。是以圣人抱一为天下式④。不自见，故明⑤；不自是，故彰⑥；不自伐，故有功⑦；不自矜，故能长⑧。夫唯不争，故天下莫能与之争[2]。古之所谓“曲则全”者，岂虚言⑨哉？诚全而归之⑩[3]。

【章旨】

此章引用古语并引申其义以论说事物相反相成之理，进而阐明君王当循守大道而清静无为以治理天下的道理，并以此告诫君王须谦卑处下，无欲不争。

【校勘】

[1]曲则全，枉则直；洼则盈，敝则新；少则得，多则惑。

此从王弼本写定。傅奕本“直”作“正”。帛书甲本“全”误作“金”，“直”作“定”。乙本“枉”作“汪”，“直”作“正”，“敝”作

“襞”。

［2］是以圣人抱一为天下式。不自见，故明；不自是，故彰；不自伐，故有功；不自矜，故能长。夫唯不争，故天下莫能与之争。

此从王弼本写定而依帛书本增补“长”前“能”字。傅奕本无“是以”二字，“抱”作“裒”。帛书乙本作“是以圣人执一以为天下牧。不自视，故章；不自见也，故明；不自伐，故有功；弗矜，故能长。夫唯不争，故莫能与之争”。甲本与乙本基本相同而“章”与“明”位置互换。

［3］古之所谓“曲则全”者，岂虚言哉？诚全而归之。

此从王弼本写定。傅奕本“哉”前有“也”字。帛书乙本脱“则”、“虚”、“而”三字，“言”作“语”。甲本间有缺损。

【注释】

①曲则全——此以事物之能曲者则成其全体而得其全安，比喻君王委屈其身而守辱处下，则能全其大德。曲，弯曲，委屈。《说文》：“曲，象器曲受物之形。”全，完全，保全。《说文》：“全，完也。”若柔弱其身，委曲其行，使顺从于外物而适应于环境，自然就能保全自己而不受伤害。如若刚强直行，必然会碰得头破血流，伤痕累累。

②枉则直——此以弯曲其物使之正直的现象，比喻君王虽屈身处下而其德行则能正直而立。枉，邪曲，弯曲。《说文》：“枉，衺曲也。”此用作动词，谓用力使物弯曲。“矫枉必须过正，不过正不能矫枉。”枉曲其物而使之超过本然之正，松手后才能依其弹性恢复其正直之态，故“枉则直”。吕惠卿曰：“曲者，曲之自然者也。枉者，曲之使然者也。”

③洼则盈，敝则新——谓洼地则能敛聚，故积物而能盈。而

旧物败坏之后，始以新物代替其用。洼，凹地，深池。《说文》："洼，深池也。"盈，增益，增多。地势高突的地方会因风雨冲刷而损坏降低，低洼的地方才能够存聚泥水而淤积增高，所以说"洼则盈"。

④抱一为天下式——谓明道之君持守虚静无为之道，以为治理天下之法式准则。抱一，或作"执一"。即循守大道而行政施教。一，指"道"。式，法式，准则。《说文》："式，法也。"《逸周书·谥法解》："式，法也。"《尚书·说命》："百官承式。"《诗·大雅·崧高》："南国是式。"其"式"字，并训作"法"。帛书本"式"作"牧"，整理小组认为："《庄子·天道》记老聃言，有'使天下无失其牧乎?'《逸周书·周祝》'为天下者用牧'，注'牧，法也'。"

⑤不自见，故明——谓君王不自我显露，不自我炫耀，才能以虚静之心明判是非，明知事理。自见，炫耀自己的聪明，显露自己的才智。

⑥不自是，故彰——谓君王不自以为是，不肯定自我而贬斥他人，才能得臣民拥护而彰显尊贵。自是，自我肯定。《说文》："是，直也。"

⑦不自伐，故有功——谓君王体道行德，不妄自称美其功，不妄自宣扬己善，才能得臣民之助而成就功业。伐，自己称美自己的功绩。《尚书·大禹谟》："汝惟不伐，天下莫与汝争功。"孔疏云："自言己功曰伐。"

⑧不自矜，故能长——谓君王不自贤其能，不自尊自大，才能得臣民爱戴而成为天下之君长。矜，自称己能而骄傲自大。《礼记·表记》："君子隐而显，不矜而庄。"郑注云："矜谓自尊大也。"

⑨虚言——虚妄而不可相信、虚无而不能落实的话语。

⑩诚全而归之——谓确确实实能够使民众全都心悦诚服地归顺于君王的统治,使天下万物圆满和谐地复归于大道。诚,真实,确实。《说文》:“诚,信也。”

【译文】

那些能够柔弱委曲以顺适于外物的,才能坚韧有恒而保全其身;那些能够枉曲其身而使之协和于环境的,才能确实做到端平正直;低洼之地才能存聚泥水而逐渐淤积增高;破败之物清除之后,才能更换使用新的东西;空手抓物而知足不贪,才能有所获得;若已经握持其物而依然贪多,反而会心生疑惑而不知所措。因此明道之君总是抱一守道,以虚静无为作为其行政施教的根本法则。处世不炫耀自己,因此能明达事理而畅通于万物;理政不自以为是,因此能被人拥戴而声名显赫;不自称己功而归之于臣下,因此能使群臣尽力而功业大成;不自贤己能而虚怀若谷,因此能被人尊崇而成为君长。就是因为他不与人争,所以天下之人没有谁能够与之相争。古语所说的“曲则全”,难道是虚妄之言而不可相信吗?只要你虚静处下,无欲无为,确确实实就会使得天下之人归心于你。只要你体道行德,顺乎自然,确确实实就会使得天下万物达于大治。

二十三章

希言自然①[1]。飘风不终朝②,骤雨不终日③。孰为此者?天地。天地尚不能久,而况于人乎④[2]?故从事而道者同于道⑤,德者同于德⑥,失者同于失⑦[3]。同于德者，道亦德之⑧；同于失者，道亦失之⑨[4]。

【章旨】

此章仍以天地自然的客观现象为喻，告诫君王须循守大道而无为不言，如此则能同于道而有德。否则，就会离道而失德，背天而丧国。

【校勘】

[1]希言自然。

此从王弼本写定。帛书本同。傅奕本“希”作“稀”。

[2]飘风不终朝，骤雨不终日。孰为此者？天地。天地尚不能久，而况于人乎？

此从王弼本写定而依帛书本删句首“故”字。傅奕本“终”作“崇”，前“天地”后有“也”字。帛书乙本作“飘风不终朝，暴雨不终日。孰为此？天地而弗能久，又况于人乎”！甲本同乙本而“天地”后缺损。

[3]故从事而道者同于道，德者同于德，失者同于失。

此从帛书本写定。王弼本前句作“故从事于道者，道者同于道”。傅奕本作“故从事于道者，道者同于道。从事于得者，得者同于得。从事于失者，失者同于失。”

[4]同于德者，道亦德之。同于失者，道亦失之。

此从帛书本写定。王弼本作“同于道者，道亦乐得之；同于德者，德亦乐得之；同于失者，失亦乐得之。信不足焉，有不信焉”。傅奕本作“于道者道亦得之，于得者得亦得之，于失者失亦得之。信不足，焉有不信”。

按：王本、傅本章末均有“信不足焉，有不信焉”二句。近人奚侗云:“二句与上文不相应,已见第十七章,此重出。”马叙伦言:“此二句疑一本有十七章错简在此,校者不敢删,因复记之,成今文矣。”帛书甲、乙本中并无此二句,足证奚、马之说至确,故据以删去。

【注释】

①希言自然——谓君王“行不言之教”,符合于自然无为之道。希言,即贵言、不言。《尔雅·释诂》:“希、寡、鲜,罕也。”《玉篇》:“希,止也。”自然,指事物由其本身的客观规律所支配与作用,而不加人为的影响所发生的变化。老子以为“道法自然”,凡由其自然而然者皆符合于大道。希言则因其自然,故老子赞美之。

②飘风不终朝——谓疾风虽劲却不能吹遍整个早上。飘风,疾风。《汉书·蒯通传》:“天下之士云合雾集,鱼鳞杂袭,飘至风起。”师古注:“飘读曰飙,谓疾风。”飘,或作“飙”,省作“猋”。《汉书·韩安国传》:“至如猋风,去如收电。”师古曰:“猋,疾风也。”一说为旋风。《尔雅·释天》:“回风为飘。”邢疏云:“旋风也。”《玉篇》:“飘,旋风也。”终朝,指从晨旦至于早食的时段。《左传》僖公二十七年:“终朝而毕,不戮一人。”杜注云:“终朝,自旦及食时也。”傅本作“崇朝”,义同“终朝”。《诗·鄘风·蝃蝀》:“崇朝其雨。”毛传云:“崇,终也。从旦至食时为终朝。”《诗·卫风·河广》:“谁谓宋远,曾不崇朝。”郑笺云:“崇,终也。行不终朝亦喻近。”

③骤雨不终日——谓暴雨虽急却不能整天都不停地下。骤,本指马疾速奔跑,引申之凡疾速者皆曰骤。骤雨,急风暴雨。帛书本正作“暴雨”。

④而况于人乎——何况是对于能力有限且生命短暂的个人呢？而，发语辞。

⑤从事而道者同于道——谓其举动行事，施政行教能自觉循守大道的君王，就能合同于大道而顺乎自然。王本作“从事于道”，谓举动行事顺从于道而不违不离。二者语义无明显区别。

⑥德者同于德——谓其举动行事能自觉体道行德的君王，就能合同于大德而深得人心。句前有省略，完整之句当作“从事而德者同于德”。德，得也。得物为得，得心为德。人君清静无为，顺乎自然，所行所为莫不合于大道而深得人心，故曰有德。

⑦失者同于失——谓君王行私多欲，则其行为处事皆违道弃德，自然也就离失于民心。失，指违失于道。君王之所言所行为了满足私欲而任意妄为，就会上背天意，下违民心而失道败德。此句亦有省略，完整之句当作“从事而失者同于失”。

⑧同于德者，道亦德之——指那些循守于“道”而有德的君王，“道”当然也就喜欢他，关爱他，扶助他，而使其得民心，得天下。

⑨同于失者，道亦失之——指那些不能合同于大道的君王，“道”自然也就弃离于他，而丧邦失国、众叛亲离等败亡之事当然也就降临于他。

【译文】

君王的希言、贵言，即“处无为之事，行不言之教”，完全符合于自然之道。疾风虽劲，不会整个早晨总是不停地刮；暴雨虽急，也不会整天整夜总是不停地下。是谁刮风下雨的呢？是天地。以天地之大尚且不能长久不停地发泄，何况是渺小的个人呢？所以，人君的行政施教能循顺于“道”，他就能合同于“道”。其行政施教能合于民心而得到拥护，他就能合同于“德”。若其所言所行只为满足私欲而任意妄为，就会上背天意，下违民心而失“道”败“德”。那些循守大道而有德的君王，“道”当然也就关爱他，扶助他，而使他得民心，得天下。那些不能合同于大道的君王，“道”当然也就弃离于他，而使他丧邦失国，众叛亲离。

二十四章

企者不立①，跨者不行②。自见者不明，自是者不彰。自伐者无功，自矜者不长[1]。其在道也，曰“余食赘行③”。物或恶之④，故有道者不处⑤[2]。

【章旨】

此章文义与第二十二章大致相同。仍是劝告君王谦卑处下而虚静无为，切勿自见，自是，自伐，自矜。

【校勘】

[1]企者不立，跨者不行。自见者不明，自是者不彰。自伐者无功，自矜者不长。

此从王弼本写定。傅奕本同。帛书本并无“跨者不行”句，“不章”句在“不明”句前。又“企”作“炊”，“是”作“视”。

[2]其在道也，曰“余食赘行”，物或恶之，故有道者不处。

此从王弼本写定。傅奕本“不处”后有“也”字。帛书本“有道者不处”作“有欲者弗居”。

【注释】

①企者不立——谓提起脚跟以脚趾站立，则竦身失衡而必不能久。企，提起脚跟用脚趾着地而立。《说文》："企，举踵也。"《汉书·高帝纪》："吏卒皆山东之人，日夜企而望归。"师古曰："企，谓举足而竦身。""企"与"跂"义同。《玉篇》："跂，跂踵，行不正。"

②跨者不行——叉开两腿欲跨步行走，则无法迈步而必不能前。跨，指两腿张开而立。《广韵》："跨，越也，又两股间也。"

范应元云："立而跂，欲高于人也，然岂可久立邪？行而跨，欲越于人也，然岂可久行邪？跂也，跨也，以譬人之好高争先，所立所行不正，不可以常久也。"

③余食赘行——指不该有而有之的多余之物。余食，多有而剩余的食物，如残羹剩饭等。赘行，即赘形。赘，附属而相连于体的多余之肉，如骈枝、肉疣等。行，通"形"，指形体。《列子·汤问篇》："太形、王屋二山。"张湛注："形，当作'行'。"《孙子兵法·虚实篇》："夫兵形象水，水之行避高而趋下，兵之形避实而击虚。"十家注本其"行"字作"形"，《通典》、《太平御览》所引则"形"字并作"行"，是"行"、"形"古本通用。

④物或恶之——谓多余赘生的一类东西常常被众人所厌恶。物，指众人。"众望"谓之"物望"，"众议"谓之"物议"，则"物"自有"众"意。

⑤故有道者不处——指有道之君对于上述之自见、自是、自伐、自矜诸事，并厌恶鄙弃而从不作为。不处，谓不自居于以上恶事之中。《广雅·释诂》："处，居也。"

【辨析】

传世本“故有道者不处”一句，帛书甲、乙本并作“故有欲者弗居”。高明云：“按‘欲’字在此当假为‘裕’。《方言》卷三：‘裕，道也。东齐曰“裕”，或曰“猷”。’《广雅》卷四(三)：‘裕，道也。’王引之《经义述闻》卷四云：‘《周书·康诰》“远乃猷裕”，即远乃道也。《君奭》曰“告君乃猷裕”，与此同。’准此诸例，足证甲、乙本‘欲’字当读作‘裕’。‘故有裕者不居’，犹今本所言‘故有道者不处’也。此乃谓有道者不自处其秽也。”

按《诗·小雅·巧言》：“奕奕寝庙，君子作之。秩秩大猷，圣人莫之。”郑笺云：“猷，道也。大道，治国之礼法。”猷，或作“犹”。《诗·小雅·小旻》：“我龟既厌，不告我犹。”“匪先民是程，匪大犹是经。”毛传并云：“犹，道也。”《礼记·礼器》：“诗云‘匪革其犹，聿追来孝。’”郑注云：“革，急也。犹，道也。聿，述也。言文王改作者，非必欲急行己之道。乃追述先祖之业，来居此为孝。”《汉书·严助传》：“诗云：‘王犹允塞，徐方既来。’言王道甚大，而远方怀之也。”师古曰：“《大雅·常武》之诗。犹，道也。允，信也。塞，满也。既，尽也。言王道信充满于天下，则徐方淮夷尽来服也。”欲、裕、犹、猷，并音同而义近，故高明之说至为确当。

【译文】

抬起脚跟用脚尖站立就不可能持久，叉开两腿跨步前走就不可能远行。固执己见绝不会把什么事情都看得清清楚楚，自以为是也不可能把是非曲直都弄得明明白白。自我炫耀而称扬己功绝不会创建伟大不凡的业绩，自我尊大而矜夸其能也不会被民众拥戴而成为君王。这自见、自是、自伐、自矜的行为，在

"道"看来就如同残羹剩饭、赘肉骈枝,都是多余无用的东西。凡人大众都还厌恶它们,有道的君王自然也不会与之为伍而居处其中。

二十五章

有物混成,先天地生①。寂兮寥兮②!独立而不改,周行而不殆③,可以为天地母④[1]。吾不知其名,字之曰道⑤,强为之名⑥曰大。大曰逝⑦,逝曰远,远曰反⑧[2]。道大,天大,地大,王亦大。域中有四大⑨,而王居其一焉[3]。人法地⑩,地法天⑪,天法道⑫,道法自然⑬[4]。

【章旨】

此章依然是对"道"的描述和说明,重申"道"的恒久性、普遍性、独立性、本原性以及它的巨大作用。告诫君王行政施教必须要循守大道而顺其自然。

【校勘】

[1]有物混成,先天地生。寂兮寥兮,独立而不改,周行而不殆,可以为天地母。

此从王弼本写定而依帛书本增"独立"后"而"字,改"天下母"作"天地母"。傅奕本同王本而"寥"作"寞"。帛书本"混"作"昆",无"周行而不殆"句。

按:"天地母",王本、傅本等作"天下母"。范应元云:"'天地'字,古本如此。一作'天下母',宜从古本。"马叙伦云:"范说是也。上谓'先天地生',则此自当作'为天地母'。成(玄英)

疏曰:‘间化阴阳,安立天地。’则成亦作‘天地’。”

[2]吾不知其名,字之曰“道”,强为之名曰“大”。大曰逝,逝曰远,远曰反。

此从王弼本写定。傅奕本“字”前有“故强”二字。帛书本“不知”作“未知”,“强”前有“吾”字。又乙本“其名”后有“也”字。

[3]道大,天大,地大,王亦大;域中有四大,而王居其一焉。

此从王弼本写定而依帛书本删“道”前“故”字。傅奕本亦无“故”字,“王亦大”作“人亦大”,“焉”作“尊”。帛书本“域”作“国”。楚简本作“天大,地大,道大,王亦大”。次序有所不同。

[4]人法地,地法天,天法道,道法自然。

此从王弼本写定。傅奕本、帛书本并同。

按:此处文字唐李约《道德真经新注》断句作“人法地地,法天天,法道道,法自然”。其义云:“法地地”,如地之无私载;“法天天”,如天之无私覆;“法道道”,如道之无私生。“法自然”,言当法地、天、道三大之自然妙理,而覆载生成皆无私也。高亨《老子正诂》、张松如《老子校读》并从之。

【注释】

①有物混成,先天地生——谓道之为物恢弘广大而混沌不明,它早在天地产生之前就已经出现了。混成,混然而成。言其为物之幽隐玄妙,惚恍不明,不可得其形,亦不可定其名,若物之混然者。《说文》:“混,丰流也。”《玉篇》:“混,大也。”

②寂兮寥兮——谓道之为物幽隐虚静,无声无息。寂,寂静,无声无息。《说文》:“寂,无人声。”寥,寥廓,空虚广大。《玉

篇》:"寥,寂也,廓也。"字或作"廖",《说文》:"廖,空虚也。"

③独立而不改,周行而不殆——指道之运化虽周遍万物而通达古今,却始终不失其常而永无停息。独立,独自存在而无匹无双。宇宙之间无一物可比于道,故言"独立"。周行,遍行于万物,谓时时事事处处它都在不停地运行。《广雅·释诂》:"周,徧也。"殆,同"怠",倦怠,疲惫,停歇。《玉篇》:"怠,懈也。"

④天地母——指天地万物之本源。大道化生天地万物,所以说为"天地母"。

⑤字之曰"道"——意谓称呼它的字叫作"道"。字,代名之称谓。此用作动词,意为给它起一个字。古人有名有字,合称名字。《仪礼·士冠礼》云:"冠而字之,敬其名也。"贾公彦疏云:"君父之前称名,至于他人称字也。"

⑥强为之名——勉强为它起一个名称。道之为物,视之不见,听之不闻,搏之不得,其混沌不明而无处不在,故难以名状。为了论说的需要又不得不为它命名,所以老子说"强为之名"。

⑦大曰逝——此言因为其大,故能远逝。曰,而,则,就。逝,远行而去。《说文》:"逝,往也。"《广雅·释诂》:"逝,行也。"

⑧远曰反——谓远至其极则能复返其本。反,同"返",回返,返归。《说文》:"返,还也。"

⑨域中有四大——谓邦域之内有四物可以称之为"大"。四大,指道、天、地、王四物。河上公曰:"道大者,包罗天地,无所不容;天大者,无所不盖;地大者,无所不载;王大者,无所不制。"

⑩人法地——谓人以大地为法则、为依据而行事。法，效法，依据；用作动词。君王为众人之长，此言“人法地”，则君王亦包括其中。

⑪地法天——谓大地以上天为法则，依据上天的运转变化而寒暑交替，化育万物。

⑫天法道——谓上天以大道为法则，即顺从依据于“道”而运行变化。

⑬道法自然——谓道以自然为法则，为依据，无为自化，自然而然。自然，指没有人为的作用与影响，万事万物依循其各自的客观规律自由自在地发展变化而成其当然之状。

王弼注云：“法，谓法则也。人不违地，乃得全安，法地也；地不违天，乃得全载，法天也；天不违道，乃得全覆，法道也；道不违自然，乃得其性，（法自然也）。法自然者，在方而法方，在圆而法圆，于自然无所违也。”

【译文】

在天地未成之前，有一个混混沌沌的“物”就先已存在了。它是那样的空虚寥廓啊，又是那样的寂寞宁静！它独立于世而无物可比，从古至今没有丝毫的改变；它时时事事都在发挥着作用，遍行于万事万物而毫不倦殆。它真可以说是天地万物的本原。我不知道应该如何称呼它，给它起了个字叫作“道”，勉强为它起了个名叫作“大”。由于其大，所以就不断地发展延伸而行逝向前；由于其不断地行逝向前，所以就渐渐达于旷远；而当其达于旷远而极至时，则又返还其本原。故此说，道大，天大，地大，君王也大。邦域之中凡有四物可称之为大，君王仅为其中之一。人们依据于大地而生活劳作，繁衍生息；大地依据于上天而寒暑交替,化育万物;上天依据于大“道”而运行变化,排列时序;大“道”则依据其自然之性,顺其自然而成其所以然。(天地之大皆依据于大道而顺其自然,君王当然也须循守大道而顺其自然了。)

二十六章

重为轻根①,静为躁君②[1]。是以君子终日行,不离其辎重③。虽有荣观④,燕处超然⑤[2]。奈何万乘之主而以身轻天下⑥?轻则失本,躁则失君⑦[3]。

【章旨】

此章乃以日用生活常识为喻,告诫君王不要被外部的荣华富贵所引诱而轻浮无根,不要被世俗的追逐欲望所影响而躁动不安,必须处虚守静而无私无欲,超然物外而晏然自处。

【校勘】

[1]重为轻根,静为躁君。

此从王弼本写定。傅奕本“静”作“靖”。帛书甲本“静”作“清”。

[2]是以君子终日行,不离其辎重。虽有荣观,燕处超然。

此从王弼本写定而依帛书本改“圣人”为“君子”,且增补“离”后“其”字。傅奕本“燕处”作“宴处”。帛书本“荣观”作“环官”,“燕处超然”作“燕处则昭若”。又乙本“离”作“远”。

按:荣观,帛书作“环官”,或作“荣馆”。“荣”读为“营”,“营”与“环”古音同而通用。又“超然”,帛书本作“昭若”,昭、超二字音同,若、然二字义同。王引之《经传释词》云:“若,犹‘然’也。”

[3]奈何万乘之主而以身轻天下?轻则失本,躁则失君。

此从王弼本写定。傅奕本“奈何”作“如之何”。帛书本“奈何”作“若何”,“主”作“王”,“轻天下”作“轻于天下”。

【注释】

①重为轻根——意谓厚重之物居下,若轻浮之物的根基。轻浮之物虽动荡不止,而最终必不能弃离重物远去。

②静为躁君——谓虚静无为乃事物之常态,物之烦躁扰动虽急虽盛,而最终必归之于静止。躁,疾行,躁动。《说文》:“躁,疾也。”《释名·释言语》:“躁,燥也。物燥乃动而飞扬也。”受地球引力的作用,凡物重者则处下,其轻者则居上。而物之躁动者必归于静止,似若虚静者为万物之主而可以制驭其动,故老子有此言。

③不离其辎重——谓不脱离其赖以生存的基础。辎重,泛指外出远行所携带的物资。《汉书·韩安国传》:“王恢、李息别从代主击辎重。”师古曰:“辎,衣车也。重谓载重物车也。故行者之资,总曰辎重。”《释名·释车》:“辎车,载辎重、卧息其中之车也。”

④荣观——繁华的漂亮的宫馆。荣,繁华,华美。《释名·释言语》:“荣,犹荧也,荧荧照明貌也。”观,与“馆”通,《史记·司马相如列传》中“虚宫观而勿仞”,张守节《正义》云:“言离宫别馆勿令人居止,并废罢也。”则以“馆”释“观”。《昭明文选》所载司马相如《上林赋》中“灵圄燕于闲馆”、“虚宫馆而勿仞”,两句中“馆”字,《史记》、《汉书》所载并作“观”。

又“观”，亦指宫阙，楼台。《释名·释宫室》：“观，观也，于上观望也。”《左传》僖公五年：“遂登观台以望。”注云：“观台，台上构屋可以观远者也。”

⑤燕处超然——谓明道之君安然自处，不为所动。燕处，亦作“宴处”，安然而处。燕，安静，安闲。《诗·周颂·雝》：“燕及皇天，克昌厥后。”毛传云：“燕，安也。”超然，不为外物所动，超乎物外的样子。

⑥奈何万乘之主而以身轻天下——言大国之君为何要因为满足自己的私心贪欲而看轻天下国家呢？奈何，为何，为什么。老子伤痛于诸侯之君的贪财足欲，遂有此发问之辞。万乘之主，指大国之君。万乘，指万辆兵车及士卒所组成的军队，诸侯国之大者才能有此军事力量。

⑦轻则失本，躁则失君——意谓轻浮妄动则失去了君王的立身根本，而贪欲足求则脱离了君王的行为原则与主旨。

【译文】

厚重是轻浮的根基，清静是躁动的君主。因此君子离家远行，始终都不会离开他赖以生存的粮草辎重。即使有繁华富丽的宫馆可以享受，他也安心静气，超然物外而不为所动，惟恐致病害身而丧国败家。为什么一个大国的君王，却因为自身的私心贪欲与追求享乐，而看轻天下国家以至于弃置不顾呢？行私贪求就等于丧失了自身存在的根本，多欲躁动就等于脱离了清静无为的基础，这还怎么能治理好家国天下呢？

二十七章

善行者无辙迹①,善言者无瑕谪②,善数者不用筹策③,善闭者无关楗而不可启④,善结者无绳约而不可解⑤[1]。是以圣人恒善救人故无弃人⑥,恒善救物故无弃物⑦,是谓袭明⑧[2]。故善人者,善人之师⑨;不善人者,善人之资⑩也[3]。不贵其师,不爱其资,虽智乎大迷⑪,是谓要妙⑫[4]。

【章旨】

这里的所谓"善",皆为"道"之所善而非世俗之所善,乃指顺乎自然而不加人为。其实是告诫君王只有虚静无为,顺其自然,才能人尽其才而物尽其用。

【校勘】

[1]善行者无辙迹,善言者无瑕谪,善数者不用筹策,善闭者无关楗而不可启,善结者无绳约而不可解。

此从王弼本写定而依帛书本改"开"作"启",且增诸句"者"字。傅奕本"不用筹策"作"无筹策"。帛书本"关楗"作"关籥","绳约"作"纆约",又"启"、"解"后并有"也"字。

[2]是以圣人恒善救人故无弃人,恒善救物故无弃物,是谓袭明。

此从王弼本写定而依帛书本改"常"作"恒"。傅奕本"无弃人"作"人无弃人","无弃物"作"物无弃物"。帛书本作"是以圣人恒善救人,而无弃人,物无弃财,是谓曳明"。而甲本"曳"作"愧"。

按：袭、曳、愧古音同，此并读作“袭”。《说文》：“愧，习也。从心，曳声。”乙本作“曳”，乃“愧”字偶脱“心”旁。

[3]故善人者，善人之师；不善人者，善人之资也。

此从帛书本写定而依王弼本增补“者”字。王弼本、傅奕本“善人之师”均作“不善人之师”。

[4]不贵其师，不爱其资，虽智乎大迷，是谓要妙。

此从王弼本写定而依帛书本增补“乎”字。傅奕本同王本。帛书本“要妙”作“眇要”。

【注释】

①善行者无辙迹——谓善于行走者能够不留痕迹而使人察觉。辙迹，行走时所经过之处留下的痕迹。车行称辙，步行称迹。《说文》：“辙，车迹也。”《广韵》：“迹，足迹也。”

②善言者无瑕谪——谓善于论说者能够圆满动听而不出差错。瑕谪，瑕疵，毛病，差错。《经典释文》云：“瑕，疵过也。谪，谴责也。”谪，或作“適”。高亨言：“瑕谪，皆玉疵也。《管子·水地篇》：‘夫玉瑕適皆见，精也。’尹注：‘瑕適，玉疵也。’《荀子·宥坐篇》：‘瑕適并见，情也。’义同。《吕氏春秋·举难篇》：‘寸之玉必有適瑕。’適、谪古通用。”

③善数者不用筹策——谓善于计数者不必使用算筹等工具，就能计算得十分准确。数，计数，计算。《说文》：“数，计也。”筹策，即算筹，古代计算时所用的工具，多以竹木制成。

④善闭者无关楗而不可启——谓善于禁闭门户者虽不使用关楗等物，所禁闭的门户也不能被打开。关楗，指禁闭门户所用的工具，横持关木以禁闭门户，竖持楗以锁固关木使不得抽动。《说文》：“关，以木横持门户也。”楗，字或作“键”，亦即

“龠”,字或作“錀”,或作“籥”。《说文》:“龠,关下牡也。”《方言》云:“户錀,自关之东陈、楚之间谓之‘键’,自关之西谓之錀。”

⑤善结者无绳约而不可解——谓善于结缔者虽不用绳索捆束,被捆缚者也不能轻易解开。结,缔结。《说文》:“结,缔也。”绳约,用绳索缠束捆绑。《说文》:“约,缠束也。”帛书本“绳”作“纆”,《说文》:“绳,索也。”“纆,索也。”则绳与纆词义相同。“纆”字或作“缪”。《汉书·贾谊传》:“夫祸之与福,何异纠缪!”应劭曰:“祸福相为表里,如纠绳索相附会也。”臣瓒曰:“纠,绞也。缪,索也。”

⑥恒善救人故无弃人——意谓明道之君常常能够使人尽其才,因此也就没有废弃无用之人。救人,帮助别人而使之尽其才能。《玉篇》:“救,助也。”

⑦恒善救物故无弃物——谓经常能够根据器物的材质情况任用之,使物尽其用而不被闲置废弃。

⑧袭明——谓能明知于大道而时时事事循行顺从之。袭,因循,因袭。《广韵》:“袭,因也,及也,重也。”袭、习古通用。明,谓能明知于常道。十六章云:“知常曰明。”

⑨善人之师——指善人所当学习的师长。《玉篇》:“师,范也,教人以道者之称也。”

⑩善人之资——指善人赖以成其善行的资本。资,货财,资财。《说文》:“资,货也。”

⑪虽智乎大迷——意谓即使是社会上非常聪明的人啊,也会疑惑不明而陷于昏昧之中。大迷,极度的昏昧,非常的迷惑。《说文》:“迷,惑也。”

⑫要妙——指事物之精微玄妙而不可言喻者,此指大道。

字或作“幼妙”、“幽妙”。《汉书·元帝纪》:“穷极幼眇。”师古注:“幼眇,读曰要妙。”

【译文】

那些善于行走的人,绝不会留下辙痕足迹而被人发现;那些善于论说的人,也不会出现错词误语而遭人谴责;那些精熟于计数的人,用不着使用算筹之具就能计算的准确无误;那些擅长禁闭门户的人,用不着关键锁具就能闭合得牢固严密而不易开启;而那些专精于结扎捆缚的人,即使不用绳索来缠束捆扎,别人也无法解开。(世间万物各自有其本身的客观规律,应物之性,因物之数,顺其自然而不设不施,则无所不成。)所以明道之君用人利物而治理天下时,总是能人尽其才而无废弃之人,总是能物尽其用而无闲置之物,这就是循守常道而顺其自然。故而那些贤能的善人,乃是善人所当效法的老师;而那些不善之人,则是善人所以借鉴的助资。如果不尊敬那些老师,不珍重那些借鉴之资,就是聪明人也会被弄的头昏脑乱,迷惑不清。这些就是幽微精妙的“道”理。

二十八章

知其雄,守其雌①,为天下溪②。为天下溪,恒德不离③;恒德不离,复归于婴儿④[1]。知其白,守其黑⑤,为天下式⑥。为天下式,恒德不忒⑦;恒德不忒,复归于无极⑧[2]。知其荣,守其辱⑨,为天下谷。为天下谷,恒德乃足;恒德乃足,复归于朴⑩[3]。朴散则为器⑪,圣人用之,则为官长⑫。夫大制无割⑬[4]。

【章旨】

老子以为，君王虽心知于雄健进取，却当自守于柔弱虚静而无为不言。虽心知于荣华显贵，却当自居于污辱之地而卑微处下。君王应象那朴木一样，虽具万物之质而不成一物之形，虽御天下万事而不施一官之职。

【校勘】

[1]知其雄，守其雌，为天下溪。为天下溪，恒德不离；恒德不离，复归于婴儿。

此从王弼本写定而依帛书本改"常"作"恒"，且增补下"恒德不离"句。帛书本"归"后无"于"字。傅奕本同王本。

[2]知其白，守其黑，为天下式。为天下式，恒德不忒；恒德不忒，复归于无极。

此从王弼本写定而依帛书本改"常"作"恒"，且增补下"恒德不忒"句。傅奕本同王本。又帛书本"忒"作"贷"。

[3]知其荣，守其辱，为天下谷。为天下谷，恒德乃足；恒德乃足，复归于朴。

此从王弼本写定而依帛书本改"常"作"恒"，且增补下"恒德乃足"句。傅奕本同王本。帛书甲本"荣"字作"日"，乙本作"白"。又帛书本"知其荣，守其辱……复归于朴"在"知其白，守其黑……复归于无极"句前，与王本次序不同。

[4]朴散则为器，圣人用之，则为官长。夫大制无割。

此从王弼本写定而依帛书本改"故大制不割"作"夫大制无割"。傅奕本无"夫"字。

【注释】

①知其雄，守其雌——意谓其心明知于进取有为之事，而能

持守于虚静无为之道。雄,喻指阳刚之气,进取有为之心,争先取胜之事。雌,喻指阴柔之性,虚静无为之心,守辱处下之事。

②为天下溪——成为天下人所归往聚集之地,就像是汇聚天下的溪谷一样。溪谷虽处于卑下空虚之地而水流汇聚其中,此喻有德之君使万众自归之。

③恒德不离——谓能如此行事,那君王的大德就会永远不离其身。河上公曰:"人虽自知其尊显,当复守其卑微。去其雄之强梁,就其雌之柔和,如是则天下归之,如水之流深溪。人能谦下如深溪,则德常在,不能离于己也。"

④复归于婴儿——意谓返归于纯真质朴之境,有如新生的婴儿一般。此以初生婴儿的纯真质朴、生机勃勃,喻指君王的无知无欲、神全气和。

⑤知其白,守其黑——意谓其心明知于荣耀显赫之事,而能独守于卑微低贱之境。白,彰明,显耀。喻指身居崇高尊尚之位。黑,暗昧不明。喻指身处卑微污辱之处、默默无闻之地。

⑥为天下式——成为天下人所效法尊尚的楷式。式,法式,楷模。《诗·大雅·下武》:"成王之孚,下土之式。"毛传云:"式,法也。"

⑦恒德不忒——谓能如此行事,那君王之德就会保持恒久而不会败坏。忒,差错。《诗·大雅·抑》:"取譬不远,昊天不忒。"郑笺云:"王当如昊天之德有常,不差忒也。"忒,字或作"忒"。《说文》:"忒,失常也。从心代声。"

⑧复归于无极——意谓返归于幽隐玄妙的大道之始。无极,无穷极远之处,幽深玄妙之地,此指化生天下万物之大道。

⑨知其荣,守其辱——意谓其心明知于荣耀尊贵之事,而能甘心居守于污辱低下之地。河上公曰:"荣以喻尊贵,辱以喻污

浊也。知己之有荣贵，当守之以污浊，如是则天下归之，如水流入深谷也。”

⑩复归于朴——谓能如此而行，则能返归于质朴无华、无为不言之地，如同那朴素的原木一般。朴，原木，指树木未经刀锯加工雕琢的原始状态。《说文》：“朴，木素也。”此以朴木喻指明道之君的纯正质朴，无为不言，虽不成一物而无所不可成，虽不守一事而无事不可通。

⑪朴散则为器——谓朴木被裁割分解后，则用以制做成各种不同用途的器物。器，器物，器具。亦指各种器物不同的用途。《说文》：“器，皿也。象器之口，犬所以守之。”《礼记·王制》云：“瘖、聋、跛、躃、断者，侏儒，百工，各以其器食之。”郑注云：“器，能也。”孔疏云：“器，能也。因其各有所能，供官役使，以廪饩食之。”

⑫圣人用之，则为官长——谓明道之君治理国家时依据此理则设置任命了各种不同职能的官长。之，代指“朴散为器”的道理。

⑬大制无割——意谓总理万机的君王当为百官之长，决不能分守某职有如专用之器。大制，即天子之制，帝王之命。《国语·越语下》：“君行制，臣行意。”韦昭注：“制，法也。意，志也。”无割，不分裂裁割使其离散为专用之器。《广雅·释诂》：“割，裁也。”君王总理万机而宰制万物，不主某一具体之事，不守某一官职之用，故曰“无割”。对君王而言百官则为器，因各守一职而各施一用。对百官而言君王为大制，故总理万机而裁制万物。

【译文】

虽然明知于自己身居至尊之位，可以进取有为，但却持守柔弱和顺之性，循行清静无为之道。君王如此，则能虚怀若谷而令天下之人归心。能够虚怀若谷而使天下归心，就会永远也不离散其德，就能返归于纯真质朴、无私无欲的境界如同那初生的婴儿一样。虽然周知于天下国家之事，其心聪明智慧，昭然如日，但却昏昏默默如痴如愚而无所知见。君王如此，则能得民众爱戴而成为天下人的法式。能够知白守黑而为天下人的法式，就会丝毫也不偏差其德，就能回归到万物之始的幽隐玄妙之地。虽然早知道自己可以享受荣华富贵，从而显赫荣耀，但却甘心于虚静淡泊，自处于污辱低下之地。君王如此，则能得民众归往犹如那百川所汇聚的深谷。能够得民众归往如同百川汇聚的深谷，就会永远具有充盈旺盛的大德，就能返归于纯真质朴的原始状态。（原始之朴木，虽无一物之形，而具万物之质。）朴木经锯割分解，就能加工制作成各种器物。器尽一用，各有所长。明道之君则依据此理而因才授职，分设百官。君王绝不以私意侵夺官长之职而亲任庶事，这就是所谓的"大制无割"。

二十九章

将欲取天下而为之①，吾见其不得已②[1]。夫天下，神器也③，非可为者也。为之者败之，执之者失之④[2]。故物或行或随⑤，或歔或吹⑥，或强或羸⑦，或培或隳⑧[3]。是以圣人去甚，去奢，去泰⑨[4]。

【章旨】

老子见世间贪欲盛行而人人汲汲以求，君王亦锐意进取而志在必得。乃告诫君王切勿以一己之私欲而任意妄为，若执意取天下而为之，必定会遭遇失败。

【校勘】

[1]将欲取天下而为之，吾见其不得已。

此从王弼本写定。帛书甲本同。乙本间有缺损。傅奕本“之”后有“者”字。

[2]夫天下，神器也，非可为者也。为之者败之，执之者失之。

此从帛书乙本写定。甲本两“者”字前无“之”字。王弼本作“天下神器，不可为也。为者败之，执者失之”。傅奕本同王本而句首有“夫”字。

[3]故物或行或随，或歔或吹，或强或羸，或培或隳。

此从王弼本写定而依傅奕本改“挫”为“培”。傅奕本“故”作“凡”，“歔”作“噤”，“羸”作“剉”。帛书乙本作“物或行或隋，或热或硅，或陪或堕”，疑中有误脱。整理小组认为：“‘或硅’上似可据傅奕本、范应元本补‘或吹，或强’四字，热与吹对言，强与硅对言。”甲本间有缺损。

[4]是以圣人去甚，去奢，去泰。

此从王弼本写定。傅奕本同。帛书本“去奢”在“去泰”后，“泰”作“太”。

【注释】

①将欲取天下而为之——谓君王想要执取国家天下，并依照自己的欲望心志而随意安排处置。取天下，则以天下为平常之物，毫无崇敬之心而欲抓取之，把玩之。

②吾见其不得已——我看那是肯定不会成功的。得，获得；

引申为实现，成功。如此之君上不合天道，下不合民心，其无德可言，故“不得”。已，同“矣”，语气词。

③天下，神器也——谓天下国家并非平常之物而任由人们随意处置，乃是只可敬仰与顺从的神明之器，神灵之物。

④为之者败之，执之者失之——依照个人的志欲好恶去摆弄天下国家，那必定会使得国家衰败，民众离散。既无崇敬之心而随意执取它，那就必定会失去它。王弼注云：“万物以自然为性，故可因而不可为也，可通而不可执也。物有常性而造为之，故必败也。物有往来而执之，故必失矣。”

⑤故物或行或随——谓事物的发展原本就像人们的行动一样时而前行，时而随后的。或，不定之词，有时这样，有时那样。

⑥或歔或吹——谓事物的变化原本就像人们的气息有嘘有吹一样，是时而轻缓，时而迫急的。歔，同“嘘”。轻缓地吐气为嘘，急速地吐气为吹。《正韵》：“蹙唇吐气曰吹，虚口出气曰嘘。吹气出于肺，属阴，故寒。嘘气出丹田，属阳，故温。”

⑦或强或羸——谓事物的发展过程中原本就是有时强盛，有时羸弱的。羸，软弱，瘦弱。

⑧或培或隳——谓事物的不断变化中原本就有时培益增多，有时坍塌毁坏。培，增益，培附。《玉篇》：“培，益也。”隳，毁坏，坍毁。《说文》：“败城阜曰隳。”《玉篇》：“隳，毁也。”字或作“堕”。

⑨去甚，去奢，去泰——谓去除那些着意而为的违正过度的行为。甚、奢、泰皆过限、过度之词。凡人们不能合于事物之自然、不能顺乎事物之本然的行为，则过其中而违其正，即为甚、奢、泰。

【译文】

想要占有天下而执取政权，然后按照自己的心思意愿去发号施令，任意处理，（那将上不得天道，下不得人心，）我看那肯定是行不通的。天下并非一人的天下，国家并非一人的国家，其神圣而不可亵渎，神明而不可轻忽，是不能够按照君王个人的好恶欲望来随意摆弄的。那任意妄为的人必然会遭遇败亡，那执意攫取的人必然会全部丧失。万事万物总是在不断地发生着转化，有看似在先却反而随后的，有看似缓慢却反而急促的，有强盛壮大转而羸弱疲软的，有培附增益转而坍塌毁坏的。（故因其势而行之，则简易而合理；违其性而为之，则烦劳而愈乱。）所以明道之君总是循守常道，顺乎自然，（不以自己的意愿去做那些所谓的美善之事，不以个人的心志去做那些违背情理之事。）摒弃那些过度的、夸大的、极端的行为。如此，则可以畅万物之情而适万物之性，进而实现天下大治。

三十章

以道佐人主①，不以兵强于天下②[1]。其事好还③，师之所处，荆棘生焉④[2]。善者果而已⑤矣，勿以取强⑥焉[3]。果而毋骄，果而勿矜，果而勿伐，果而毋得已⑦，居是谓果而不强⑧[4]。物壮则老⑨，是谓不道，不道早已⑩[5]。

【章旨】

老子此章以用兵作战为喻，劝告君王切勿骄矜伐功，泰奢过分，因为事物的规律就是强壮至极则逐渐走向反面而变为衰老。

【校勘】

[1]以道佐人主,不以兵强于天下。

此从帛书本写定。王弼本“人主”后有“者”字,“强”后无“于”字。傅奕本同王本。楚简本“不”后有“欲”字。各本用字或不同,而文义无别。

[2]其事好还,师之所处,荆棘生焉。

此从王弼本写定且依帛书本删去“大军之后,必有凶年”二句。傅奕本同王本。帛书本并有缺损,又甲本“荆棘”作“楚朸”。荆,与“楚”同义;朸,与“棘”音近而假。

按:传世本“荆棘生焉”后有“大军之后,必有凶年”二句,帛书甲、乙本与景龙碑本、遂州碑本并无之。劳健云:“‘大军之后,必有凶年’,景龙、敦煌与道藏龙兴碑本无此二句,他本皆有之。《汉书·严助传》淮南王安上书云:‘臣闻军旅之后,必有凶年。’又云:‘此《老子》所谓‘师之所处荆棘生之’者也。’按其词意,‘军旅’、‘凶年’当别属古语,非同出《老子》。又王弼注止云:‘贼害人民,残荒田亩,故曰‘荆棘生焉’。’亦似本无其语。或古义疏尝引之,适与‘还’字、‘焉’字偶合谐韵,遂并衍入经文也。今据景龙诸本,别以为存疑。”马叙伦云:“罗卷、易州无此二句,验弼注曰:‘言师凶害之物也,无有所济,必有所伤。贼害人民,残荒田亩,故荆棘生焉。’是王亦无此两句;成(玄英)于此两句无疏,则成亦无。盖古注文所以释上两句也。”今检核楚简本亦无此二句,则劳、马二氏之说确信无疑,故据此而删去二句。

[3]善者果而已矣,勿以取强焉。

此从帛书本写定。王弼本作“善有果而已,不敢以取强”。傅奕本句前有“故”字,“勿以”作“不敢以”。

[4]果而毋骄,果而勿矜,果而勿伐,果而毋得已,居是谓果

而不强。

此从帛书甲本写定。乙本“强”前脱“不”字。王弼本作“果而勿矜,果而勿伐,果而勿骄,果而不得已,果而勿强。”傅奕本同王本而末句作“是果而勿强。”

[5]物壮则老,是谓不道,不道早已。

此从王弼本写定。傅奕本“不道”作“非道”。帛书本“则”作“而”,“谓”后有“之”字。

【注释】

①以道佐人主——谓君王当以虚静无为之道辅助、护卫自己而治理天下。佐,辅佐,辅助。有护卫,庇护意。

②不以兵强于天下——不要使用军队逞强行暴而压服天下之人。强,强暴,逞强。《广韵》:“强,健也,暴也。”

③其事好还——指人们所为之事经常得到报应、报复。好,爱好,喜欢。此指经常容易发生某种事情。还,返还,复返。《玉篇》:“还,反也。”引申为报应,报复。高延第云:“其事好还,即善游者溺,善骑者堕,各以其好反自为祸也。”

④师之所处,荆棘生焉——指军队所经过而战争发生的地方,往往都变得荒凉残破,荆棘丛生。师,此指军队。《玉篇》:“师,众也。”荆棘,泛指山野间丛生的带刺灌木。战事起则农事废,农事废则荆棘生。

⑤善者果而已——意谓最佳的情况是能胜敌济难则停止其事。果,胜敌,克敌。《尔雅·释诂》:“果,胜也。”王弼注云:“果,犹济也。言善用师者,趣以济难而已矣,不以兵力取强于天下也。”

⑥勿以取强——不要过分用兵,胜而不止,强暴于敌。强,

有强盛、强暴、过分等义。老子以为，敌来攻伐，不得已而应战，胜之则止，不必穷兵黩武而过分逞强。

⑦果而勿伐，果而毋得已——谓君王虽用兵取胜于敌，而外不称扬其功，内不洋洋自得。伐，自称己功。已，同“矣”，语助词。

⑧居是谓果而不强——谓常能安处于以上四点，则为用兵胜敌而不逞强暴。是，此。指果而毋骄，果而勿矜，果而勿伐，果而毋得四事。

⑨物壮则老——犹如“物盛必衰”，谓物之壮盛者必然至于衰老、衰败。王弼注云：“壮，武力暴兴，喻以兵强于天下者也。”

⑩是谓不道，不道早已——指上述自矜、自伐、骄横、取强等做法全都不符合于虚静无为之道。而不合于大道者必定很快就会终结消亡。已，停止，终结。

【译文】

君王（当体道行德，虚静无为。）要用大道来辅助自己治理国家，不要因为私心贪欲而用武力兵事来逞强于别国。世间之事常常总是返还其始而报应其初的。军队所驻扎经历的地方，必然会荆棘丛生而灾害相连，造成田园荒废而人民受难。最好的状况是胜敌之后就偃旗息鼓，停止用兵，不要胜而不止，过分强暴于敌。胜敌之后不要骄傲自大，胜敌之后不要矜夸逞强，胜敌之后不要炫耀功绩，胜敌之后不要洋洋自得。能安处于以上几点，就叫做克敌致胜而不逞强暴。所有事物都是壮盛之后继而疲惫衰败的。胜敌而取强，就是壮盛的体现。这样的行为是不符合常道的，而不合于常道的事物都会及早衰亡。

三十一章

夫兵者，不祥之器也①。物或恶之，故有道者不处②[1]。君子居则贵左③，用兵则贵右，故兵者非君子之器也。兵者不祥之器也，不得已而用之，铦袭为上④[2]。勿美也⑤，若美之，是乐杀人也。夫乐杀人，不可以得志于天下矣[3]！吉事尚左，凶事尚右⑥。是以偏将军居左，上将军居右⑦，言以丧礼处之也⑧[4]。杀人众，以悲哀泣之⑨；战胜，以丧礼处之[5]。

【章旨】

这里告诫君王千万不要好战喜兵，因为用兵作战就要杀人，杀人众多就不能得到民众的拥护。迫不得已而用兵，也要尽量少杀人。因战争而杀人，则要内存悲哀之心。就是取胜了，也不能称扬其功。

【校勘】

[1]夫兵者，不祥之器也。物或恶之，故有道者不处。

此从王弼本写定而依帛书本删“兵”前“佳”字，增“器”后“也”字。傅奕本首句作“夫美兵者不祥之器”。帛书甲本末句作“故有欲者弗居”。乙本末句缺损。

按：“物或恶之，故有道者不处”已见前第二十四章，此乃重出。

[2]君子居则贵左，用兵则贵右，故兵者非君子之器也。兵

者不祥之器也，不得已而用之，铦袭为上。

此从帛书甲本写定。乙本“袭”字作“惟”。王弼本作“君子居则贵左，用兵则贵右，兵者不祥之器，非君子之器。不得已而用之，恬淡为上”。傅奕本同王本而首句前有“是以”二字，后句作“以恬憺为上”。又楚简本末句亦作“不得已而用之，铦袭为上”。

[3]勿美也，若美之，是乐杀人也。夫乐杀人，不可以得志于天下矣！

此从帛书本写定。王弼本作“胜而不美，而美之者，是乐杀人。夫乐杀人者，则不可以得志于天下矣”！傅奕本作“故不美也，若美必乐之，乐之者是乐杀人也。夫乐人杀人者不可以得志于天下矣”。各本用语或有别，而文义基本相同。

[4]吉事尚左，凶事尚右。是以偏将军居左，上将军居右，言以丧礼处之也。

此从王弼本写定而依帛书本增补“是以”二字与句末“也”字。傅奕本“吉事”前有“故”字，后句作“言居上势则以丧礼处之”。帛书本“吉事”前有“是以”二字，“尚”作“上”。又甲本“偏”作“便”。

[5]杀人众，以悲哀泣之；战胜，以丧礼处之。

此从帛书甲本写定而依傅奕本改“悲依立之”作“悲哀泣之”。乙本间有缺损，又“胜”作“朕”。王弼本前句作“杀人之众，以哀悲泣之”。傅本作“杀人众多，则以悲哀泣之”。

【注释】

①夫兵者，不祥之器也——兵者，本指矛戈剑戟一类的武器。《说文》：“兵，械也。”此引申指军队、战争等事。不祥之器，

不能给人们带来祥瑞而只会给人们带来灾祸的器物。祥，福瑞，祥善。《说文》："祥，福也。从示羊声。一云善。"《左传》僖公三年："齐方勤我，弃德不祥。"杜注云："祥，善也。"

②物或恶之，故有道者不处——意谓那些不祥之物时常被众人所厌恶，故有道之君绝不以喜兵好战自居。帛书甲本"有道者"作"有欲者"。欲，乃"裕"之借字，《方言》云："裕，道也。"《广雅·释诂》亦云："裕，道也。"则"有欲者"即为"有道者"。说详二十四章注释。

③君子居则贵左——指有德之人其日常居处时总是以左为贵。贵左，以左为贵，即尚左。《管子·白心篇》："左者，出者也；右者，入者也。"尹知章注："左为阳，阳主生，故为出也。右为阴，阴主死，故为入也。"贵左即贵生，贵生则不愿用兵。贵右即贵死，用兵争战则贵死。君子虚静处下，无为不争，而用兵乃为争战，所以说"君子居则贵左"。朱谦之云："《左传》桓公八年：'楚人尚左。'与老子'君子居则贵左'，'吉事尚左'之俗相合。"

④铦袭为上——谓不得已而用兵，则应以锐利之兵突击轻袭以胜敌为最善。铦，锐利，锋利。《玉篇》："铦，利也。"袭，轻装突袭，攻敌不备。《左传》庄公二十九年云："凡师，有钟鼓曰伐，无曰侵，轻曰袭。"杜注云："掩其不备曰袭。"锐兵轻袭以取胜，则死伤者少。若重兵久战，必死伤众多。《孙子兵法》云："兵久而国利者，未之有也。"故不得已而用之，铦袭为上。

⑤勿美也——谓虽用兵取胜，也不要称美宣扬其事。美，外则称美赞誉，内则洋洋得意。

⑥吉事尚左，凶事尚右——谓吉利之事如朝觐祭祀等则以左为贵，即贵尚居左，而兵事、丧事等不吉利者则贵尚居右。古人以为左贵生，生则吉利，故吉事尚左。右主阴，阴主死，故

凶事尚右。

⑦偏将军居左,上将军居右——指兴兵出师时,偏将军之位处于上将军的左边,上将军之位处于偏将军的右边。《礼记·少仪》:"乘兵车,出先刃,入后刃。军尚左,卒尚右。"郑注云:"左,阳也,阳主生。将军有庙胜之策,左将军为上,贵不败绩。右,阴也,阴主杀。卒之行伍以右为上,示有死志。"孔疏云:"军,谓军将行伍,尊尚左方。"

⑧言以丧礼处之——这就表示是要用处置丧事的态度与仪式来对待战事。《礼记·檀弓上》:"孔子与门人立,拱而尚右,二三子亦皆尚右。孔子曰:'二三子之嗜学也。我则有姊之丧故也。'二三子皆尚左。"郑注云:"复正也。丧尚右,右,阴也。吉尚左,左,阳也。"此可证古时行丧礼则尚右。高延第云:"上将居右,以其专杀。古者遣将,设明衣,凿凶门而出,以示必死,故预以丧礼自处。"

⑨杀人众,以悲哀泣之——谓用兵往往杀人众多,因此要以悲哀之情临视其事,而不要以杀人取胜为美事。泣,同"莅"。亦作莅、蒞、涖。字本作"竦",《说文》:"竦,临也。"《诗·小雅·采芑》:"方叔涖止。"毛传云:"涖,临也。莅,本又作'涖'。"帛书本作"立",楚简本作"位",他本或作"泣",并假为"莅"。《广雅·释言》:"位,莅也。"王念孙《疏证》云:"古者位、莅、立三字同声而通用。"

【辨析】

此章中"不得已而用兵,铦袭为上"句,王弼本作"恬淡为上",傅奕本作"以恬憺为上",河上公本则作"恬惔为上",它本或作"恬澹为上"。恬淡、恬澹、恬憺、恬惔,其义并同,谓安静平和,无欲无求,恬静淡泊。说解者或以为“恬惔则静,静者胜之本也”。或以为“恬淡虚静为上,则不嗜杀人,不乐杀人而后可以言兵”。虽强为之辞而圆满其说,但终觉其不能合于兵法,不能合乎事理,因此也未必能合于老子本义。

有道之君深知兵者非君子之器而为不祥之器,定然恬淡虚静而不以好胜乐杀自处。然而时有逆顺,事有善否。若不道之君兴兵攻伐,不得已而用兵应战,就必定要胜敌有果才能救民卫国。既然是不得已而用兵,则必然符合用兵之道以求取胜于敌,岂能战事起而心尚“恬淡”,淡静平和而无争无求?而胜敌之道必以锐利轻袭为上,既能取胜而损失又最少,故对此“恬淡”二字,学者多有疑问。劳健以为:“用兵而言恬淡,虽强为之辞,终不成理,所谓甚难而实非也。”其《老子古本考》辨证其事云:“诸本异同,自古纷歧,循其音义,皆不可通。今考二字,乃‘铦锐’之讹,谓兵器但取铦锐,无用华饰也。……其‘铦’字今本亦误作‘恬’,……后人以傅会‘恬’字之误,再变为‘惔’,为‘淡’,为‘澹’,则全迷旧形,不可复辨矣。”

劳健所考虽未能完全正确,但它对我们的启示却很有意义。《广雅·释诂》言:“铦,利也。”王念孙《疏证》云:“《说文》:‘利,铦也。’《汉书·贾谊传》:‘莫邪为钝兮,铅刀为铦。’晋灼注:‘世俗谓利为铦彻。’《燕策》云:‘强弩在前,铦戈在后。’《史记·苏秦传》作‘锬’,‘锬’与‘铦’通。《说文》:‘铦,臿属。’亦利之义。”又贾谊《过秦论》中“非铦于句戟长铩也”,《史记·秦始皇本纪》作“非锬于句戟长铩也”。均可证“铦”字与“锬”字义同而通用。正因为二字之义同,或许我们可以推测有读《老子》书者将“锬”字标注于“铦”字旁边,而后之传抄者将其误入正文中。再后之传抄者或误“铦”作“恬”,为傅会“恬”字之误,则又改“锬”为“淡”，为“憺”，为“惔”，且去其“袭”字，于是遂成传世本之“恬淡为上”或“恬惔为上”等文字，而最终竟至于不可明辨老子之本义。

今帛书甲、乙本“恬淡”二字作“铦袭”，谓“不得已而用兵，铦袭为上”。且楚简本亦作“铦袭为上”。铦袭，谓以锐利之兵突击而攻其不备，能很快取胜而减少伤亡，减少损失。既合于兵法，又顺乎事理。如此一来，则疑问之事得以消除，而老子本义得以明晰。

【译文】

矛、戈等兵械武器，是不祥瑞的东西。用兵作战残杀民众，是非常有害的事情。众人时常都厌恶它，所以有道之君绝不会自居于兵战之地，绝不以强兵胜战来自我炫耀。君子之居处往往尊阳而贵生，而用兵作战却是主阴而贵死，所以矛戈等兵器不是君子应该使用的器物。用兵作战是不祥瑞的事情，只是在迫不得已时才使用它，并且应该以锐利之兵轻袭突击以胜敌为上。切不可以强兵胜敌而夸耀称美、心中得意。如果内心得意而大加称美，这是喜欢杀人；喜欢杀人的君王是不能够得到民众拥戴而实现治理天下的意愿的。凡吉利之事往往崇尚居左，凡凶祸之事往往崇尚居右。用兵杀人为凶事，所以用兵出师时，总是让偏将军处于左侧，而作为军队主帅的上将军须居于右侧。这就表示，是用处置丧事的礼仪和态度来对待战事。战争中杀人众多，老者失其子女，幼儿丧其父母，所以要用悲哀的心情来对待它。即使战胜了敌国，也不可宣扬称美，一定要用办理丧事的礼仪来处置其事。

三十二章

道恒无名，朴①。虽小，天下莫能臣②也[1]。侯王若能守之，万物将自宾③。天地相合以降甘露④，民莫之令而自均⑤焉[2]。始制有名⑥，名亦既有，夫亦将知止⑦。知止，所以不殆[3]。譬道之在天下，犹川谷之与江海⑧也[4]。

【章旨】

此章重在说明道的作用与功效。大道无形无名，幽隐玄妙，有如朴木一般，虽不成一物之形，却兼具万物之质。人君体道而行，则万物和谐，万民均安。

【校勘】

[1]道恒无名，朴。虽小，天下莫能臣也。

此从王弼本写定而依帛书本改“常”作“恒”。傅奕本无“也”字。帛书乙本后句作“天下弗敢臣”。甲本间有缺损。

按：“莫能臣”，与“弗敢臣”文义相近而略有不同。“敢臣”，有其心。“能臣”，有其力。天下万物即有其心亦无其力以臣“道”，故作“莫能臣”义长。

[2]侯王若能守之，万物将自宾。天地相合以降甘露，民莫之令而自均焉。

此从王弼本写定而依帛书本增句末“焉”字。傅奕本“侯王”作“王侯”，无“守”后“之”字。帛书本“降”作“俞”。

按:侯王,傅本作“王侯”。蒋锡昌云:“按三十七章言‘侯王’者一,三十九章言‘侯王’者三,弼注十章曰‘侯王若能守’,即引此文,亦作‘侯王’。可证作‘侯王’者,乃古本。”

[3]始制有名,名亦既有,夫亦将知止。知止,所以不殆。

此从帛书乙本写定。傅奕本同。甲本间有缺损。王弼本“所以”作“可以”。

[4]譬道之在天下,犹川谷之与江海也。

此从傅奕本写定。王弼本“与”作“于”,句末无“也”字。帛书乙本“川”作“小”,“下”后有“也”字。甲本间有缺损。

按:王弼本“川谷之于江海”,易顺鼎云:“王注云:‘犹川谷之与江海也。’是本文‘于江海’当作‘与江海’。《牟子》引此云:‘譬道于天下,犹川谷与江海。’字正作‘与’。”

【注释】

①道恒无名,朴——无名,不可称名。道先天地而生,视之不可见,听之不可闻,搏之不可得,幽隐无形,故不可称其名。朴,指未经加工制作的原木。朴木未经刀锯雕琢,不具一物之形,而具万物之质,可成万物之用,所以老子用“朴”以喻“道”。此言大道总是那样幽隐玄妙,无形无名,有如朴木一般。

②虽小,天下莫能臣——意谓道虽幽隐不见,而其作用则至为宏大,天下万物没有谁能够控制它,役使它。小,指道的幽微精妙。道无形无名,言其无时无处不在,无事无物不从,可称为“大”。言其精微玄妙,不可闻见,不可触及,又可称为“小”。

③万物将自宾——谓天下万物自然而然就能敬顺服从于它。宾,用作动词,服从,心悦诚服。《尔雅·释诂》:“宾,服也。”邢疏云:“宾者,怀德而服也。”

④天地相合以降甘露——意谓天地间阴阳和谐而雨露滋润，万物繁茂而国泰民安。甘露，即雨露。雨露滋润则万物生长，风调雨顺而人寿年丰。帛书本“降”字作“俞”，“俞”当读作“渝”。渝，降下，改变。《说文》：“渝，变污也。”

⑤莫之令而自均——没有谁命令它就会自然而然地均平调理，各适所宜。《说文》：“均，平徧也。”

⑥始制有名——始制，指制度创设之初。有名，指确立百官的名称、职责等。朴木经刀锯解散则制为百器，而各器自专其用，自行其名。君王创立制度后，群臣百官实际的责任、工作的范围等则相继确立，于是就有了对应的名号可称，因此说“始制有名”。

⑦名亦既有，夫亦将知止——知止，指明确百官各自的职责范围与管理权限，使不得任意超越。老子以为成百器若制百官，百器有名则各有专用，百官有名则各尽其职。百器各专其用则诸事条理，百官各行其职则天下大治。君王创立制度则任命百官，使之各司其职，各主其事。所以说“名亦既有，夫亦将知止”。

⑧譬道之在天下，犹川谷之与江海——此乃比喻大道在天下的情形，道为万物之主，有如江海之为川谷之王。譬，比喻。《玉篇》：“譬，喻也。”

蒋锡昌云：“此句倒文，正文当作‘道之在天下，譬犹江海之与川谷’。盖此文以‘江海’譬道，以‘川谷’譬天下万物。六十六章：‘江海所以能为百谷王者，以其善下之，故能为百谷王。’江海善下与道相似，故老子取以为譬也。‘道之在天下，譬犹江海之与川谷’，言道泽被于万物，则万物莫不德化；譬犹江海善下川谷，则川谷无不归宗也。此句与上文‘侯王若能守之，万物将自宾'句相应。"

【译文】

大道总是那样幽微玄妙而不可见其形,亦不可称其名,就如同那具备万物之质的朴木一样。(可成万物之形,可任万物之用。)虽然它看似幽微渺小,但天下万物却没有谁能够役使它,没有谁能够支配它。诸侯君王如果能够守道而行,无欲无为而顺其自然,那世间万物就会自然而然地服从于它。天地间就会阴阳相和而风调雨顺、物茂年丰。人民就会没有谁去命令他们却自适其宜,和谐安乐。(如同朴散则为器一样,人君也须设官分职,确立制度。)而从创设制度开始,也就有了相应的名称得以确立。其名称确立以后,百官也就明确了各自的职任权限。履行自己的职责而不做越轨之事,万事万物就会畅通调理而没有危殆。如果比喻"道"在天下的情形,那就好像河川溪谷之水汇入大江大海一样,天下万物也都归往汇集于大"道"。

三十三章

知人者智①也,自知者明②也;胜人者有力也,自胜者强③也[1]。知足者富④也,强行者有志⑤也;不失其所者久⑥也,死而不亡者寿⑦也[2]。

【章旨】

老子此章通过"知人"与"自知"、"胜人"与"自胜"所得结果的对比,阐明了道家所谓智、明、力、强等事的涵义,强调了君王自我修养以至无私无欲的重要意义。

【校勘】

[1]知人者智也,自知者明也;胜人者有力也,自胜者强也。

此从傅奕本写定。王弼本各句末无"也"字。帛书甲本间有缺损。乙本脱"自知"后"者"字,"胜"作"朕"。

[2]知足者富也,强行者有志也;不失其所者久也,死而不亡者寿也。

此从傅奕本写定。王弼本各句末无"也"字。帛书本"亡"字作"忘"。

【注释】

①知人者智——能够察知明了于他人的心志言行者最有智慧。《释名·释言语》:"智,知也,无所不知也。"

②自知者明——能够正确地认识自己而明知于自身的长短优劣的人则最为圣明。《玉篇》:"明,察也,清也,审也。"

③自胜者强——谓能够战胜自我,没有私心贪欲的人才真正强健。自胜者,即十九章所言之"见素抱朴,少私寡欲,绝学无忧"的君王。

吴澄云:"或曰:'老子之道,以昧为明,以弱为强。而此章言明,言强,何也?'曰:'老子内非不明,外若昧耳;内非不强,外示弱耳。其昧其弱,治外之药;其明其强,守内之方。并行而不相悖也。'"

④知足者富——无私无欲之人不贪求外物,不志在必得,其心满意足,当然也就最为富有。

⑤强行者有志——谓尊尚大道且勉力循行者才最有思想。志,思想,心志。循守大道而勤能行之,则其志必获,所以说"有志"。

⑥不失其所者久——此喻君王的行政施教不弃离于虚静无为之道,才能不失其位而存身长久。不失其所,不失去他的存身之所,不脱离他的生存环境。如鱼不离水,虎不离山等。

⑦死而不亡者寿——谓虽其身死而不被人们遗忘者才算长寿。亡,与“忘”同。忘,会意字,从心从亡,亡于心也。《汉书·武五子传》:“臣闻子胥尽忠而忘其号,比干尽仁而遗其身。”师古曰:“忘,亡也。吴王杀之,被以恶名,失其善称号。”《汉书·礼乐志》:“承顺温良,受帝之光。嘉荐令芳,寿考不忘。”师古曰:“不忘,言长久也。”是“忘”与“亡”同。死而不亡者,其形虽死,而其神不亡,永远传诵于世而不被遗忘,所以说“寿”。

【译文】

能够透彻了解别人的思想行为的人确实聪慧,而能够正确认识自身的长短优劣的人则最为明智。能够战胜敌手的人确有力量,而能够战胜自我的人才真正强大。有知足之心而不贪得无厌的人才算富有,能够勉力行道而不为私欲所惑的人则最有思想。不离弃而失去适宜他的生存环境就能够生命长久,而那些身死之后却被人们铭记在心而不能忘怀的人则永垂不朽。

三十四章

大道泛兮,其可左右①也。万物恃之而生而不辞②,成功遂事而不名有③也[1]。衣养万物而不为主④,则恒无欲也,可名于小⑤[2]。万物归焉而不为主,可名于大⑥[3]。是以圣人之能成其大⑦也,以其终不自为大,故能成其大[4]。

【章旨】

此章通过对“道”的普遍广大、无私无欲的肯定与赞颂，说明人君应当体“道”而行，“终不自为大”，才能受到万民拥戴而“成其大”。

【校勘】

［1］大道泛兮，其可左右也。万物恃之而生而不辞，成功遂事而不名有也。

此从王弼本写定而依帛书本增两“也”字，且改“功成不名有”作“成功遂事而不名有”。傅奕本同王本而“泛”作“泛泛”，“不名有”作“不居”。帛书乙本无“大”字及“万物恃之而生而不辞”句。甲本间有缺损。

［2］衣养万物而不为主，则恒无欲也，可名于小。

此从王弼本写定而依帛书本改“常”作“恒”，增“则”、“也”二字。傅奕本“衣养”作“衣被”，句末有“矣”字。帛书本“衣养万物”作“万物归焉”。

按：衣养，傅奕本作“衣被”，河上公本作“爱养”。俞樾云：“按河上公本作‘爱养’，此作‘衣养’者，古字通也。盖‘衣’字古音与‘隐’同，故《白虎通·衣裳》篇曰：‘衣者，隐也。’以声为训也。而‘爱’古音亦与‘隐’同，故《诗·烝民》篇毛传训‘爱’为‘隐’。《孝经》疏引刘炫曰：‘爱者，隐惜而结于内。’不直训‘惜’，而必训‘隐惜’者，亦以声为训也。两字之音本同，故‘爱养’可为‘衣养’。傅奕本作‘衣被’，则由后人不通古音，不达古义，率臆妄改耳。”

［3］万物归焉而不为主，可名于大。

此从王弼本写定而依帛书本改“为”作“于”。傅奕本作“万物归之而不知主,可名于大矣"。帛书乙本"名"作"命"。

按:王本此句注云:"万物皆归之以生,而力使不知其所由,此不为小,故复可名于大矣。"据此则王本"可名为大"原文亦作"可名于大"。

[4]是以圣人之能成其大也,以其终不自为大,故能成其大。

此从傅奕本写定而依帛书本增补"之"、"为"二字。王弼本无"是以圣人之能成其大也"句。帛书本"成其大"作"成大",无"终"、"自"二字。

【注释】

①大道泛兮,其可左右——大道是那么的普遍广博啊!它时时处处都无所不在。泛,大水泛滥漫延。引申为普遍,广博。《说文》:"泛,滥也。"《玉篇》:"泛,普博也。"左右,用作动词,指大道的或左或右,任意由之而无所不在。

②万物恃之而生而不辞——谓天地万物倚赖大道而生育长成,而大道并不造设,不为始。不辞,义同"弗始";不为创设。指不欲立功生事而能无为不言,顺其自然。说详第二章。

③成功遂事而不名有——谓大道虽然造就万物,成就万事,却并不占为己有,并不宣扬自己有功绩。名,表明,宣扬。

④衣养万物而不为主——谓大道虽抚养保护天下万物,却并不自为万物之主而干预其生育长成。衣养,保护抚育。衣,用如动词,穿衣。引申为覆被,保护。

⑤可名于小——可以据此而称呼其名为"小"。名,命名,称名;用作动词。此句主语为"道",谓道之"衣养万物而不为主",道之"恒无欲",道之"可名于小"。"道"不争功,不炫耀,

无私无欲,隐微而不可见,玄妙而不可知,所以说“可名于小”。

⑥可名于大——万物皆归聚于“道”,而“道”为其君,据此则可称名其为“大”。

⑦成其大——谓明道之君居处于君王之位而为天下人所归往,似若成就了君王的尊贵与伟大。

【译文】

大道是多么的普遍广博啊,它或左或右,无所不在。古往今来,天地万物倚赖它生存与发展,它却从不因此而创设兴作。天下万事由于它而成就功业,它却从未以此自我夸耀。虽然它保育抚养天地万物,却从不谋求主宰它们。它总是无私无欲,虚静无为,因此可以把它称名为“小”。天地万物虽然归依于它,它却从不主宰支配万物,它原本就无名无形,无所不在,因此又可以把它称名为“大”。因此明道之君能够被人尊崇而统治天下的根本原因,就在于它自始至终都不妄自尊大而能虚静处下,所以才能够为天下人所归附和拥护,而成就其君王的尊贵与伟大。

三十五章

执大象,天下往①。往而不害,安平太②[1]。乐与饵,过客止③。道之出言也,淡兮其无味④。视之不足见,听之不足闻,用之不可既⑤[2]。

【章旨】

此言人君能循守大道,就会万民归心,天下大治。与音乐美食的诱人悦客不同,道法自然而虚静平淡。然而,道之出言虽清淡乏味，它的功用却是巨大无比的。

【校勘】

[1]执大象，天下往。往而不害，安平太。

此从王弼本写定。帛书本同。傅奕本"象"后有"者"字，"太"作"泰"。

[2]乐与饵，过客止。道之出言也，淡兮其无味。视之不足见，听之不足闻，用之不可既。

此从傅奕本写定而依帛书本增补"言"后"也"字。王弼本"出言"作"出口"，"兮"作"乎"，"可既"作"足既"。帛书乙本"客"为"格"，"道"前有"故"字，"淡"前有"曰"字，后四句末并有"也"字。甲本同乙本而"淡"作"谈"。

按：据王弼注云："乐与饵则能令过客止，而道之出言，淡然无味。"则王本"出口"原亦当作"出言"。

【注释】

①执大象，天下往——谓君王持守无为不言之道而顺其自然，天下的民众就会全都归往他而尊其为君。执，握持，持守。道幽隐无形，如何可执？此言执者，意谓循守大道有如手之执物而无所脱失。大象，即大道。《易·系辞》："象也者，像此者也。"孔疏云："言象此物之形状也。"《周礼·春官·丧祝》："凡此五物者，以诏救政，访序事。"注云："访，谋也。见其象则当豫为之备。"则象为事物外现之状。道本无形可见，而"惚兮恍兮，其中有象；恍兮惚兮，其中有物"（见二十一章），因此老子称其为"大象"。

②安平太——于是就会和平安泰。安，义同"焉"，乃，则，

于是。王引之《经传释词》云:“安,犹‘于是’也,乃也,则也。”太,通“泰”,安宁,安泰。天下之人往归于有道之君而又无伤无害,无忧无虑,自然就会出现和平安泰的景象。

③乐与饵,过客止——谓若有歌乐、美食以供享受,则过往的宾客定会留恋止步。饵,本指面饼类食品,引申而泛指食馔之物。《说文》:“饵,粉饼也。”

④道之出言也,淡兮其无味——意谓解说“道”的话语平淡无奇,淡然无味,并不能如“乐与饵”之类能吸引世人而得到喜爱。出言,发言,说话。此指解说阐明“道”的内容与宗旨的话语。

⑤用之不可既——谓循行大道之宗旨,可用于天下万物而不可穷尽。既,完了,终结。《广雅·释诂》:“既,尽也。”

【译文】

明道之君持守大道而行政施教,就会吸引天下的人民往归于他。归附于他又不会受到伤害,就会出现和平安泰的景象。那悦耳的音乐和美味的佳肴,能够吸引来往的行客停留止步。而大道所言说的内容,则总是那样的平平淡淡、无趣乏味。用眼看它则幽微玄妙不能看见,用耳听它又无声无息不能听到,然而用它治理天下国家,那效用却是无穷无尽、无边无际的。

三十六章

将欲歙之,必固张之①;将欲弱之,必固强之;将欲去之,必固与之②;将欲夺之,必固予之③。是谓微明④[1]。柔弱胜刚强⑤。鱼不可脱于渊,国之利器不可以示人⑥[2]。

【章旨】

此章以事物中总是存在着相互对立又相互依存的两个方面,它们又总是在向相对的方面转化的客观规律为依据,强调"柔弱胜刚强"是"道"所规定的基本原理。并以此告诫君王:柔弱处下,无为不争,乃是治理天下国家的利器。

【校勘】

[1]将欲歙之,必固张之;将欲弱之,必固强之;将欲去之,必固与之;将欲夺之,必固予之。是谓微明。

此从帛书乙本写定而据王弼本改"擒"作"歙","古"作"固"。王弼本"去"作"废","与"作"兴","予"作"与"。傅奕本同王本而"歙"作"翕"。帛书甲本"歙"作"拾"。

按:王本、傅本"将欲废之,必固兴之"一句,《老子》原文本作"将欲去之,必固与之",盖其后"与(繁体为與)"字因形近而误作"兴(繁体为興)"字,而"去之"、"兴之"于文义不甚相合,遂有人又改"去"字为"废"字,遂成传世本之"将欲废之,必固兴之"。

[2]柔弱胜刚强。鱼不可脱于渊,国之利器不可以示人。

此从王弼本写定。傅奕本首句作"柔之胜刚,弱之胜强","脱"作"倪","国"作"邦"。帛书本无"刚"字、"之"字。又甲本"柔"作"友","国"作"邦","示"作"视"。乙本"脱"作"说"。各本用字虽或有别,而文义相同。

【注释】

①将欲歙之,必固张之——假如将要使其物聚合收敛在一

起，那它原本就一定要是已经开张扩展的。歙，收缩，聚合。《说文》："歙，缩鼻也。"义与"翕"同。《尔雅·释诂》："翕，合也。"疏云："翕者，敛合也。"必，则，就；承接连词。《论语·述而篇》："子与人歌而善，必使反之。"《史记·孔子世家》作"使人歌，善，则使复之"。可知"必"犹如"则"。固，本然之辞。《汉书·晁错传》："错曰：'固也。不如此，天子不尊，宗庙不安。'"师古曰："言固当如此。"

②将欲去之，必固与之——如果要想现在弃离于他，那原本就必定是早已亲近于他的。去，离开，弃离。《说文》："去，人相违也。"与，亲近，亲密。《说文》："与，党与也。"

按：此句"与（繁体为'與'）"字或读作"举（繁体为'舉'）"。举，举用，荐举；指提拔任用官员。意谓假如要想撤换罢免他的官职，那原本就必定是已经举荐任用他为官的。古"与"、"举"二字通用。《礼记·礼运篇》"选贤与能"，《大戴礼·王言篇》作"选贤举能"。《尚书·伊训》："与人不求备。"注云："使人必器之。"则"与人"即"使人"，乃指选举任用官职。《左传》僖公二十四年："即聋从昧，与顽用嚚，奸之大者也。"与、用并言，则"与"读作"举"。

③将欲夺之，必固予之——谓假如要想夺取其所有之物，则必定先要给予其物。予，给予，赐予。《说文》："予，推予也，象相予之形。"王本、傅本"予"作"与"。与、予二字音义并同。

④微明——即微而明，意谓起于微隐而成于显明，乃指微妙而显明的道理。范应元云："天下之理，有张必有翕，有强必有弱，有兴必有废，有与必有取，此春生夏长，秋敛冬藏，造化消息盈虚之运固然也。然则张之、强之、兴之、与之之时（帛书本'兴'、'与'作'与'、'予'），已有翕之、弱之、废之、取之之机伏

在其中矣(帛书本'废'、'取'作'去'、'夺')。机虽幽微,而事已显明也,故曰'是谓微明'。"

⑤柔弱胜刚强——意谓能循守大道而自处于虚静柔弱者最具生命力,最有发展力,因此能够战胜那些外表健壮强大而实则走向衰亡者。

⑥国之利器不可以示人——国之利器,即利国之器。此指君王循守于柔弱处下,清静无为之道。示,告诉,告知。《玉篇》:"示者,语也。以事告人曰示也。"《史记·屈原贾生列传》载《怀沙赋》云:"怀瑾握瑜兮,穷不得余所示。"裴骃《集解》云:"王逸曰:'示,语也。'"又示,通"视"。以目视物为视,以物示人为示。乃为同一事物的两个方面,故常通用。不可以示人,乃告诫君王须深藏于中而不可使人知之。

【译文】

世间之物,将要收缩时,必定要原本就先有扩张;将要软弱时,必定要原本就先有强硬;将要离弃它时,必然要原本就先有对它的亲近;将要夺取其物时,必然要原本就先有对它的给予,这些都是看似微妙而十分显明的道理。所以,那些自处于虚静柔弱的事物,一定能够战胜那些刚健强大的事物,这就是"柔弱胜刚强"。象鱼儿藏身渊潭之中而不能脱离于水一样,明道之君时刻也不能弃离于虚静无为的大道。而这个利国之器,是要深藏不露而不能随便告诉别人的。

三十七章

道恒无名①,侯王若能守之,万物将自化②[1]。化而欲作③，吾将镇之以无名之朴④[2]。镇之以无名之朴，夫亦将不欲。不欲以静，天地将自正⑤[3]。

【章旨】

此章重申“道”的隐微玄妙，虚静无为。并明确指出，君王能够循守虚静无为之道而无私无欲，国家自然就会长治久安。

【校勘】

[1]道恒无名，侯王若能守之，万物将自化。

此从帛书乙本写定。甲本无“能”字，又“化”作“忞”。王弼本、傅奕本首句并作“道常无为而无不为”。傅本“侯王”作“王侯”，“守”后无“之”字。楚简本作“道恒无为也，侯王能守之，而万物将自化”。

[2]化而欲作，吾将镇之以无名之朴。

此从王弼本写定。傅奕本同。帛书乙本“镇”作“阗”。甲本间有缺损。

[3]镇之以无名之朴，夫亦将不欲。不欲以静，天地将自正。

此从傅奕本写定而依帛书本增补“镇之以”三字，且改“靖”作“静”，“天下”作“天地”。王本亦无“镇之以”三字，“将不欲”作“将无欲”，“天地将自正”作“天下将自定”。帛书本“欲”作“辱”，无“亦”字。又甲本“静”作“情”。

【注释】

①道恒无名——谓“道”总是幽隐玄妙而不见其形，不可称

名。已见于三十二章，此乃重出。

②万物将自化——天下之众就会自然而然地顺从教化而实现大治。万物，指万民，万众。自化，自然而然地达至和谐安定的状态而实现大治。《说文》："化，教行也。"《玉篇》："化，易也，教化也。"

③化而欲作——谓君王在其行政施教之时，心中或者会萌动而产生贪欲私念。作，出现，兴起。《说文》："作，起也。"

④镇之以无名之朴——谓将以虚静无为之道镇服心中所起之贪欲私念。镇，压服。《玉篇》："镇，安也，重也，压也。"《国语·晋语七》："柔惠小物而镇定大事。"韦昭注："镇，安也。"无名之朴，即"道"。三十二章云："道恒无名，朴。"道主虚静无为，顺其自然，柔弱处下，少私寡欲，因此可以镇伏其私欲的萌动与兴起。

范应元云："人之心易塞而难虚，易动而难静，易迁而难守，易变而难常。虽已相化，而或有复为外物所动，欲起妄作者，则吾将镇之以道，使不敢妄作也。"

⑤不欲以静，天地将自正——意谓君王心中不生贪欲而能虚静无为，天地间就会阴阳相合，四时相应，风调雨顺，万民安乐。自正，自然而然地归于正常，而天地万物达于大治。正，王本作"定"，义同。

【辨析】

此章首句传世诸本如王本、傅本、河上公本等并作"道常无为而无不为"，均与帛书本截然不同。此乃事黄老道者所妄改，老子绝无此言。其它如傅本于第三章中类此而改"则无不治矣"作"为无为，则无不为矣"。三十八章中改"上德无为而无以为”作“上德无为而无不为”。王本、傅本等于四十八章中改“损之又损,以至于无为而无以为”作“损之又损,以至于无为,无为而无不为”亦皆是。

何以证明这些都是经人改动呢?比如第三章,前有“是以圣人之治也,虚其心,实其腹”等句,则下面承接之句必当作“则无不治矣”。故傅本作“则无不为矣”必为后人所改。更何况不仅帛书本,且景龙碑本及敦煌本亦无“为无为”三字。又如三十八章本作“上德无为而无以为,上仁为之而无以为,上义为之而有以为,上礼为之而莫之应也”。其级别分明而次第有序。傅本却作“上德无为而无不为”,且又增加了一句“下德为之而无以为”,令人莫名其旨,不知所云。这只能是后人妄改造成的。即本章之首句,与三十二章:“道恒无名,朴。虽小,天下莫能臣也。侯王若能守之,万物将自宾。”文义基本相同。何以此章中则传世本首句遂作“道常无为而无不为”呢?显然是有人曾经改动过。

通观《老子》全书,其中多处言及“无为”、“无以为”,或言“无为而无以为”。其“无为”,乃指君王之“处无为之事,行不言之教”,亦即循守大道而顺其自然。其“无以为”,乃指君王之无私无欲,处虚守静。《史记·老子韩非列传》载太史公曰:“老子所贵‘道’、‘虚’、‘无’,因应变化于无为,故著书辞称微妙难识。”司马迁对老子宗旨的概括总结,可谓一语中的。也就是说,在司马迁所见到的《老子》书中,根本看不到“无为而无不为”的影子。而综观《管子》、《韩非子》、《淮南子》诸书,可知“无为而无不为”,乃黄老家“道论”中论说“君人南面之术”时所用之言。《淮南子·原道训》云:“所谓无为者,不先物为也;所谓无不为者,因物之所为。”意思是说,人君遇事先不要自己动手,而分任群臣去做,人君只要督责群臣就可以了。这样,群臣就会尽心尽力，等到有了成绩，君王就能收到“无不为”的效果。君王自己虽然不亲为，却能无所不为而达成君王治国君人之意。无为，是要君王督责群臣而不亲自作为。这样一来，君王之心必不能处虚守静。无不为，是说君王用此南面君人之术可以收到成效。这样一来，君王之心必不能无私无欲。这与老子的虚静无为而顺其自然，以使天下万物安定条理而达于大治的主张根本不同。

然而黄老家在西汉之时通行天下，故其得以改动《老子》之文而使之为我所用，即傅会于《老子》之书而传扬黄老家之主张。这在当时虽然并不遭人指责与非议，而在后世却给读《老子》书者造成了许多麻烦。以至于使本来就微妙难识的《老子》一书益加歧解纷纭，莫衷一是。幸赖今世得见帛书甲、乙本及楚简本等，以之互校而得见其真。

【译文】

“道”总是不可见其形，亦不可称其名的，总是顺乎自然，而无欲无为的。诸侯之君如果能够循守大道，民众就将自然而然地顺从教化而和谐安定，实现大治。而在达成天下大治时，君王或者会归功于己而产生私心贪欲，于是我就要用无形无名的“道”来镇伏它。用“道”来镇伏这贪欲私心，就将会无私无欲而虚静无为。无私无欲而虚静无为，就能自然而然地实现家国天下的和谐安定。

下篇　德经

共四十四章

三十八章

上德不德①,是以有德②。下德不失德③,是以无德④[1]。上德无为而无以为⑤也,上仁为之而无以为⑥也,上义为之而有以为⑦也,上礼为之而莫之应⑧也,则攘臂而扔之⑨[2]。故失道而后德⑩,失德而后仁⑪,失仁而后义⑫,失义而后礼⑬[3]。夫礼者,忠信之薄而乱之首⑭也。前识⑮者,道之华而愚之始⑯也[4]。是以大丈夫处其厚,不处其薄⑰;处其实,不处其华。故去彼取此⑱[5]。

【章旨】

此章通过对上德、上仁、上义、上礼之人的思想行为进行分析,揭示出仁义、礼制的出现,正是道德沦丧忠信散薄的产物。所谓的礼制,乃是社会动乱的根源。因此,君王应当体道行德而鄙弃礼制,求真务实以拨乱反正。

【校勘】

[1]上德不德,是以有德。下德不失德,是以无德。

此从王弼本写定。傅奕本、帛书乙本并同。甲本严重缺损。

[2]上德无为而无以为也,上仁为之而无以为也,上义为之而有以为也,上礼为之而莫之应也,则攘臂而扔之。

此从王弼本写定而依帛书本删去"下德为之而有以为"句,且增补各句末"也"字。帛书乙本"上义"误作"上德"。甲本间有缺损,又“扔”字作“乃”。傅奕本首句作“上德无为而无不为”,句后有“下德为之而无以为”句。

[3]故失道而后德,失德而后仁,失仁而后义,失义而后礼。

此从王弼本写定。傅奕本、帛书本并同。

[4]夫礼者,忠信之薄而乱之首也。前识者,道之华而愚之始也。

此从傅奕本写定。王弼本无句末两“也”字,而“华”后有“也”字。帛书本“始”作“首”,“薄”、“华”后并有“也”字。又乙本“薄”作“泊”。甲本间有缺损。

[5]是以大丈夫处其厚,不处其薄;处其实,不处其华。故去彼取此。

此从傅奕本写定。王弼本“不处”作“不居”。帛书本“处”字并作“居”。又乙本“彼”作“罷”,甲本“彼”作“皮”。

【注释】

①上德不德——指尊尚大道而体行大德的君王绝不为满足私欲而贪求多得。上德,即尚德,谓君王尊尚并能体行道德。上,同“尚”;崇尚,尊崇,贵重。《方言》:“上,重也。”《史记·仲尼弟子列传》:“孔子曰:‘君子哉若人!上德哉若人!’”裴骃《集解》云:“孔安国曰:‘贱不义而贵有德,故曰君子。’”德,老子提出的又一基本概念。老子所倡之“道”,乃指存在于世间万物中的普遍规律和基本法则。其所言之“德”,则指依循于“道”来行事为人的体现和结果。《经典释文》云:“德,道之用也。”也就是说,道和德的关系是二而一的,德是道的作用与显现。道是指客观存在而未经掺入人为的自然状态,德是指人们遵循这种自然状态而参与行为的作用和结果。人们的行为只有符合于

道,才能真正显现出德。那些尊崇并体行于道的人,也因此称为有德。《释名·释言语》云:“德,得也,得事宜也。”合于大道者虚静无为而顺其自然,当然也就得其事宜。不德,不求有所得,既无私心贪欲又不贪求外物。德,同“得”。得于物为有得,得于心为有德。

②是以有德——因此他能够得到民众的拥护而成为有德之君。《韩非子·解老篇》云:“德者,内也。得者,外也。上德不德(得),言其神不淫于外也。神不淫于外则身全,身全之谓德。德者,得身也。凡德者,以无为集,以无欲成,以不思安,以不用固。为之欲之,则德无舍,德无舍则不全。用之思之则不固,不固则无功,无功则生于德(得)。德(得)则无德,不德(得)则[在]有德。故曰‘上德不德,是以有德。’”

③下德不失德——谓不能循守于大道而体行于大德的君王丝毫也不愿失去自己的所得。下德,轻视与排斥道德。此指贪求多欲而不能虚静无为的君王。下,用如动词,轻视,排斥。不失德,不愿丧失其所得,不愿失去已得到的权力、地位、财货等。

④是以无德——谓如此之君王则因贪欲多求而伤害民众,遂遭民众唾弃而成为无德之君。无德,指无德于人心,即得不到人民的拥护与爱戴。

⑤上德无为而无以为——意谓尚德的君王能体道而行德,其行政施教能无为不言,顺其自然。在他的心中从没有什么个人的私欲,也不为求得什么个人的利益。无为,即无为不言,顺乎自然。指君王能循守大道而不依照自己的心志意愿去作为。无以为,即无所为,处虚守静而无所贪求。指尚德之君没有什么个人的私欲,不为达到什么目的,不为求得什么利益。

⑥上仁为之而无以为——谓崇尚仁爱的君王总是去做那些

所谓的仁爱慈善之事,而他自己则没有什么私欲,也不为求得什么利益。上仁,即尚仁,指推重仁爱,崇尚仁爱。君王尚仁,则能慈爱惠民,兼利天下。《说文》:“仁,亲也。”《孟子·离娄下》:“仁者,爱人。”《玉篇》:“仁,郑玄曰‘爱人以及物’也。”为之,指用心去做那些仁爱利人的事情。

⑦上义为之而有以为——谓尊尚与提倡正义的君王总是去做那些人们认为正当而适宜的事情,他的目的就是想要维护民众的共同利益和社会的正常秩序。上义,即尚义,指尊崇正义,倡导正义。《释名·释言语》:“义,宜也,裁制事物使合宜也。”义有维持人与人之间正常关系不使其乖谬邪曲的作用,因此被释为正义。君王尚义,则能正直公平,利物合宜。有以为,即有所为,有所追求。指君王着意去做那些正义为公的事情,以求维护整个社会的合理秩序,并因此得到民众对自己的认同与拥护。

⑧上礼为之而莫之应——谓提倡礼制的君王为了实现自己统治民众的目的,只做那些能够维护礼乐制度,维持君臣上下等级关系的事情,但结果却得不到人们的认同和响应。上礼,即尚礼。指君王的尊尚礼乐制度,时时事事都维护礼制,遵从礼仪。《释名·释言语》:“礼,体也,得事体也。”《左传》定公十五年云:“夫礼,死生存亡之体也。”礼制乃人类进入阶级社会后,为维护其合理的社会关系而形成的一套制度。其核心为维护君君、臣臣、父父、子子的等级关系。莫之应,没有谁认同和响应尚礼之事。

⑨攘臂而扔之——意谓撸起袖子来强拉硬拽地使人们服从。攘臂,捋袖伸臂,俗言撸起胳膊。《说文》:“攘,推也。”《汉书·邹阳传》:“攘袂而正议者,独大王耳。”师古注:“攘,却也。袂,衣袖也。攘袂,犹今人云掉臂耳。”古人或援袂而缠以绳,或

卷袂而不缠绳。扔，牵引，拉拽。《广雅·释诂》："扔，引也。"《广韵》："扔，强牵引也。"

⑩失道而后德——当君王不能顺其自然而循守大道时，于是便出现了体道行德的主张。"道法自然"，道乃虚静无为，顺其自然而然者，失道则不能顺其自然而成其当然。圣人欲救其失，遂倡言行德，以使君王能循守大道而虚静无为，所以说"失道而后德"。

⑪失德而后仁——谓君王既不能少私寡欲而体道行德，遂有倡言仁爱者出现于世，教君王仁慈爱物以利益天下。

⑫失仁而后义——谓世风愈降，所倡仁爱之说亦被废弃不用，遂有正义为公之说倡行于世。

⑬失义而后礼——谓世风日益败坏而君王私欲旺盛，正义之说亦不得通行于世，乃有礼乐制度随即形成。而君王则遵从礼制行事，以维护自己的利益，巩固自己的统治。

王弼注云："以无为用，(则)德其母，故能己不劳焉而物无不理。下此已往，则失用之母，不能无为而贵博施，不能博施而贵正直，不能正直而贵饰敬，所谓失德而后仁，失仁而后义，失义而后礼也。"

⑭忠信之薄而乱之首——谓礼仪制度在社会上行用，虽有正直诚信于其中，而其程度则非常浅薄。且其贵上贱下而不能平等，则必然引起争斗而成为导致社会混乱的根源。忠信，正直无邪，诚实无妄。《玉篇》："忠，敬也，直也。"乱之首，即乱之始。指礼制的实行必将挑起人们相互的争斗而生成混乱。

⑮前识——即前人而识，先事而知。指先于其事先于其人而在心中设定的意见。亦称先识，先知。《韩非子·解老篇》云："先物行，先理动之谓前识。前识者，无缘而忘(妄)意度

也。”此盖指君王的自见，自明等，其行私弄智而臆度用事，却自诩为“前识”，标榜为“先知”。

⑯道之华而愚之始——意谓所谓的先识，虽时或为“道”即客观规律的外在表现，而其实则为君王自作聪明而违离于大道，最终则至于愚昧顽顿的起始。华，同“花”，此以花开之美艳比喻“道”所外现之象的繁盛。凡前识者，并非完全无中生有，时或亦有所依据，而其依据的社会现象，则为“道”即事物自然规律的外在表现，而并非其内在的实际的客观规律，所以说是“道之华”。凡前识者，必不能循守大道而顺乎自然，这就违背了自然而然的客观规律。君王不能虚静无为而自诩其聪明才智，标榜自己的所谓“先知”，则群下必然阿从君王之意而莫进其忠，莫守其职。如此以来，君王以一人之心而行天下之事，以一人之力而尽群臣之职，虽其劳顿而事有偏废，虽其勤苦而职有缺失，所以说是“愚之始”。

⑰大丈夫处其厚，不处其薄——谓光明正大、无私无欲的君王要持守质朴纯真之性，而不实行虚华浅薄之礼。大丈夫，喻称有高世之志而不徇流俗的奇伟男子，此指能体道行德的君王。厚，朴素忠厚。薄，虚浮浅薄。

⑱去彼取此——即去除其浮华、轻薄之事，如上礼、前识等；而遵从淳厚、朴实之道，即虚静无为而顺其自然。张舜徽先生云：“彼，指薄者、华者；此，指厚者、实者。此言善为人君者，不尚浮华，不露才智，一归于虚静而已。”

【辨析】

此章中“上德无为而无以为”句后，王弼本有“下德为之而有以为”一句，傅奕本则作“下德为之而无以为”，而帛书甲、乙本并无此句。由此章文义分析，当以帛书本为是。高明《帛书老子校注》对此论之甚详，其义云："此章主要讲论老子以道观察德、仁、义、礼四者之不同层次，而以德为上，其此为仁，再次为义，最次为礼。德仁义礼不仅递相差次，每况愈下，而且相继而生。如下文云：'失德而后仁，失仁而后义，失义而后礼。夫礼者，忠信之薄而乱之首也。'德仁义礼之间各自差距如何？老子用'无为'作为衡量四者的标准，以'无为而无以为'最上，'为之而无以为'其次，'为之而有以为'再次，'为之而莫之应，则攘臂而扔之'最次。据帛书甲、乙本分析，德仁义礼四者的差别非常整齐，逻辑意义也很清楚。今本衍'下德'一句，不仅词义重叠，造成内容混乱，而且各本衍文不一，众议纷纭。如王弼诸本衍作'下德为之而有以为'，则同'上义为之而有以为'相重；傅奕诸本衍作'下德为之而无以为'，则同'上仁为之而无以为'相重。由此可见，'下德'一句在此纯属多余，绝非《老子》原文所有，当为后人妄增。"高氏所言甚确，故此直接将其删去。

【译文】

尊崇道德的君王无私无欲，根本不追求自己要得到什么东西、获取什么利益，（而只是持守大道，清静无为。这最终能够使得万物自化，天下自正，）他也因此被人们尊为有德。而轻视与排斥道德的君王则私欲旺盛，汲汲以求，什么都想得到，什么都不想失去。（为满足自己的欲望而胡作妄为，结果背离民心，违反客观规律，最终导致灾祸流行，天下大乱，）他也因此被人们斥为无德。尊崇并体行道德的君王无为不言，顺乎自然。他无私无欲，处虚守静，从不为达到个人的什么目的。崇尚并提倡仁爱的君王总是有所作为，他所做的一切都只是出于自己的仁爱之心，而并非为了个人的私欲，也绝不为谋取自己的什么利益。崇尚并提倡正义的君王总在做那些他认为合乎正义、合乎事理的事情，他是有所追求的，他的目的就是为了能使上上下下各得其宜，进而形成家族相亲、友邻和睦的社会。而提倡礼制的君王总在做那些维护礼乐制度以使整个社会尊卑有序的事情，但是（礼制屈抑群下，礼仪繁缛难行，）没有谁愿意响应他，于是就撸起胳膊强拉硬拽地让别人遵从礼制。因此说在人类社会之初则大道公行，万物顺乎自然而无为自化。其后则私欲产生而大道有所缺失，社会上便开始提倡守"道"而行"德"。而当人们的私欲逐渐增多，"德"亦出现缺失时，社会上又开始提倡"仁爱"之说。再后则私欲转盛，仁爱又出现缺失，人们便又提倡所谓的"正义"。而当私欲盛行于世，为公之"正义"又出现缺失后，人们便又提倡"礼制"。而"礼制"这种东西，过于重视外表的繁文缛节，因此使得正直诚信的风气日渐浅薄，而虚伪不实的邪乱之事日渐滋生。（有人也以所谓的先识自诩其聪明才智，）其实"先识"只是大道所外现的虚华，而实际上它则是人们愚昧无知的起始。所以堂堂正正的士子总是持守质朴淳厚之"道"，而绝不实行虚华无用之"礼"；他的居处行为总是那么忠厚朴实，而屏弃那些浮华浅薄之事。因此君王应当舍弃后者即浮华浅薄，而取用前者即淳厚质朴。

三十九章

昔之得一①者，天得一以清，地得一以宁，神得一以灵②，谷得一以盈③，万物得一以生，侯王得一以为天下正④[1]。其致之⑤也，谓天无以清将恐裂⑥，地无以宁将恐发⑦,神无以灵将恐歇⑧,谷无以盈将恐竭⑨,万物无以生将恐灭,侯王无以贵高将恐蹶⑩[2]。故必贵而以贱为本,必高而以下为基⑪。是以侯王自谓孤、寡、不穀⑫,此非以贱为本邪！非乎[3]？故致数与无与⑬。是故不欲琭琭若玉⑭,硌硌若石⑮[4]。

【章旨】

这里所说的"一"即"道",老子于此重申了"道"的巨大作用,"万物得一以生,侯王得一以为天下正",而如果失去了"道",那天地万物都将不能存在。因此君王务必循守大道而虚静处下,无为不争。

【校勘】

[1]昔之得一者,天得一以清,地得一以宁,神得一以灵,谷得一以盈,万物得一以生,侯王得一以为天下正。

此从王弼本写定而依帛书本改"贞"作"正"。傅奕本"侯王"作"王侯","正"亦作"贞"。帛书本无"万物得一以生"句。

[2]其致之也,谓天无以清将恐裂,地无以宁将恐发,神无以灵将恐歇,谷无以盈将恐竭,万物无以生将恐灭,侯王无以贵高将恐蹶。

此从王弼本写定而依帛书本增"也、谓"二字。傅奕本首句"之"后有"一"字,亦无"谓"字,末句作"王侯无以为贞而贵高将恐蹶"。帛书本无"万物无以生将恐灭"句,"无以"作"毋已","竭"作"渴","贵高"作"贵以高"。又甲本"天"、"地"、"神"、"谷"、"侯王"前并有"谓"字。

按:"侯王"句文字疑或有误,易顺鼎以为:"当作'侯王无以贞,将恐蹶';'贞'误为'贵'。后人见下文'贵以贱为本,高以下为基'二句,以为承上文而言,妄于'贵'下又加'高'字,遂致踵讹袭谬,而义理不可通矣。"

[3]故必贵而以贱为本,必高而以下为基。是以侯王自谓孤、寡、不穀,此非以贱为本邪！非乎?

此从王弼本写定而依帛书本增两"必"字、两"而"字。傅奕本亦无两"必"字,"侯王"作"王侯","此非"作"是其","非乎"作"非欤"。帛书乙本作"故必贵以贱为本,必高矣而以下为基。夫是以侯王自谓孤寡不穀。此其贱之本与,非也"?甲本同乙本而间有缺损。各本用字或有别,而文义大体相同。

[4]故致数与无与。是故不欲琭琭若玉,硌硌若石。

此从帛书甲本写定而依王弼本增补其缺损的"琭琭"与"硌若石"共五字。乙本"与"作"輿","琭"作"禄"。王弼本无"是故"二字,"与"作"輿","硌"作"珞"。傅奕本亦无"是故"二字,"与"作"誉","琭"作"碌","硌"作"落"。

【注释】

①得一——指能够符合于大道而顺乎自然。一,即"道"。道亘通古今,故曰"一"。道虚静无为,无私无欲,故曰"一"。王弼注云:"一者,数之始也,物之极也。"

②神得一以灵——谓天地祖先之神能够符合于大道就会降福于人民而显现其神灵。《广雅·释诂》:"灵,善也。"《广韵》:"灵,神也,善也。"

③谷得一以盈——谓山涧溪谷能够符合于大道就充盈丰沛而不会枯竭。盈,充盈,旺盛。指河谷的水量充沛,植被茂盛。

④侯王得一以为天下正——诸侯之君能够符合于大道就能

成为天下之长。天下正,即天下之长。《尔雅·释诂》:“正,长也。”《广雅·释诂》:“正,君也。”

⑤其致之——谓如果推论而至其极端。致,极,尽。《礼记·礼器》:“有放而不致也。”孔疏云:“致,极也。”十四章云“不可致诘。”致诘,犹言推问到底。

⑥天无以清将恐裂——天若不合于大道就没有办法清明爽朗,那恐怕就要崩裂。无以清,犹如“无所清”,谓没有办法使其清明爽朗。

⑦地无以宁将恐发——地若不合于大道就没有办法安宁稳定,那恐怕就要废坠塌陷。发,读为“废”。《诗·小雅·四月》:“废为残贼,莫知其尤。”毛传云:“废,如字。一音发。”废,堕毁,倾圮,倒塌。《说文》:“废,屋顿也。”《左传》定公三年:“自投于床,废于炉炭,烂,遂卒。”杜注云:“废,堕也。”

⑧神无以灵将恐歇——神若不合于大道就没有办法感应灵验,那恐怕就会泄失其精气。“歇”字有二义,《说文》:“歇,息也。一曰气越泄也。”其一为止息,停歇。《尔雅·释诂》:“歇,竭也。”《左传》宣公十二年:“公曰:‘得臣犹在,忧未歇也。’”杜注云:“歇,尽也。”其二为泄露,散失。《广雅·释诂》:“歇,泄也。”凡花之失荣为谢,人之失神为泄,皆可言“歇”。谢灵运诗《邻里相送至方山》云:“含情易为盈,遇物难可歇。”又《夜宿石门》云:“朝搴苑中兰,畏彼霜下歇。”其“歇”字并泄失精神之意。

⑨谷无以盈将恐竭——河谷若不合于大道就没有办法充盈丰沛,那恐怕就会流水枯竭,毫无生气。

⑩侯王无以贵高将恐蹶——诸侯之君若不能循守于大道而被人尊崇,恐怕就会颠覆其位而丧失其权。蹶,倒仆,挫败。此指挫败而失其威权。

⑪必贵而以贱为本,必高而以下为基——意谓尊贵者必定要以卑贱者为本根,崇高者必定要以低下者为基础,乃能成其尊贵与崇高。必,定然之辞。

⑫自谓孤、寡、不穀——指诸侯之君皆谦称自己为孤、寡、不穀。孤,寡,乃无德而独处之义。不穀之合音为仆,为下民之贱称。《左传》僖公四年:"岂不穀是为?"杜注:"孤、寡、不穀,诸侯谦称。"章炳麟《新方言》云"自称曰仆,本是臣仆,亦兼短义。王侯谦以自称不穀,'不穀'即仆之合音。《淮南·人间训》注:'不穀,不禄也。'此为望文生训。古人死言不禄,不应以此自称。"

⑬故致数与无与——此谓人君居至尊之位,当时时谦卑处下。若过度被人称誉而频繁至极,反而会失去尊誉。致,同"至"。极端,极度。与,为"誉(繁体字为譽)"之省文。数誉无誉,即至誉无誉。谓屡屡被称誉被赞颂而至其极端,反而就平平常常,无所谓称誉了。《庄子·至乐篇》云:"至乐无乐,至誉无誉。"与此义同。数,屡次,频繁。

按:疑此句或原本作"至誉无誉",而注者训"至誉"为"数誉";亦或原本作"数誉无誉",注者训"数誉"为"至誉",后人将注文混入,遂成"故至数誉无誉"。

⑭不欲琭琭若玉——意谓君王应该虚静无为,守辱处下,而不要象那晶莹润美的宝玉一样高贵无比。琭琭,形容宝玉之晶莹润美、高雅尊贵。字或作"碌碌"、"禄禄"。《广韵》:"碌碌,石彩色。"又《广韵》云:"醁,美酒。"又云:"騄,騄駬,俊马名。"《说文》云:"绿,帛青黄色也。"又云:"录,金色也。"是"录"声本有华美之义。

⑮硌硌若石——意谓要象那普通低贱的山石一般质朴坚实。硌硌,形容山石之粗恶无华,坚实确固。字或作"珞珞"、

“落落”，并为重言喻形词。《后汉书·冯衍传》：“不碌碌如玉，落落如石。”李贤注：“玉貌碌碌，为人所贵。石形落落，为人所贱。”《荀子·王霸篇》：“行一不义，杀一无罪而得天下，仁者不为也。擽然扶持心国，且若是其固也。”杨倞注云：“擽，读若落，石貌也。其所持心持国，不行不义，不杀无罪，落然如石之固也。”郝懿行曰：“擽，本作‘栎’，此盖借为‘砾’字。砾者，小石也。杨注：‘擽，读为落，石貌也。’盖谓小石坚确之貌，故云‘落然如石之固’，此说得之。《老子》云：‘不欲碌碌如玉，落落如石。’落落，亦砾砾耳。”

【译文】

凡古昔之能循守于大道即所谓得“一”者，天得以循守大道就清明开朗，地得以循守大道就安宁稳定，神得以循守大道就灵验神妙，河谷得以循守大道就充盈丰沛，万物得以循守大道就滋生繁茂，侯王得以循守大道就能成为天下之君长。进一步推至其极而言，天若不合于大道就没有办法清明爽朗，那恐怕就要崩裂。地若不合于大道就没有办法安宁稳定，那恐怕就要塌陷。神若不合于大道就没有办法灵验神妙，那恐怕就要消散其精气。河谷若不合于大道就没有办法充盈丰沛，那恐怕就会干涸枯竭。万物若不合于大道就没有办法滋生繁茂，那恐怕就会彻底灭绝。侯王若不合于大道就不能被人尊贵而成为君长，那恐怕就会蹶倒颠覆而丧失其位。所以世间之物，尊贵者必定以低贱者为根本，崇高者必定以卑下者为基础。君王并以孤、寡、不穀称呼自我，这不就是以低贱为其根本吗！难道不是这样吗？所以，如果千方百计地争求荣誉以至于达到极端，反而就不会被人们尊崇和赞誉。故此君王定要虚静处下，无为不争，不要象那晶莹润美的宝玉一样高贵无比，而要象那普通低贱的山石一样质朴无华。

四十章

反也者，道之动①也。弱也者，道之用②也[1]。天下之物生于有③，有生于无④[2]。

【章旨】

此章阐明了“道”的运动变化所具有的内在规律性，正是这种规律性决定了世间万物的发生发展。当然，君王也须遵循这种客观规律，即循“道”而行。

【校勘】

[1]反也者，道之动也。弱也者，道之用也。

此从帛书本写定。王弼本与傅奕本并无诸“也”字。

[2]天下之物生于有，有生于无。

此从傅奕本写定。帛书乙本同。甲本严重缺损。王弼本“之物”作“万物”。

按：此章王弼注云：“天下之物，皆以有为生。有之所始，以无为本。将欲全有，必反于无也。”据此注，则王本“万物”原亦当作“之物”。

【注释】

①反也者，道之动——谓“道”的运动变化，总是朝向其相反的方向。反，相反的方向，对立的方面。如由弱而强，由贱而贵，由静而动，由终而始，等等。其由终反始即物极而反，则为返

本归根。因此,可以说"反"有两层意义:一为向对立的方面转化,二为返本归根。

②弱也者,道之用——谓道的外在表现,总是显现出柔弱虚静的特点。弱,指处虚守静,柔弱处下,无私无欲,无为不争等。道之用,指道的外在表现,道的运行规律的体现。用,效用,功用。此指效用的外在表现,具体体现。

③天下之物生于有——意谓天下所有之物全都产生于有形之体,如鸡生鸡,狗生狗等。有,有形有名之物,指世间具体存在的各种事物。

④有生于无——谓有形之体乃由无形无名之道所产生。无,无形无名之物,指"道"。其视之不可见,听之不可闻,搏之不可得,故谓之"无"。四十二章有言"道生一,一生二,二生三,三生万物"。道为万物之始,万物之母,因此说"有生于无"。

【译文】

向相反的方向运动,向对立的方面发展,这是"道"的运动变化的规律。而表现出柔弱虚静之性,如谦卑处下、虚静无为,则是"道"的外在体现。天下之物都是由各种有形之体孳生繁殖而来,而各种具体有形的东西则是由不可视见、不可闻听、不可触及的无形之"道"孕育化生的。

四十一章

上士闻道,勤而行之①;中士闻道,若存若亡②;下士闻道,大笑之③。不笑,不足以为道④[1]。故建言⑤有之曰:明道若昧⑥,进道若退⑦,夷道若颣⑧[2]。上德若谷⑨，大白若辱⑩，广德若不足⑪，建德若偷⑫，质真若渝⑬[3]。大方无隅⑭，大器晚成⑮，大音希声⑯，大象无形⑰，道隐无名⑱[4]。夫唯道，善始且善成⑲[5]。

【章旨】

此章通过分析不同素质不同层次的士人对"道"的不同态度，说明了"道"的隐微玄妙。又引用古代成语，通过对"道"及体"道"之人的外在表现与内在本质的描述，说明了循行大道的必要性与重要性。

【校勘】

[1]上士闻道，勤而行之；中士闻道，若存若亡；下士闻道，大笑之。不笑，不足以为道。

此从王弼本写定。傅奕本"勤而"作"而勤"，"大笑"前有"而"字。帛书乙本"勤"作"堇"。甲本全部缺损。

[2]故建言有之曰：明道若昧，进道若退，夷道若纇。

此从王弼本写定而依帛书本增"曰"字。傅奕本"进道若退"在"夷道若纇"后，"纇"作"类"。帛书乙本"故"作"是以"，"昧"作"费"，"纇"作"类"。甲本全部缺损。

[3]上德若谷，大白若辱，广德若不足，建德若偷，质真若渝。

此从王弼本写定。傅奕本"辱"字作"黷"，"偷"作"媮"，"渝"作"输"。帛书乙本"若"作"如"，末句有缺损。甲本全部缺损。

按：傅本"偷"作"媮"，王念孙《广雅疏证》释"媮"字云："《说文》：'媮，薄也。'《周官·大司徒》云：'以俗教安则民不愉。'《论语·泰伯篇》作'偷'。襄三十年《左传》:'晋未可媮也。'并字异而义同。"又"质真若渝"四字,帛书甲本缺损,乙本仅存"质"字。傅本"渝"作"输"。王念孙《广雅疏证》云:"输、渝古通用。"毕沅云:"古字通,如《春秋》'渝平'为'输平'是。"刘师培言:"案上文言'广德若不足,建德若偷',此与并文,疑'真'亦当作'德'。盖'德'字正文作'悳',与'真'相似也。'质德'与'广德'、'建德'一律。'广德'为广大之德,与'不足'相反;'建德'为刚健之德,与'偷'相反;'质德'为质朴之德,与'渝'相反,三语乃并文也。"刘氏所言甚确。

[4]大方无隅,大器晚成,大音希声,大象无形,道隐无名。

此从王弼本写定。傅奕本"希"作"稀"。帛书乙本"隅"作"禺","晚"作"免","形"作"刑","隐"作"褎"。甲本全部缺损。

[5]夫唯道,善始且善成。

此从帛书乙本写定。甲本多有缺损。王弼本作"夫唯道,善贷且成"。傅奕本同王本而"唯"作"惟"。

按:王本"善贷且成"句下,其注云:"贷之,非唯供其乏而已,一贷之则足以永终其德,故曰'善贷'也。成之,不如机匠之裁,无物而不济其形,故曰'善成'。"据此,则王本原当作"善贷且善成"。

【注释】

①上士闻道,勤而行之——谓那些明通有识的士人闻听大道之妙,对其深信不疑而能时时事事循行之。士,为古代男子之通称。上士,指明智通达、卓然有识的士人。勤而行之,谓时时事事都尽其全力循行于大道。勤,有多、厚之意,故多劳为勤,

《说文》:“勤,劳也。”多恩多恤为勤,《左传》僖公三年:“齐方勤我,弃德不祥。”注云:“勤,恤。”《诗·豳风·鸱鸮》:“恩斯勤斯,鬻子之闵斯。”毛传:“勤,笃厚也。”

②中士闻道,若存若亡——谓中等水平的士人闻听于大道,其将信将疑,时而信行之,时而遗忘之。若,犹“或”。亡,失记于心。一说“亡”读为“忘”。

③下士闻道,大笑之——指才智低下的士人,其私欲旺盛而不能明通于大道,不但不相信其说,反而以为其空虚无用而非笑之。笑,嘲笑,非笑。

④不笑,不足以为道——意谓大道深邃奥妙,原本就不是人人都可理解的,不被那些浅陋的士人所非笑,也就算不上是什么“道”了。

张舜徽先生云:“《老子》言君道,主于清虚自守,卑弱自持,自古解此者稀,闻之而大笑者皆是也。故此处着重指出,以见理解之难。”

⑤建言——似为古代成语、格言。《广雅·释诂》:“建,立也。”建言,即立言,盖谓可建立而久行于世的话语。

高亨言:“‘建言’殆老子所称书名也。《庄子·人间世篇》引法言,《鹖冠子·天权篇》引逸言,《鬼谷子·谋篇》引阴言,《汉书·艺文志》有谰言(班自注不知作者),可证名书曰言,古人之通例也。”

⑥明道若昧——谓大道光明显著,却好像昏暗不明一样。《说文》:“昧,一曰闇也。”

⑦进道若退——谓大道化生万物而积极进取,却虚静柔弱而不与物争,有如消极退缩一样。

⑧夷道若纇——谓大道平坦通达,却好像多有阻遏而难以

通行。纇,丝有结节而不平,引申为反常而不顺。《说文》:"纇,丝节也。"《淮南子·泛论训》:"明月之珠,不能无纇。"高诱注:"若丝之有结纇也。"傅奕本、帛书乙本并作"类(繁体字为類)",纇、类古通用。《左传》昭公十六年:"发命之不衷,出令之不信,刑之颇类,狱之放纷。"孔疏云:"服虔读'类'为'纇'。解云:'颇,偏也。纇,不平也。'"昭公二十八年:"贪惏无厌,忿纇无期。"杜注云:"纇,戾也。纇,又作'类'。"

⑨上德若谷——体道行德之君能虚静柔弱,守辱处下,有如旷深的溪谷一样。上德,指能体道行德之君。十五章有言"古之善为士者……旷兮其若谷",与此文义相同。

⑩大白若辱——明道之君"知其白,守其黑",虽其心纯洁无私,而其身则处辱守下,若有污垢。辱,傅本作"黷",音义并同。《玉篇》:"黷,垢黑也。"《广雅·释诂》:"辱,污也。"

⑪广德若不足——谓明道之君增广其德而愈能谦卑处下,虚静无为,依凡俗之见则似若有所欠缺而不足。

⑫建德若偷——谓明道之君刚健其德而益愈无为不言,顺其自然,反倒有似于苟且偷惰一般。建,同"健",强健有力。俞樾云:"'建'当读为'健'。《释名·释言语》曰:'健,建也,能有所建为也。'是'建'、'健'音同而义亦得通。"《易·乾》:"天行健,君子以自强不息。"疏云:"行者,运动之称;健者,强壮之名。"偷,懒惰,苟且。《玉篇》:"偷,苟且也。"《左传》文公十七年:"臧文仲有言曰:'民主偷必死。'"襄公三十一年:"赵孟将死矣,其语偷,不似民主。"杜注并云:"偷,犹苟且。"

⑬质真若渝——谓明道之君具备质朴诚实之德而顺乎自然,反而有如随波逐流而混同于污浊之中。质真,谓使其德质实诚信。真,当为"悳"字之误。《玉篇》:"质,信也。"《左传》昭公

十六年："楚子闻蛮氏之乱也，与蛮子之无质也，使然丹诱戎蛮子嘉杀之。"杜注云："质，信也。"若渝，似若不能坚持其纯正而变得污浊。《说文》："渝，变污也。"

⑭大方无隅——谓正方之形若至大无比而无穷极，人们就不能见知其边角。方，正方形。《玉篇》："方，四方也。"《广雅·释诂》："方，正也。"隅，边角。《广韵》："隅，角也，陬也。"

⑮大器晚成——谓所成之器若形体极其巨大，则人们观看或触摸时就如盲人摸象而不能得其全体。晚成，即无成，谓不能得见其形貌之全部。成，完备，完全。《诗·齐风·猗嗟》："仪既成矣。"郑笺云："成，犹备也。"

⑯大音希声——谓所发出的音响若极其宏大，则难于闻听其声。音指发音，声指听声。十四章云："听之不闻名曰希。"则希声乃谓不可闻听声响。人的听力是有限的，若所发之音超出其耳朵听力的频率范围，也就不能听见其声音。

⑰大象无形——谓所成之形象若至大无极，超出了人们的视力范围，察视之则不可见其全貌。象，形象。《易·系辞》："象也者，像此者也。"疏云："言象此物之形状也。"《韩非子·解老篇》云："人希见生象也，而得死象之骨，按其图以想其生也，故诸人之所以意想者，皆谓之象也。"道无状无形，只能想见其象。

⑱道隐无名——谓大道幽隐玄远而遍及宇内，通于万物，人们反而不可见其形，不可听其声，也就不可称其名。道隐无名，帛书乙本作"道褒无名"。《玉篇》："褒，扬美也。"《汉书·隽不疑传》："褒衣博带。"则褒为张扬、盛大、宽大之义。"隐"与"褒"字义似正相反，然汉字往往有相反相成之义。司马相如《上林赋》："湛湛隐隐。"注云："隐隐，盛貌。"《易·系辞》："探

赜索隐,钩深致远。”其幽隐之中正有玄远、宏大之义。

⑲善始且善成——谓大道化生万物,善始又善终。始,王本作“贷”,乃声近而假借。于省吾《老子新证》云:“按敦煌本贷作始,当从之。始从台声,与贷声近,且贷、始并之部字。”成,犹“终”。《说文》:“成,就也。”《广韵》:“成,毕也,就也。”凡功卒业就谓之成。

【辨析】

传世本“大器晚成”一句,学者多以早晚迟速之意解说之。以其为“大的器物总是最后完成”或“最贵重的东西总是最后完成”。按此句夹在“大方无隅”与“大音希声,大象无形”中间。“无隅”则不见其隅角,“希声”则不闻其音声,“无形”则不明其形貌。若释“晚成”为“最后完成”,显然与上下文义不相贯通。有学者已经注意到这一问题,遂提出“晚”字借为“免”字之说。如近人陈柱言:“‘晚’者,‘免’之借。免成,犹‘无成’。与上文之‘无隅’,下文之‘希声’、‘无形’一例。……‘无形’与‘大象’相反,故知‘免成’与‘大器’相反也。‘晚’借为‘免’,义通于‘无’。犹‘莫’本‘朝暮’本字,而训为‘无’也。”

汉墓帛书《老子》出土后,发现甲本此句已缺损,而乙本则竟作“大器免成”。“免”字义通于“无”,“免成”即“无成”。“免成”又与“无隅”、“希声”、“无形”一例,遂有学者以为“免”字当为本字,而“晚”字乃为借字。如楼宇烈言:“愚谓经文‘大器晚成’,疑已误。本章言‘大方无隅’、‘大音希声’、‘大象无形’,二十八章言‘大制无割’等,一加‘大’字则其义相反。‘方’为有隅,‘大方’则‘无隅’;‘音’为有声,‘大音’则‘无声’;‘象’为有形,‘大象’则‘无形’;‘制’为有割,‘大制’则‘无割’。唯此‘大器’则言‘晚成’,非‘器’之反义。长沙马王堆汉墓出土帛书《老子》经文,此句甲本残缺,乙本作‘大器免成’。‘免’或为‘晚’之借字。然据以上分析,又似非‘晚’之借字,而当以‘免’本字解为是。二十九章经文‘天下神器’,王弼注:‘神,无形无方也;器,合成也。无形以合故谓之神器也。’‘器’既为合成者,则‘大器’当为‘免成’者,亦即所谓‘无形以合’而使之成者。如此,则与‘大方无隅’、‘大音希声’、‘大象无形’等文义一致。”

其实,传世本作“晚成”,帛书本作“免成”。免、晚二字音义并同。《玉篇》:“免,去也,止也,脱也。”《广韵》:“免,止也,黜也,脱也,去也。”是免为去除,脱失,不相涉及之义。《说文》:“晚,莫也,从日免声。”“莫”即“暮”,谓日没而不见也。“晚”字之义从“免”声出,是“免”有日暮而“不见日”或“脱去日”之义。“免”字从“子”作“挽”,或从“女”作“娩”,谓妇女怀孕十月而生子产儿,即免去其妊娠之子。莫,乃象形兼会意字,其意为“日没草中不见”。“没”则“无”,因有“无”义。《玉篇》:“莫,无也。今作莫。”《尚书·伊训》:“山川鬼神,亦莫不宁。”孔传云:“莫,无也。”晚,乃形声字,“日”形“免”声,“免”亦其义。则“晚”字本义当为“莫”,其本有“无”义。后世以时间之早、晚相对而言,遂生先后速迟之义。又以早、晚之用盛极,乃至于后起之义夺其本义。后世之人但知“晚”为“迟”,为“后”,为“缓”,而不知其本义原为“莫”,为“无”。学者以后起之先后迟速之义说解“晚成”,以为大器制作完成的时间要延长而迟后,则全失老子本旨矣。

【译文】

通达的士人闻听于道,深信不疑而能勤力循行之。中等素质的士人闻听于道,将信将疑,时或循行之时或弃离之。而浅陋的士人闻听于道，不但不相信其说，反而非议嘲笑之。大道原本就深邃奥妙而并非人人可以理解，不被那些浅陋的士人所非笑，也就算不上是什么"道"了。所以古代的格言曾这样说过：那明亮显赫的大道，却好像黯昧难明。那积极进取的大道，却好像消极退让。那平坦通达的大道，却好象阻遏难通。那尊崇高尚的大德，却好像幽深低下的深谷。那纯洁无瑕的大德，却好像渍染着污浊垢辱。那广博丰厚的大德，却好像虚弱不足。那刚健挺进的大德，却好像苟且偷惰。那质真淳朴的大德，却好像浅薄轻浮。方正之形若至大无比，反而看不见其边缘棱角。所成之器若过于庞大，反而不能知见其全部之形。所发之音若极其洪大，反而听不到其声响。物体之象若宏大辽阔，反而看不清其物形。大道周遍宇内且通达万物，自然也就幽隐微妙而不可知其形，不可称其名。只有这个大道啊，才最善于孕育一切，又最善于成就一切。

四十二章

道生一①，一生二②，二生三③，三生万物④[1]。万物负阴而抱阳⑤，冲气以为和⑥[2]。人之所恶，唯孤、寡、不穀，而王公以自名⑦也。故物，或损之而益⑧，或益之而损[3]。人之所教，我亦教人⑨。"强梁者不得其死⑩！"吾将以为教父⑪[4]。

【章旨】

此章通过对天下万物产生过程的描述，说明了"道"为世间万物之本。又从万物"或益之而损，或损之而益"的变化规律出发，强调了人君必须柔弱处下，虚静无为。

【校勘】

[1]道生一,一生二,二生三,三生万物。

此从王弼本写定。傅奕本、帛书乙本并同。甲本全部缺损。

[2]万物负阴而抱阳,冲气以为和。

此从王弼本写定。傅奕本"抱"作"襃"。帛书甲、乙本并有缺损。

[3]人之所恶,唯孤、寡、不穀,而王公以自名也。故物,或损之而益,或益之而损。

此从王弼本写定而依帛书本改"为称"作"自名也"。傅奕本"唯"作"惟","公"作"侯","名"作"称"。帛书甲本"人"作"天下","损"作"敗"。乙本间有缺损,而"损"作"云"。

[4]人之所教,我亦教人。"强梁者不得其死!"吾将以为教父。

此从王弼本写定。傅奕本前句作"人之所以教我,亦我之所以教人"。后句中"教父"作"学父"。帛书甲、乙本间有缺损,又"强梁"作"强良","教父"亦作"学父"。

【注释】

①道生一——谓"道"之为物,其外现为"一"的状态。第十四章云:"视之不见名曰夷,听之不闻名曰希,搏之不得名曰微。此三者不可致诘,故混而为一,一者,其上不皦,其下不昧,绳绳兮不可名,复归于无物。"可见,据其实就其物而言为"一",为其称名而为"道"。生,外现,显现。"生"不是产生、生育、生殖的意思。而是如"雨过之后天空生出一道彩虹"的"生"字,是展现出、显现为的意思。

②一生二——意谓由"道"之运化而形成相互对立的两方

面,如阴阳、天地等。《淮南子·天文训》言:“道[曰规]始于一,一而不生,故分而为阴阳,阴阳合和而万物生。”古人认为,阳气清扬上升而为天,阴气滞浊下降而成地,天地是由阴阳之气形成的。而这阴阳则是由道的运化生成的,所以说“一生二”。

③二生三——意谓相互对立的“二”,即阴阳二气,交汇融合而形成一种新的物态。这种阴阳交汇所生出的物态,既异于一,又别于二,故称其为“三”。

④三生万物——意谓这种阴阳交合所生成的和谐匀适的物态则显现为天下万物。生,形成、显现的意思。

⑤负阴而抱阳——谓万物背负着大地而朝向着太阳。负阴,背靠着阴,依据着阴。阴指地,即以地为基础。抱阳,即朝向太阳,怀恋着阳气。《汉书·天文志》:“晕适背穴,抱珥虹蜺。”如淳注:“凡气……向日为抱,向外为背。”

⑥冲气以为和——谓阴阳之气涌动摇荡而形成调和匀适的状态。冲气,指阴阳之精气涌动、激荡而交汇在一起。《说文》:“冲,涌摇也。”气,指阴阳之精气。第十章云:“專气致柔,能婴儿乎?”五十五章云:“心使气曰强。”则气为人身中一种固有之物。《文子·守弱篇》云:“形者,生之舍也。气者,生之元也。”如此,则气乃为人的生命基础。人既如此,众物亦然。《易·系辞》云:“精气为物。”孔疏云:“精气为物者,谓阴阳精灵之气氤氳积聚而为万物也。”也就是说,正是这种阴阳之精气的交汇融合,才产生出天下万物。

蒋锡昌言:“按《说文》:‘冲,涌摇也。’此字老子用以形容牝牡相合时,摇动精气之状,甚为确切。‘气’指阴阳之精气而言。‘和’者,阴阳精气互相调和也。《庄子·田子方》:‘至阴肃肃,至阳赫赫……两者交通成和而物生焉。'《荀子·天论篇》:'万物各得其和以生。'《贾子·道术篇》:'刚柔得适调之和。'并与此义相同。'冲气以为和',言摇动精气以为调和也。'万物负阴而抱阳,冲气以为和',即万物生育之理,乃所以释上文生生之义者也。"

⑦王公以自名——谓王公贵族皆以孤、寡、不穀自我称名。王公,泛指侯王及三公等贵族之人。傅本作"王侯",当以"王公"为是。自名,自我称名。

⑧损之而益——谓君王虽以贱名自称而受损,最终则以谦卑处下得到民众拥戴而多多受益。范应元云:"谦受益,满招损,物皆然。物既如是,则王侯固当谦虚不自满也。"

⑨人之所教,我亦教人——谓前人所教给我的东西,我也拿来教诲别人。《广韵》:"教,训也。"《广雅·释诂》:"训,诲,教也。"

⑩强梁者不得其死——谓强盛横暴者往往不能终其天年。强梁,强横而多力。不得其死,不能尽其天年而善终。

按:近人马其昶云:"周庙金人铭云:'强梁者,不得其死。'(见《说苑·敬慎篇》)此古人所以教人者,吾亦教之。故举其语而赞之曰:'吾将以为教父'。言当奉此铭若师保也。"由此可知此言似为古语,而老子引用之。

⑪教父——指教人的基本准则。父,规矩,准则。《说文》:"父,矩也。家长率教者。"傅本、帛书本作"学父"。"学父"同"教父"。《广雅·释诂》:"学,教也。"《礼记·文王世子》:"凡学世子及学士,必时。春夏学干戈,秋冬学羽籥,皆于东序。"郑注云:"四时各有宜。学,教也。"

【译文】

世界万物本原于“道”，而“道”之体则外现为“一”。“道”是运化不息的，其运化中又生成了“二”，即阴阳对立的状态。这阴阳二气交汇融合，从而形成一种新的匀适和谐的状态，这种状态可称名为“三”；这“三”则外现为世界万物。万物都是依靠着大地而朝向着太阳，这阴阳之气冲涌摇荡则实现了交汇融合而生生不息。你看那众人所厌恶的“孤”、“寡”、“不穀”这些低贱的称呼，君王却并不嫌弃而用以自称。所以说世间万物，有些为先得补益而后有损失，有些则先受损失而后有补益。前人所教给我的那些东西，我也拿来教给别人。“强横凶暴的人是不得善终的。”我将用这句话作为教人的基本准则。

四十三章

天下之至柔，驰骋于天下之至坚①。出于无有，入于无间②，吾是以知无为之有益也③[1]。不言之教④，无为之益⑤，天下希能及之⑥矣[2]！

【章旨】

此章以水为喻，重申“柔弱胜刚强”的道理。劝喻人君虚静柔弱，谦下不争，处无为之事，行不言之教。如此，必将多所获益。

【校勘】

[1]天下之至柔，驰骋于天下之至坚。出于无有，入于无间，吾是以知无为之有益也。

此从傅奕本写定而依帛书本增“驰骋”后“于”字。王弼本亦无“驰骋”后“于”字及句末“也”字,“出于无有,入于无间”作“无有入无间”。帛书甲、乙本间有缺损。甲本亦无“出于”二字。

按:傅本之外,《淮南子·原道训》所引亦作“出于无有,入于无间”。刘师培云:“王本亦有‘出于’二字,王弼上文注云:‘气无所不入,水无所不出于经。’注文‘无所不出于经’,当作‘无所不经’,与上‘无所不入’对文。‘出于’二字必系‘无有’上之正文。盖王本亦作‘出于无有,入于无间’,而‘出于’二字误入注文也。”

[2]不言之教,无为之益,天下希能及之矣!

此从王弼本写定而依帛书甲本增补“能”、“矣”二字。傅奕本“希”作“稀”,亦无“能”字。甲本缺损“言之”、“天”三字。乙本多有缺损。

【注释】

①天下之至柔,驰骋于天下之至坚——谓天下最为柔弱之物如水、气等,能自由随意地穿行出入于金、石等坚实致密的物体。驰骋,形容马儿跑得很快,此以喻水、气等物能自由随意的运动。至坚,最为坚硬的东西,极其坚实的物体。如铜铁、山石等。

②出于无有,入于无间——谓水、气等既能由无形而不可明见的东西生出,又能进入穿行于坚实致密而毫无缝隙的物体之中。无有,指没有可见之形、没有可名之体的物体。无间,没有缝隙,没有间隙。此指极其坚实细密的物体。《玉篇》:“间,隙也。”古人见天空中能够生成云雨,而春秋时节金石之物往往生

出霜露，物体表面之水又往往能消失不见，遂以为水、气可以自由穿行于其中，故而老子有此言。

③吾是以知无为之有益也——我由此就知道了虚静柔弱、无为不言是多么的有益啊！王弼注云："气无所不入，水无所不[出于]经。虚无柔弱，无所不通。无有不可穷，至柔不可折。以此推之，故知无为之有益也。"

④不言之教——指君王治国施政时不以自己的心志私欲发号施令所取得的成效。教，同"效"；效果，功效。《释名·释言语》："教，傚也。下所法傚也。"《广雅·释诂》："教，效也。"王念孙《疏证》云："《说文》：'教，上所施，下所效也。从攴孝声。''孝，效也。从子爻声。'爻亦效也。"

⑤无为之益——指君王治国施政时循守虚静无为之道所得到的很多益处。无为，义同"不言"，指循道而行，顺其自然。不以自己的私欲而行政施教，不因自己的好恶而发号施令。

⑥希能及之——意谓很少有其他治国之方能比得上"无为"、"不言"之道。希，无有之意。《尔雅·释诂》："希，罕也。"及，达到，赶得上。《广韵》："及，至也，逮也。"

【译文】

水、气为天下万物中最为柔弱的东西，却能自由随意地穿行于山石等最为坚硬的物体中而毫无阻碍。它既能从无形可见的地方生出，又能进入到没有间隙的物体，我由此明白了大道所宗主的虚静柔弱、无为不言是多么的有益啊！人君施无为之政所获得的功效之大，行不言之教所获得的收益之多，天下万物是没有什么能够比得上的！

四十四章

名与身，孰亲①？身与货，孰多②？得与亡，孰病③[1]？甚爱必大费④，多藏必厚亡⑤[2]。故知足不辱⑥，知止不殆⑦，可以长久[3]。

【章旨】

君王之私欲旺盛者往往殉于名利而不能自拔，贪婪奢侈而危殆及身。此章就庸常事理，从利己的角度来分析多欲求利的危害，劝告君王须少私寡欲，知足知止。

【校勘】

[1]名与身，孰亲？身与货，孰多？得与亡，孰病？

此从王弼本写定。傅奕本、帛书甲本并同。乙本多有缺损。

[2]甚爱必大费，多藏必厚亡。

此从王弼本写定而依帛书本删句前“是故”二字。傅奕本同王本。帛书甲本多有缺损。乙本全部缺损。

[3]故知足不辱，知止不殆，可以长久。

此从帛书甲本写定。乙本全部缺损。王弼本、傅奕本无句前“故”字。

【注释】

①名与身，孰亲——谓美好的名声与健全完好的身体，哪一个于自己更亲近呢？孰，谁，何。《尔雅·释训》：“孰，谁也。”

②身与货，孰多——谓自己的身体与金玉财宝之物，哪一个

于自己更重要呢？货，财物，财宝。谓金玉等物。《说文》："货，财也。"多，厚，重。引申义为看重，推重。《说文》："多，重也。"《汉书·黥布传》："又多其材。"师古注："多，犹重也。"

③得与亡，孰病——谓得名誉，得财货与得到自身的健康长寿。或失名誉，失财货与失去自身的健康长寿，哪一个对自己的危害更严重呢？病，疾患沉重。此指危害甚大。《说文》："病，疾加也。"

④甚爱必大费——谓过分地贪爱女色一定会极大地耗费精力，贪婪地聚敛货财必然会招致更多的祸患而损失。费，消耗，散失。《玉篇》："费，损也，耗也。"

⑤多藏必厚亡——谓过多的贮财藏宝而不与人分，最终必为众人所劫取而损失更多。亡，丢失，损失。王弼注云："甚爱，不与物通。多藏，不与物散。求之者多，攻之者众，为物所病，故大费、厚亡也。"

⑥知足不辱——谓君王无私无欲、知足不贪，就不会侵害民众的利益而遭到民众唾弃与羞辱。辱，被损伤，遭羞辱。《释名·释言语》："辱，衄也，言折衄也。"

⑦知止不殆——谓君王无欲无求，与世无争，就不会被民众废弃，而能身体健康毫无危殆。知止，即知足。《礼记·大学篇》云："知止而后有定，定而后能静，静而后能安，安而后能虑，虑而后能得。"

【译文】

身体为自己之身，名誉为附属之物，哪一个于自己更为可亲可爱呢？身体为自我之体，金玉货财乃身外之物，哪一个于自己更为宝贵而应该珍重呢？得到名声与货财同失掉自己的生命与身体，哪一个对自己造成的危害更为严重呢？（这些问题，必须首先要把它弄清楚。）过分地贪爱女色一定会极大地耗费精力，过多地聚敛货财必然会招致更为严重的损失。所以，存有知足之心而不贪得无厌，就会与人为善而不被别人污辱损害；懂得适可而止而不贪婪聚敛，就会与世无争而不会产生危殆。心适然而身安逸，当然也就可以长生久视，长治久安了。

四十五章

大成若缺，其用不弊①。大盈若冲，其用不穷②[1]。大直若屈③，大巧若拙④，大赢若炳⑤[2]。躁胜寒⑥，静胜热⑦，清静可以为天下正⑧[3]。

【章旨】

这里用辨证的观点分析了事物的表像与本质的看似对立、实则统一的相互关系，进而说明君王体道行德而虚静无为，就可以实现天下大治。

【校勘】

[1]大成若缺，其用不弊。大盈若冲，其用不穷。

此从王弼本写定。傅奕本"大盈若冲"作"大满若盅"。帛书甲本"弊"作"幣"，"冲"作"盅"。乙本间有缺损。

[2]大直若屈，大巧若拙，大赢若炳。

此从王弼本写定而依帛书甲本改"辩"作"赢"，改"讷"作"炳"。帛书甲本"屈"作"诎"。乙本多有缺损。傅奕本同王本而“屈”作“诎”。

[3]躁胜寒，静胜热，清静可以为天下正。

此从王弼本写定而依帛书甲本增“可以”二字。傅奕本末句作“知清靖以为天下正”。帛书甲本作“趮胜寒，靓胜炅，请靓可以为天下正”。乙本多有缺损。

按：甲本“热”作“炅”，帛书整理小组云：“炅，从火，日声，当即热之异体字。”《素问·举痛论》云：“故卒然而痛，得炅则痛立止。”其“炅”字读作“热”。

【注释】

①大成若缺，其用不弊——凡是循守大道所成之事，虽或有所缺损，而其作用则永不困顿，永无破败。大成，凡“道”之所成谓之大成。《说文》：“成，就也。”若缺，若有缺失。比如体道行德之君，其无为不言而天下大治，然其柔弱处下，灭名藏誉，依世俗之见，则有如毁缺不备。弊，通“敝”，破败，败坏，穷困。或作“獘”，《广韵》：“獘，困也，恶也。”帛书本作“幣”，乃假借字。

②大盈若冲，其用不穷——凡是循守大道所成之物全都完备充实，依世俗所见则皆若虚无中空，而其作用则永无穷尽，永不衰竭。大盈，凡由“道”所得之盈谓之大盈。其充盈旺盛，完备充实。冲，同“盅”；空虚。《说文》“盅，器虚也。”体道行德之君多得天下民众拥戴，而其处虚守静，无欲无为，则有如中空无物，故言“若冲”。

③大直若屈——凡循守大道而行，其所作所为能公平正直者，反倒有似于委曲不正。屈，同“曲”，委曲不直。循守大道则顺适万物之自然，或屈或伸而有如不直者，故言“若屈”。屈或作“诎”，乃假借字。

④大巧若拙——凡循守大道以成就万物者,其至巧至精而无所不能,然其淳厚质朴而不施机巧,反倒有似于笨拙无能。拙,笨拙,拙劣。《说文》:“拙,不巧也。”

⑤大赢若炳——凡循守大道而行,则必然多有所得。如明道之君多得民众拥戴而统治天下,然其守辱处下,反倒有似于缺损亏失。赢,赢余,有余。《汉书·食货志》:“操其奇赢,日游都市。”师古曰:“奇赢,谓有余财而畜聚奇异之物也。”炳,同“绌”。绌,不足,缺少。赢与绌相对而言,赢意为富余,绌则为缺失。赢意为进取,绌则为退缩。赢意为强盛,绌则为衰弱。

⑥躁胜寒——谓急行趋进而加大运动,则能生热身暖而胜于寒冻。躁,急走速动,趋行而进。《说文》:“躁,疾也。”《广雅·释诂》:“躁,扰也。”

⑦静胜热——谓心安气定而静止不动,则能爽适其身而胜于燥热。

⑧清静可以为天下正——谓侯王只有虚静无为,无私无欲,才能成为天下之君。清静,指循守大道而虚静柔弱,无为不言。正,君长,君王。《尔雅·释诂》:“正,长也。”

【辨析】

此章中间数句,王弼本作“大直若屈,大巧若拙,大辩若讷”。傅奕本同王弼本而“屈”作“诎”。帛书甲本作“大直如诎,大巧如拙,大赢如炳”。乙本多有缺损,只残留“巧如拙”及其后一“绌”字。汉严遵《道德指归论》中则有“是以赢而若诎”之句,而无“大辩若讷”一句。又它书所引,如《韩诗外传》卷九作“大直若诎,大辩若讷,大巧若拙,其用不屈”。

总之,此处文字各本颇不一致,而学者则各作解释。易顺鼎认为"《道德指归论·大成若缺篇》'大巧若拙'下,又云'是以赢而若诎。'疑所据本有'大赢若诎'一句,无'大辩若讷'一句"。高明则赞同其说云:"今从帛书甲、乙本得证,易氏之说至确。"

今检核楚简本,此处文字作:"大巧若拙,大成若诎,大直若屈。"亦无"大辩若讷"一句。又此章首句楚简本与各本相同,亦作"大成若缺,其用不弊"。已有"大成"二字,且"成"与"缺"相对为文。所以此处"大成若诎"中之"成"字,似应读为"盛"字。《释名·释言语》:"成,盛也。"盛与赢、盈义同,则"大盛若诎"义同于《道德指归论》所讲的"大赢若诎"与帛书甲本之"大赢如炳"。

那么,"大辩若讷"又是从何而来呢?高明以为:"今本'大辩若讷'乃为后人窜改。窜改的迹象也很清楚,因为它们都是从'内'得音的字收尾,'肭'与'讷'又音同通假,帛书甲本则假'炳'为'肭',这就是后人将'大赢如肭'误改作'大辩若讷'的主要原因。"盖"肭"字误作"讷"后,"赢"与"讷"词义并不相对,遂又改"赢"为"辩"而成"大辩若讷"。高氏所言合乎情理,故此章采用其说。

【译文】

大道成就万物而圆满完美,而其柔弱处下却好像有所缺失,但它的功用则是永不衰败、永无竭尽的。大道运化万物而刚健充盈,而其虚静无为却好似空虚无物,但它的作用则是不困不乏、无穷无尽的。凡循守大道而行者,则无私无欲而正直公平,而其顺适万物之自然,时曲则曲,时伸则伸,则好像其身委屈而不正。凡循守大道而行者,则成就万物而至巧至能,而其处虚守静，谦下不争，则好似其身笨拙而愚昧。凡循守大道而行者，其统治天下而多得民心，而其守辱处下自称贱名，则好似有所亏损缺失。疾行急走能够战胜寒冷，静心安卧可以消除烦热。只要处虚守静，无为不言，君王就能够行教施政而使社会安定。

四十六章

天下有道，却走马以粪①；天下无道，戎马生于郊②[1]。罪莫大于可欲③，祸莫大于不知足，咎莫憯于欲得④。故知足之足，恒足矣[2]。

【章旨】

此章以君王失道则天下大乱而战事频生，因而使民众陷入灾祸为诫，劝喻君王少私寡欲而知足不争，以返归于大道而实现社会安定。

【校勘】

[1]天下有道，却走马以粪；天下无道，戎马生于郊。

此从王弼本写定。帛书甲本同。傅奕本"粪"作"播"。毕沅云："粪、播，古字通用。"乙本"无道"前无"天下"二字。

[2]罪莫大于可欲，祸莫大于不知足，咎莫憯于欲得。故知足之足，恒足矣。

此从帛书甲本写定而依王弼本增补其缺损的"故知足之足"五字。乙本多有缺损。王弼本无"罪莫大于可欲"句，"憯"亦作"大"，"恒"作"常"。傅奕本"恒"亦作"常"。楚简本首句作"罪莫厚乎甚欲"。

【注释】

①却走马以粪——谓君王能循守大道而社会安定，因而使用那些奔驰的战马以耕种田地、发展生产。走马，驱驰奔腾之马，指战马。古时多以马匹奔驰作战，冲杀向前，今反用以耕种田地，故言“却”。却，犹“退”。《楚辞·忧苦》：“却骐骥以转运兮，腾驴骡以驰逐。”王注云：“却，退也。”粪，粪田，指培植庄稼。《礼记·月令》：“可以粪田畴。”疏云：“粪，壅苗之根也。蔡云‘谷田曰田，麻田曰畴。言烂草可以粪田使肥也。’”

②戎马生于郊——谓天下混乱不安而战事连绵，以至于母马生产仔驹于郊野之地。戎马，军中所用之马。古时战马皆用公马而不用母马，天下无道而战争频繁，戎马不足则征用母马，因此有戎马产仔生驹于郊外之地。郊，指荒野之地。《尔雅·释地》：“邑外谓之郊。”

③罪莫大于可欲——指无道之君施政治国所造成的罪过，没有比私欲太甚又极力满足其贪欲更为深重的了。可欲，指君王极力满足其欲望，适足其心志。《荀子·富国篇》：“皆有可也，知愚同。所可异也，知愚分。”杨倞注云：“可者，遂其意之谓也。”《广雅·释诂》：“厌、慝，可也。”王念孙《疏证》云：“厌，读当为厌足之厌。《说文》：‘猒，饱也。’经传通作‘厌’。厌与慝同意，故皆训为‘可’。慝者，《说文》：‘慝，快也。’《燕策》云‘先王以为惬其志。’惬与慝同。”惬、可古音同，则适足其心为可心，适足其口为可口，适足其意为惬意。

④咎莫憯于欲得——指君王贪得无厌所导致的灾祸至为惨痛而无可比拟。咎，灾祸，罪恶。《说文》：“咎，灾也。”《尔雅·释诂》：“咎，病也。”憯，通“惨”，苦痛，惨痛。《说文》：“憯，痛也。”欲得，谓凡所贪求者必欲得之。《说文》：“欲，贪欲也。”

【译文】

明道之君治理国家，其行政施教能符合于大道，因此天下大治而没有战事，那些战马无处可用遂使之返归于田间耕种劳作。若君王之政违背大道，就会天下混乱而征战不休，以至于戎马不足而征用母马入阵，甚至产驹于郊野之地。这样看来，君王造成的罪过没有比行私纵欲更为深重的了，君王造成的祸患没有比贪得无厌更为严重的了，君王造成的灾难没有比贪欲必得更为惨痛的了。所以说，懂得知足知止而心无贪求，才能经常得到适可而满足。

四十七章

不出于户以知天下①，不窥于牖以知天道②。其出弥远，其知弥少③[1]。是以圣人不行而知④，不见而名⑤，不为而成⑥[2]。

【章旨】

此章的“不出”、“不窥”，谓君王不亲身而出，不亲自而视。老子主张君王虚静无为而顺乎自然，如此则何用出？何用窥？所以说圣人“不为而成”。

【校勘】

[1]不出于户以知天下，不窥于牖以知天道。其出弥远，其知弥少。

此从王弼本写定而依帛书本增补两“于”字、两“以”字，改

"见"字作"知"。傅奕本无两"于"字,"以"作"可以","少"作"尟"。帛书甲本"窥"字作"规","弥远"前有"也"字。乙本"弥远"后有"者"字。

[2]是以圣人不行而知,不见而名,不为而成。

此从王弼本写定。傅奕本同。帛书甲、乙本并多有缺损。

【注释】

①不出于户以知天下——谓君王循守大道而顺乎自然,虽不亲自外出视察,也能明了天下万物的情况。知天下,指明了天下万物的各种情况,如农事、民情等。

②不窥于牖以知天道——谓君王循守大道而顺乎自然,虽不亲自外出仰观天象,也能知晓上天的运行变化。窥,察看,观看。《广雅·释诂》:"窥,视也。"天道,指上天的运转变化的情况与规律,如日月之行、星辰之动等。古人以测知星象之运行变化预知吉凶,故须知天道。

③其出弥远,其知弥少——意谓君王不能循守大道,虽亲自外出详察天下之事,明审上天之象,也不能真有所知。相反,其所出愈远,所见愈多,则离道愈远而所知愈少。弥,更加,愈益。《玉篇》:"弥,大也,偏也,甚也。"《论语·子罕篇》:"仰之弥高,钻之弥坚。"邢昺疏云:"弥,益也。"李嘉谋云:"出而求天地者,求其形也。天地不可以形尽,而可理尽,故其出弥远,其知弥少。若知其理之在此,虽闭户可也。"

④不行而知——即"不出于户以知天下"。行,出外而巡行视察。

⑤不见而名——即"不窥于牖以知天道"。名,同"明"。指能明了天地万物之情。《韩非子·喻老篇》所引作"不见而明"。

⑥不为而成——谓君王能循守大道,处无为之事,行不言之教,使万物顺其自然,则必能至于大成。不为,即“无为”。指顺其自然而不以自己的心志意愿去作为。

无名氏《道德真经次解》云:“天下之道一也,户内与天下无二也。但修其内,自知其外。天道与人道合,但修其身,天道必应,何假远行窥牖也?故圣人不以出门求,不以见闻取,不以言论得,自然而成也。”

【译文】

君王循守大道,无为不言而顺乎自然,使万物各遂其意,使万事各成其功。虽其不走出门户亲自巡行视察,而万物的孕育长养无所不知。虽其不通过窗口亲自仰观远视,而天象的运行变化无所不晓。若任用一己之耳目心智去视听察看,只能辛劳而无功,勤苦而有弊。其出外巡行得越是遥远,其所闻所见越是众多,那末他的真知明见就必定越是稀少。因此明道之君总是虚静无为而顺其自然,决不任用私智而详察明审。虽其不远行于外而总能知天下之事,虽其不自窥于牖而总能明天下之情,虽其无为不言而总能成就天地万物之功。

四十八章

为学者日益①,为道者日损②。损之又损,以至于无为而无以为③[1]。取天下恒以无事④,及其有事⑤也,不足以取天下[2]。

【章旨】

此章以为学的日益其能、日甚其欲比对为道的日虚其心、日弃其智，阐明了持守大道的益处。并以此劝告君王，若不能虚静其心而无欲无为，则不足以取天下。

【校勘】

[1]为学者日益，为道者日损。损之又损，以至于无为而无以为。

此从王弼本写定而依帛书本补“者”字；又依严遵本改“无为而无不为”作“而无以为”。傅奕本同王本而“损”后有“之”字，“而”作“则”。帛书甲本全部缺损。乙本“为道”作“闻道”，“损”作“云”，末句“无”后诸字并缺损。楚简本“为学者”作“学者”。严遵本末句作“损之又损之，至于无为而无以为”。

[2]取天下恒以无事，及其有事也，不足以取天下。

此从王弼本写定而依帛书本改“常”作“恒”，并增“也”字。傅奕本作“将欲取天下者常以无事，及其有事，又不足以取天下矣”。帛书甲本多有缺损。乙本“恒”后无“以”字。

【注释】

①为学者日益——指从事于学习仿效，就会一天天增益其智而补益其能。学，仿效，学习。《说文》：“学，放也。”《广雅·释诂》：“学，效也。”益，增益其智慧，补益其伎能。孔子曰：“学而不思则罔，思而不学则殆。”是学而必思，思而益学。学而多能，思而多智，智能增益则自贤自用，自贤自用则背离于道，故老子否定“为学”。

②为道者日损——指闻听于大道而明知之，循守之，就会一

天天减损其私欲私智而无为不言，顺乎自然。为道，帛书乙本作“闻道”。四十一章有云：“上士闻道，勤而行之。”则“为道”当包括“闻”与“行”两个方面。日损，一天天减损其私欲智能，以至于清静无为。道主虚静无为，顺其自然。从事于道则无私无欲，无争无求。人君持之以恒，则万物自化，天下大治，故老子提倡“为道”。

③以至于无为而无以为——君王“为道”，日损其私欲，最终就会至于“上德无为而无以为”之境界。其行事则无为不言，顺其自然。其心志则处虚守静，无有所为。无以为，即无所为，无所贪求，无所私爱。

④取天下恒以无事——谓君王要得到民众的拥戴而取得天下国家，必定要无私无欲，无为不言。取天下，谓得天下之人心。《礼记·中庸》：“故为政在人，取人以身。”郑注云：“言明君乃能得人。”君王已得其位，又得天下人之拥戴，才是真正取得天下国家。无事，即无私无欲，无为不言。君王能凡事顺其自然而不以一己之私欲、个人之好恶任意妄为，则德盛而民往归之。

⑤及其有事——即若其有事。谓如果君王有欲有为，按照自己的私心贪欲去发号施令，统治天下。及，犹“若”。

【辨析】

一、此章首句“为学者日益，为道者日损”，楚简本作“学者日益，为道者日损”。“学”前无“为”字，似乎更符合于老子本义。“学”为动词，其所学者为技巧数术等可见可察之事。学习仿效则使人之能巧日增而见识日广，所以说“学者日益”。“道”则不同，只能体会，感知，领悟，而后去持守，去实行，即所谓

“为”。而在这体道,知道,悟道,守道,循道,行道之中,人们的贪欲私心日渐减少,所以说“为道者日损”。两“者”字均指其事而非指其人。若将“学者”改作“为学者”,则“学”字成为名词,意为“学问”、“学术”,其学习仿效之意极易被“作学问”,“研究学术”所掩盖。后世学者多谓“为学”为“求知”、“求学问”,或者乃指“对于仁义圣智礼法的追求”而言,皆由于此。

二、“损之又损”后“以至于无为而无以为”一句,王弼本作“以至于无为,无为而无不为”,传世本多同王本。唯严遵本作“以至于无为而无以为”。帛书甲本此句全部毁损,乙本仅留存“以至于无”四字。而楚简本亦作“以至于无为也,无为而无不为”。按“无为而无不为”与“无为而无以为”之文义相距甚远,则其中必有一误。推究上下文义,以严遵本作“以至于无为而无以为”,更符合于老子本义。无为而无以为,谓人君循守大道,处无为之事,行不言之教,以治理天下国家。而其自身亦能虚静处下而无欲无求。“无为”,即顺其自然。“无以为”,即处虚守静。此章首句云“为道者日损”,损其多欲有为之心,损其贪求自私之志,损之又损,则至于处虚守静,无为不言而顺其自然的境界,也就是三十八章所说的“上德无为而无以为”,此乃老子立言之宗旨。而行“无为”之术,以求得到“无不为”之果,此乃黄老家“道论”中论述“君人南面之术”时所用之语。实际上,求“无不为”之结果,就是有私有欲的具体表现,绝不符合老子无私无欲的主张。

【译文】

从事于学则日日增益其智,补益其能,往往会陷于自贤自用而有为多事之中。从事于道则不然,就会一天天减损其私欲,减少其智能。减损而又减损之,最终就会达到无私无欲、清静无为的境界。君王要取得天下人的拥戴,就必须处虚守静,无欲无为。若用其心智而妄为多事以满足私欲,就不能够取得天下人的拥戴而治理好国家。

四十九章

圣人恒无心①,以百姓之心为心②[1]。善者,吾善之③;不善者,吾亦善之④。德善⑤也!信者,吾信之⑥;不信者,吾亦信之。德信⑦也[2]!圣人之在天下,歙歙焉⑧,为天下浑其心⑨。百姓皆注其耳目⑩焉,圣人皆咳之⑪[3]。

【章旨】

老子此章乃重申明道之君当体道行德,顺乎自然,无私无欲,无为不言。以善心待物,以诚信待人,闭合其心志而若昏昧不明。

【校勘】

[1]圣人恒无心,以百姓之心为心。

此从帛书乙本写定。甲本间有缺损。王弼本、傅奕本"恒无心"作"无常心",并无"之"字。

[2]善者,吾善之;不善者,吾亦善之。德善也!信者,吾信之;不信者,吾亦信之。德信也!

此从王弼本写定而依帛书本补两"也"字。傅奕本"也"字作"矣"。帛书甲、乙本间有缺损,并无"吾"字。

[3]圣人之在天下,歙歙焉,为天下浑其心。百姓皆注其耳目焉,圣人皆咳之。

此从傅奕本写定而依王弼本改“浑浑焉”作“浑其心”。王本作“圣人在天下歙歙,为天下浑其心,圣人皆孩之”。帛书本并间有缺损。甲本“歙”作“愉”,“浑其心”作“浑心”,“注”作“属”,无两“其”字。乙本“歙”作“欱”。

【注释】

①圣人恒无心——明道之君总是应乎时变,顺其自然,不师心自用,不主观臆断。不自私,不自贤,不自是,不自见,不自矜,不自伐,故言“恒无心”。传世本作“无常心”,殆浅识者所误改。而据河上公注云:“圣人重更改,贵因循,若似无心也。”则河上公原本当亦作“恒无心。”

②以百姓之心为心——谓明道之君行政施教,使百官各司其职,各成其事,而自己则顺其自然,无欲无为。百姓,指统治集团内部的官僚贵族。周代实行宗法制度,群臣百官都是周王之亲族。张舜徽先生云:“《老子》所言‘百姓’,谓群臣也。《尚书·尧典》:‘辩章百姓。’郑注云:‘百姓,群臣之父子兄弟。’《礼记·郊特牲》:‘大庙之命,戒百姓也。’郑注云:‘百姓,王之亲也。’可知古书中所称‘百姓’,自指统治阶级内部之百僚贵族而言。与今语所称‘民众’、‘老百姓’截然不同。”

③善者,吾善之——对于那些美善之人、美善之事,我总以慈善之心对待之。

④不善者,吾亦善之——虽然是不善之人、不善之事,明道之君亦以慈善之心对待之。

⑤德善——指君王得到众人的拥戴热爱,使他自己具有了

美善之德。德，得也。得物为有得，得心为有德。德，本作“悳”，《说文》：“悳，外得于人，内得于己也。”群臣百官各尽其职，各忠其事，其所言所行无论善与不善，君王并以慈善之心对待之，群臣因此而亲善与爱戴其君，所以说“德善”。

⑥信者，吾信之——指君王之接人待物，对于诚信的真实的，总能以真诚之心信任他。《广雅·释诂》：“信，诚也。”

⑦德信——指明道之君被大家所信任所拥戴而具有了诚信之德。范应元云：“百姓之信者，以其诚实也，圣人以道而信之，则信心自不变矣。百姓之不信者，因私欲而诈伪也，圣人亦以道而信之，则将化而复归于信也。此所谓德信也。”

⑧歙歙焉——形容君王之心无是无非、无善无恶、无你无我，浑然冥合的样子。歙，与“翕”同。《尔雅·释诂》：“翕，合也。”《易·系辞》：“夫坤，其静也翕。”注云：“翕，敛也。”马叙伦曰：“案‘歙’借为‘合’。‘歙’字即有‘合’义。《正字通》：‘歙，合也，与‘翕’通。’《诗经·小雅·常棣》：‘兄弟既翕。’毛传：‘翕，合也。’‘歙歙’如‘歙然’，合貌，字亦作‘欱’。”

⑨为天下浑其心——谓君王之统治天下，无私无欲，无为无事，似若昏昏昧昧而愚黯不通。为，作为，治理。此指行政施教以治理国家。浑，浑浊不明。《广韵》：“浑，浑浊。”此以水之浑浊形容君王的闭合其心若昏昧不明，指君王既无自贤任智之心，又无明察苛求之事。

⑩百姓皆注其耳目——谓群臣百官全都贯注其精神、通用其聪明，以窥视、伺察人君之喜怒好恶而迎合之。注，灌水而使之流通，《说文》：“注，灌也。”引申为心意有所向往，心志有所关注。《管子·君臣篇》：“故君人者上注。”注云：“上注，谓注意于上天。”帛书甲本作“属”，“属”、“注”二字义同。《国语·晋语

五》："若先，则恐国人之属耳目于我也。"韦昭注："属，犹'注'也。"

⑪圣人皆咳之——谓明道之君总是闭合其心志，弃置其聪明。咳，王本作"孩"，敦煌本或作"咳"，严遵本作"骇"，并为借字，本字当作"阂"。意为阻隔，禁闭，闭塞。《说文》："阂，外闭也。"二十章云："俗人昭昭，我独昏昏；俗人察察，我独闷闷。""我独泊兮其未兆，如婴儿之未咳，儽儽兮若无所归。"其义与此相同。

【译文】

明道之君总是虚静无为，而不自贤自用。其分任群臣百官使各司其职，各尽其事，也就是以群臣百官之心为己心。群臣百官所为之美善之事，其以善心对待之；群臣百官所为之不美不善之事，也同样以善心对待之。这样，他就会得到众人的亲善与爱戴，具有了美善之德。群臣百官所行之诚信之事，其以真诚之心对待之；群臣百官所行之不诚信之事，也同样以真诚之心对待之。这样，他就会得到众人的信任和拥戴，具有了诚信之德。明道之君在接人待物时总是闭合其心志而不用其聪明，在行政施教时总是昏昏昧昧似若顽愚不通。群臣百官全都贯注其耳目以伺察君王之好恶，而明道之君则总是阂闭敛藏其心而毫不显露其意。

五十章

出生入死①。生之徒十有三②，死之徒十有三③，而民之生生，动皆之死地④亦十有三[1]。夫何故？以其生生之厚⑤也[2]。盖闻善摄生⑥者，陆行不遇兕虎⑦，入军不被甲兵⑧。兕无所投其角,虎无所措其爪,兵无所容其刃⑨[3]。夫何故也?以其无死地焉⑩[4]。

【章旨】

此章以“生生之厚”而“皆之死地”为喻,说明循守大道而顺乎自然者则能保全其生,以此告诫君王应当少私寡欲而虚静无为。

【校勘】

[1]出生入死。生之徒十有三,死之徒十有三,而民之生生,动皆之死地亦十有三。

此从傅奕本写定而依帛书本删“生生”后“而动”二字。王弼本末句作“人之生,动之死地亦十有三”。帛书甲、乙本间有缺损,“民”后并无“之”字,“亦”字并作“之”。

[2]夫何故?以其生生之厚也。

此从傅奕本写定。王弼本无句末“也”字。帛书本“故”后有“也”字,无“之厚”二字。又乙本句末无“也”字。

[3]盖闻善摄生者,陆行不遇兕虎,入军不被甲兵。兕无所投其角,虎无所措其爪,兵无所容其刃。

此从王弼本写定。傅奕本同。帛书本并“摄”作‘执’,“陆”作“陵”,“爪”作“蚤”。又甲本“兕”作“矢”,“投”作“椯”,“措”作“昔”。乙本“遇”作“辟”,“甲兵”作“兵革”。

按:陆行,帛书本作“陵行”。《说文》:“陵,大阜也。”“陆,高平地。”二字形义相近。帛书本“遇”作“辟”,辟同避。不遇兕虎,为兕虎避之也;不避兕虎,亦因兕虎躲避之。用词虽异,文义无别。

[4]夫何故也,以其无死地焉。

此从傅奕本写定。王弼本、帛书甲本并无“也”、“焉”二字。乙本间有缺损。

【注释】

①出生入死——谓人之出生面世而见于有则活,葬身入土而归于无则死。吴澄云:“出则生,入则死。出谓自无而见于有,入谓自有而归于无。”

②生之徒十有三——谓世间之人凡身体健康而正常生活的占有十分之三。生之徒,指健康生活着的一类人。《玉篇》:“徒,党也。”

③死之徒——指生命过程行将终结而归于死亡一类的人。除年老命终者,若饥饿无食,寒冻无衣,疫病流行,战争频仍,山崩地陷,水火无情等事,并能夺人性命而致人死亡。

④民之生生,动皆之死地——生生,指保养其性命而使之长寿。如饱食暖衣,悦娱声色,闲适安逸,甚至服食药饵以求长生等。皆之死地,指厚养其生者并因此而走入死亡之地。之,往,走向;用作动词。众人皆以厚自奉养为能养命长生,结果却以太过厚重而伤身殒命,乃自蹈于死地。此即庄子所谓之“贪生失理”。

⑤以其生生之厚——因为他们奉养自己的生命的作法太过于厚重。厚,指过分养生而不知适度。高延第云:“生生之厚,谓富贵之人厚自奉养,服食药饵以求长生,适自蹈于死地,此即动而之死地者之一端。缘世人但知戕贼为伤生,而以厚自奉养者为能养生,不知其取死同也,故申言之。”

⑥摄生——即养生。指人们采用种种方法来保养身体以延

长生命。摄，持有，保持。《说文》："摄，引持也。"保养性命而持之勿失，故言摄生。

⑦陆行不遇兕虎——谓行走于山林之间不会碰到各种猛兽而被伤害。兕虎，泛指各种猛兽。兕，雌的犀牛。皮坚肉厚，独角善触，其状凶猛。《国语·晋语八》："昔吾先君唐叔射兕于徒林。"韦昭注："兕，似牛而青，善触人。"

⑧入军不被甲兵——谓参军作战时不为兵器所伤害。被，覆被，指它物加于其上。《广雅·释诂》："被，加也。"甲兵，泛指各种武器。

⑨兵无所容其刃——兵器虽利，却无处可以使用其利刃。容，通"用"。《释名·释姿容》："容，用也，合事宜之用也。"

⑩以其无死地焉——意谓其人能循守大道而顺乎自然，安时处顺而虚静寡欲，无害物之心而物亦不得害之，故保全其身而于此时尚未趋归死亡之地。

【译文】

人们出生后则存活于世，死亡后则葬入地中，所以说"出生入死"。人世间能维持生命而正常生存的人，十分能占其三分。其生命行将结束而归往死亡的人，也能十分占其三分。此外人们想尽办法延长自己的生命，其所作所为却反而使自己走入死亡之地的，又占到十分中之三分。这是什么缘故呢？就是因为他们保养自己生命的种种措施太过厚重了。（反而伤害其身而蹈于死地。）我闻知那些善于摄生养身之人全都清心寡欲，顺乎自然，知足知止，不辱不殆，因此丝毫没有死亡的危险。走路时他不会碰到犀牛老虎之类猛兽而遭遇险境，从军时也不会触及矛戈之类兵器而受到攻击。因为在他们身上，那犀牛没有地方可以抵触其锐角，那老虎没有地方可以抓扑其坚爪，那兵器也没有地方能够击刺其利刃。这是为什么呢？就是因为他们循守大道而充满生机，根本不能蹈入死亡之地。

五十一章

道生之①，德畜之②，物形之③而器成之④，是以万物莫不尊道而贵德⑤[1]。道之尊也，德之贵也，夫莫之爵而恒自然⑥也[2]。道生之，畜之⑦，长之，育之⑧，亭之，毒之⑨，养之，覆之⑩[3]。生而不有，为而不恃，长而不宰，是谓玄德[4]。

【章旨】

老子此章再次以天地万物之生育、长养，形物、成器的实际过程，证明天下万物莫不体道而行德。进而阐明顺其自然，无为不争，应该是君王必须具有的根本之德。

【校勘】

[1]道生之，德畜之，物形之而器成之，是以万物莫不尊道而贵德。

此从帛书本写定而依王弼本增“莫不”二字。王本、傅本并无“而”字，“器”作“势”。帛书本“形”作“刑”。

[2]道之尊也，德之贵也，夫莫之爵而恒自然也。

此从帛书本写定。王弼本、傅奕本无诸“也”字，“恒”作“常”。又王本“爵”作“命”。

按：道藏本宋张太守《汇刻四家注》所附校语云：“明皇、王弼二本‘命’并作‘爵’。”据此,则传世本“爵”作“命”,盖为误字。

[3]道生之,畜之,长之,育之,亭之,毒之,养之,覆之。

此从王弼本写定而依帛书本删句首“故”字,“畜”前“德”字。傅奕本同王弼本而“养”字作“盖”。帛书本并间有缺损。又甲本“育”作“遂”。乙本“覆”作“复”。

[4]生而不有,为而不恃,长而不宰,是谓玄德。

此从王弼本写定。傅奕本同。帛书甲本“有”、“恃”、“宰”后并有“也”字,“是谓”作“此之谓”。乙本多有缺损。

按:此四句已见第十章,此为重出。

【注释】

①道生之——谓天下万物皆由大道化育生成。之,代指万物。

②德畜之——谓天下万物皆由体道之德畜养而长成之。畜,育养,长养。《玉篇》:“畜,养也。”《左传》哀公二十六年:“取公孙周之子得与启,畜诸公宫。”杜注云:“畜,养也。”

③物形之——意谓使其物各成其形,即依其不同的物性而使万物各自形成其应有的形态。

④器成之——意谓本其功用与材质而使万物各自具备其特有的器能。器,器物,器具。器各一用,故引申而为才能,器能。《礼记·王制》:“瘖聋、跛躃、断者、侏儒、百工,各以其器食之。”郑注云:“器,能也。”孔疏云:“器,能也。因其各有所能供官役使,以廪饩食之。”

⑤尊道而贵德——谓尊崇无为自然之道而推重无欲无为之德。万物由道之始生而各具其形质,由德之畜养而各成其器能,

故莫不“尊道而贵德”。

⑥莫之爵而恒自然——谓道虽尊而德虽贵，却没有谁赏赐给它们任何的爵级封号，它们也总是无为不争而顺乎自然。爵，爵级，爵位。《周礼·天官·大宰》：“以八柄诏王驭群臣，一曰爵，以驭其贵。”注云：“爵谓公、侯、伯、子、男、卿、大夫、士也。”此用如动词，指封授爵位，即依据群臣之贤否赏命其秩禄，封赐其尊号。《广韵》：“爵，封也。”《礼记·王制》：“论辨然后使之，任事然后爵之。”郑注云：“爵谓正其秩次。”恒自然，指事物总是遵循其本身的客观规律而自成其然，并不受外力或外物的影响与作用。

⑦生之，畜之——盖指大道于春季时使万物得以出生，得到育养。

⑧长之，育之——盖指大道于夏季时使万物生长与壮大。《广韵》：“育，养也，长也。”育，帛书甲本作“遂”，义同。《广雅·释言》：“遂，育也。”

⑨亭之，毒之——即成之，实之。盖指大道于秋季时使万物充足其形而成实其质。《说文》：“亭，民所安定也。”《释名·释宫室》：“亭，停也，亦人所停集也。”是亭有安定、停留之义，此指万物之长成其物形而具备其品质。毒，义同“笃”，厚实，充实。《说文》：“毒，厚也。”《释名·释言语》：“笃，筑也，筑坚实称也。”此指万物之长养成熟而充实其籽实。

⑩养之，覆之——盖指大道于冬季时使万物得以收聚保养，得到覆被盖藏。养，收取。《诗·周颂·酌》：“于铄王师，遵养时晦。”毛传云：“养，取也。”覆，收藏，保存。《说文》：“覆，覂也。一曰盖也。”《诗·大雅·生民》：“诞寘之寒冰，鸟覆翼之。”傅本“养”作“盖”，疑为误字。

【译文】

天下万物莫不顺乎大道而出生之，应乎玄德而育养之，依其物性而生成其各自之物形，尽其功用而完备其各自之器能，因此万物都尊崇大道而推重玄德。大道被万物所尊崇，玄德被万物所推重，并不是说有谁赏赐给它极高的爵位，而是一切都总是那样顺其自然而成其当然。大道孕育产生出万物，又滋养它们使之长大，培育它们使之壮大，使它们成熟，使它们结实，最后又保养它们，储藏它们，其关怀厚爱真是无微不至。然而大道生育万物却从不占为己有，化成万物却从不自恃有功，虽为万物之长却从不宰制它们，这就叫做玄德，也就是普惠无私的根本之德。

五十二章

天下有始①，以为天下母②。既得其母，以知其子③；既知其子，复守其母④，没身不殆[1]。塞其兑，闭其门⑤，终身不勤⑥。启其兑，济其事⑦，终身不救⑧[2]。见小曰明，守柔曰强⑨。用其光，复归其明⑩，无遗身殃⑪，是谓习常⑫[3]。

【章旨】

此章从自然无为之道为天下万物之本的基点出发，告诫君王要“塞其兑，闭其门”，处虚守静，施无为之政，行不言之教，这样才能终身不勤而天下大治。

【校勘】

[1]天下有始，以为天下母。既得其母，以知其子；既知其

子，复守其母，没身不殆。

此从王弼本写定。傅奕本“始”后增“可”字。帛书乙本“殆”作“佁”。甲本“既”作“㤅”，脱“既知其子”四字。

［2］塞其兑，闭其门，终身不勤。启其兑，济其事，终身不救。

此从王弼本写定而依帛书本改“开”作“启”。傅奕本同王本。帛书本“勤”作“堇”。又甲本前“兑”字作“閟”，后省作“闷”。乙本“兑”作“垅”，“救”作“棘”。

按：帛书整理小组注云：“垅，从土，兑声。《说文》阅字段玉裁注云：‘古假阅为穴。《道德经》“塞其兑，闭其门”，兑即阅之省。’垅，阅音同义通。”其甲本注云：“閟，乙本作垅，通行本作兑。字当训穴，古书或作阅。此疑是阅字之误。”

［3］见小曰明，守柔曰强。用其光，复归其明，无遗身殃，是谓习常。

此从王弼本写定。傅奕本“习常”作“袭常”。帛书甲本“无”作“毋”，“殃”省作“央”，“习常”亦作“袭常”。习、袭古通用。乙本间有缺损。

【注释】

①天下有始——谓天下万物以阴阳交合而被孕育生成之。天下，指天下万物。始，本指女子怀孕之初起，此指大道之孕育化生万物。《释名·释言语》：“始，息也。言滋息也。”

②以为天下母——谓大道孕育化生天下万物，因而成为天下万物之本。以，而。连词。四十二章云：“道生一，一生二，二生三，三生万物。”大道使阴阳交合而天下万物有始有生，故大道乃为天下万物之母。

③既得其母，以知其子——意谓已然认识了大道为天地万物之本，进而就能了解由“道”所生成的天地万物。

④既知其子，复守其母——反过来，已然认识与了解了天地万物，就应持守万物之本，即循守于自然无为之道，处虚守静而顺其自然。

⑤塞其兑，闭其门——谓闭塞其耳目口鼻等各种感官，不去接触和认识各种社会现象。兑，指孔窍、孔洞。此指人的各种感官如口鼻耳目等。四十七章云：“不出于户以知天下，不窥于牖以知天道。其出弥远，其知弥少。”而塞兑闭门，即闭塞其感官而不去感知认识外物，正是其具体措施。

高延第云：“兑，口也。口为言所由出，门为人所由行；塞之闭之，不贵多言，不为异行，循其自然，不劳而理，即复守其母之事也。”

⑥终身不勤——谓循守大道，处虚守静，则一生都不会劳苦。《说文》：“勤，劳也。”

⑦启其兑，济其事——谓开张其耳目口鼻等各种感官去认知其物，极尽其聪明才智去作为而达成其事。济，渡河曰济，引申其义为完成。《国语·晋语四》：“君国可以济百姓。”韦昭注：“济，成也。”

⑧终身不救——即一生都不能脱离勤苦而止于危殆。救，救治，救助，使其脱离危险。《吕氏春秋·劝学篇》：“是救病而饮之以堇也。”高诱注：“救，治也。”多为者败，多言者穷。以有限之智力应接无穷之事物，只能徒生诈伪而无益于事，所以说“不救”。

⑨见小曰明，守柔曰强——谓能洞见精微幽隐之事则为圣明，能持守柔弱处下之道则为强大。

⑩用其光，复归其明——谓人君虽居至尊之位而统治天下，

须返归于虚静柔弱、无为不言之道。光,指人君的名高位尊有如明日之照耀天下。《广雅·释诂》:"光,照也。"《诗·大雅·皇矣》:"则笃其庆,载锡之光。"郑笺云:"王季之心亲亲而又善于宗族,又尤善于兄太伯,乃厚明其功美,始使之显著也。"则"光"乃为君王所外现的名声与荣耀。五十六章云"和其光",五十八章云"光而不耀",其"光"字之义并同。明,指人君循守大道而虚静无为。十六章云:"知常,明也。",二十二章云:"不自见,故明。"五十五章云"知常曰明",其义并同。

⑪无遗身殃——谓不给自己留下任何的祸殃。无,同"毋",不,不要。遗,留存,余留。《史记·孝文本纪》:"太仆见马遗财足,余皆以给传置。"司马贞《索隐》云:"遗,犹留也。"

⑫习常——指习用其自然之道,遵循其经常之道。习,沿用,经常使用。《说文》:"习,数飞也。"

【译文】

大道使阴阳交合而孕育化生天下万物,大道即为万物之母,亦即万物之本。懂得了无为自然之道这个万物的根本之后,就能正确地认识和了解天下万物。认识和了解了天下万物,再来循守大道而处虚守静,无为不言,就能顺其自然而终身没有危殆。也就是说,闭塞其口鼻耳目等感觉器官,不出于户、不窥于牖,如此则天下大治而万事顺成,君王自己终身也不会勤苦劳顿。反之,若开张自己的口鼻耳目等自闻自见,自言自用,以一己之心力亲自处理天下之事,则必然会劳心费神而终身无法脱离勤苦。人君能洞见幽隐者称为圣明,能柔弱处下者称为强大。虽居尊贵之位照临天下,却能返归于虚静无为,不给自己留下任何灾祸,这就能符合于常规,这就是循守于无为自然之道。

五十三章

使我介然有知①,行于大道,唯施是畏②[1]！大道甚夷③,而民好径④[2]。朝甚除⑤,田甚芜,仓甚虚⑥;服文彩⑦,带利剑,厌饮食⑧,财货有余,是谓盗夸⑨,非道也哉[3]！

【章旨】

此章乃告诫君王须坚定不移地循守大道,而不要随同世俗误入歧途。世俗所追求的"服文彩,带利剑,厌饮食,财货有余"的奢侈生活完全不合于大道,只是盗世夸名而已。

【校勘】

[1]使我介然有知,行于大道,唯施是畏!

此从王弼本写定。傅奕本"唯"作"惟"。帛书本并无"然"字。又甲本"介"作"摞"。乙本"施"作"他"。施,读为"迆"。他,亦音"迆"。

[2]大道甚夷,而民好径。

此从王弼本写定。傅奕本同。帛书本作"大道甚夷,民甚好径"。又甲本"径"作"解"。乙本"径"作"懈"。

[3]朝甚除,田甚芜,仓甚虚;服文彩,带利剑,厌饮食,财货有余,是谓盗夸,非道也哉!

此从王弼本写定。傅奕本"财货"作"货财",末句作"是谓盗夸。盗夸,非道也哉"!帛书本并间有缺损。又乙本"财货"作"赍财"。

【注释】

①介然有知——谓能特立不凡而有自己的主见。介然,的的确确、确实分明的样子。《说文》:“介,画也。”有划分,有区别才能辨明事物。《荀子·修身篇》:“善在身,介然必以自好也。不善在身,菑然必以自恶也。”杨倞注:“介然,坚固貌。《易》曰:‘介如石焉。’”引申之谓特立独行,不同于众。《广雅·释诂》:“介,特,独也。”《汉书·律历志》:“铜为物之至精,不为燥湿寒暑变其节,不为风雨暴露改其形,介然有常,有似于士君子之行。”师古曰:“介然,特异之意。”有知,谓有主见,有自己的思想与见识。

②惟施是畏——只是惧怕其误入斜途之中。施,读为“迆”,字或作“迤”。王念孙《读书杂志》云:“施,读为‘迆’。迆,邪也。言行于大道之中,唯惧其入于邪道也。下文云‘大道甚夷而民好径’,河上公注‘径,邪不正也’,是其证矣。”《说文》:“迆,衺行也。”《孟子·离娄下》:“施从良人之所之。”赵岐注云:“施者,斜施而行。不欲使良人觉也。”《史记·屈原贾生列传》:“庚子日施兮,服集予舍。”司马贞《索隐》云:“施音移。施犹西斜也。《汉书》作‘斜’也。”

③大道甚夷——谓大道坦然平直,畅通无阻。夷,平直,平易。《说文》:“夷,平也。”《诗·周颂·天作》:“岐有夷之行。”毛传云:“夷,易也。”《左传》昭公十七年:“利器用,正度量,夷民者也。”杜注云:“夷,平也。”

④民好径——指人们常因私欲作怪而步入狭路歧途之中。径,(1)小路,狭路。《说文》:“径,步道也。”徐锴曰:“道不容车,故曰步道。”《玉篇》:“径,小路也。”(2)斜路,斜径。《广雅·释诂》:“径,衺也。”《礼记·曲礼》:“送丧不由径。”郑注

云:“径,邪路也。”《礼记·祭义》:“道而不径。”郑注云:“径,步邪趋疾也。”张舜徽先生云:“大道平坦可走,而常人皆喜行邪径。比喻人君治国有无为之道可循,竟舍之而不由,故多徇嗜欲、尚智数以自困也。”

⑤朝甚除——谓朝廷之中非常污秽。指官员行私贪秽,官府役费繁兴,而使得民不聊生。《韩非子·解老篇》云:“朝甚除也者,狱讼繁也。”除,假为“涂”。涂,或写作“塗”,污也。《庄子·让王篇》:“其并乎周以涂吾身,不如避之以洁吾行。”注云:“涂,污也。”高亨言:“按除读为涂。《文选·西都赋》李注引《广雅》:‘涂,污也。’除、涂同声系,古通用。《韩非子·难一篇》曰‘左右请除之’,《淮南子·齐俗训》作‘左右欲涂之’,即其证。”

⑥田甚芜,仓甚虚——谓各地的农田中杂草丛生,荒芜连片。国家的仓库中无粮无钱,极其空虚。

⑦服文彩——指侯王百官总是身上穿着织有花纹染有色彩的衣服。服,衣服,用作动词,意谓穿衣服。彩,或作“采”,义同。

⑧厌饮食——经常饱食那些美味佳肴。厌,通“餍”,饱食,足食。《玉篇》:“餍,饱也。”《左传》哀公十六年:“以险侥幸者,其求无餍。”无餍,指不满足。

⑨盗夸——即盗而夸。谓侯王百官行私自利而奢侈夸耀。盗,凡阴私自利者皆谓之盗。《说文》:“盗,私利物也。”夸,凡奢侈、挥霍、炫耀皆谓之夸。《说文》:“夸,奢也。”《荀子·仲尼篇》:“贵而不为夸,信而不处谦。”杨倞注云:“夸,奢侈也。”

【译文】

假使我确确实实聪明睿智而循行于大道，那我就特别害怕误入邪途之中。因为大道本来是平坦通达的，而民众却常常为满足私欲而喜好走那些小路斜径。朝廷之上污秽贪浊，行私奸利；农田之中则杂草丛生，一片荒芜；仓库之内又钱粮皆无，极其空虚。而人们却总是身穿着花纹精美、色彩艳丽的衣服，腰间挎着锋利闪亮的刀剑，终日饱食着山珍海味、美味佳肴，家中的钱财宝货则堆积如山，这些不过是盗世夸名，是阴私自利、奢侈夸耀而已，根本就不符合于大道！

五十四章

善建者不拔①，善抱者不脱②，子孙以祭祀不辍③[1]。修之于身，其德乃真④；修之于家，其德乃余；修之于乡，其德乃长；修之于国，其德乃丰；修之于天下，其德乃普⑤[2]。故以身观身⑥，以家观家，以乡观乡，以国观国，以天下观天下。吾何以知天下之然⑦哉？以此[3]。

【章旨】

此章仍以持守大道具有使国家长治久安的功效，来劝喻君王体道行德。希望他们最终能够修之于天下，而德惠于万民。

【校勘】

[1]善建者不拔，善抱者不脱，子孙以祭祀不辍。

此从王弼本写定。傅奕本“抱”作“裦”,无“以”字。帛书本并间有缺损。又乙本“辍”作“绝”。

[2]修之于身,其德乃真;修之于家,其德乃余;修之于乡,其德乃长;修之于国,其德乃丰;修之于天下,其德乃普。

此从王弼本写定。傅奕本无诸“于”字,“普”作“溥”。帛书乙本无诸“于”字,“丰”作“夆”,“普”作“博”。甲本多有缺损。

[3]故以身观身,以家观家,以乡观乡,以国观国,以天下观天下。吾何以知天下之然哉?以此。

此从王弼本写定而依帛书本增补“之”字。傅奕本“何以”作“奚以”。帛书本并间有缺损,亦无“故”字。

【注释】

①善建者不拔——谓善于守道而建德者,其所立之德必不能被拔除。建,树立,建立。《说文》:“建,立朝律也。”善建,指能循守大道而体行大德。王弼注云:“固其根,而后营其末,故不拔也。”

②善抱者不脱——谓善于守持大道而体行大德者,必不能有所脱失。抱,即抱一,指持守大道。魏源云:“天下之物,建于外者,外物得而拔之;抱于外者,外物得而脱之。恃外有之固者,其固终不可恃也。若夫建德而抱一者,建之于心,抱之于内,初无建抱之形,苟我不自拔且脱,谁得而拔脱之乎?”

③祭祀不辍——谓子孙后代能传家承业,世世不绝,故祖庙不废而祭祀不止。祭祀,指对祖先神灵的祭祀享献。辍,停止,绝止。《玉篇》:“辍,止也。”明道之君既能循守大道而建立大德,又能体道行德而不脱不失,故子孙后代世世不绝。

④修之于身,其德乃真——谓以守道建德之事修治自身,即整饬自己的言语行为,去除自己的贪欲私心,其所立之德就能真实而不虚假。乃,于是,就。

⑤其德乃普——谓其所立之德就能广博普遍。普,傅本作"溥",帛书乙本作"博"。普、溥、博并义同。《诗·小雅·北山》:"溥天之下,莫非王土。"《孟子·万章上》引作"普天之下,莫非王土"。《广雅·释诂》:"博,大也。"《广韵》:"普,博也,大也,徧也。"范应元云:"修者,去私欲而不使为德之害也。自修之身,其德乃真。而至于家之有余,乡之长久,邦之丰盛,天下之周普,此皆建德无为之效也。"

⑥以身观身——谓以守道而有德者之身察看对比失道无德者之身。观,察看,审视。《说文》:"观,谛视也。"此两者并视,而自有比较之意。

⑦何以知天下之然——意谓根据什么知道天下之事乃为如此之情形呢?何以,傅本作"奚以",亦疑问之辞,语义相同。其所知之事,即为首句所言之"善建者不拔,善抱者不脱,子孙以祭祀不辍"。

【译文】

善于树立者,所立之物能够确定不移而不会被拔除;善于抱持者,所持之物必定握持牢固而不会脱落;善于循守大道而治理国家者,其国祚就会绵长而家族就会兴旺,子孙后代的祭祀享献必定会累世不绝。用大道来整饬自身,他的德行就会非常纯真;用道来修治家族,整个家族就会富足充裕;用道来修治乡里,那乡里的民俗民风就会日益淳厚;用道来治理邦国,邦域之内就会丰盈昌盛;用道来治理天下,那君王的功德就会广博周普。既然大道之效用至为宏大，因此我就以守道者的言行来察看对比无道者，以有德之家的情形来察看对比无德之家，以有德之乡的风俗来察看对比无德之乡，以有德之国的政教来察看对比无德之国，以有德之天下的大治来察看对比无德之天下的大乱。我根据什么明了知悉天下的情况并确信“守道而有德者昌、背道而无德者亡”呢？就是根据这些事情。

五十五章

含德之厚者，比于赤子①。蜂虿虺蛇不螫②，攫鸟猛兽不搏③[1]。骨弱筋柔而握固④，未知牝牡之会而朘怒⑤，精之至⑥也。终日号而不嗄⑦，和之至⑧也[2]。知和曰常⑨，知常曰明。益生曰祥⑩，心使气曰强⑪[3]。物壮则老，谓之不道，不道早已[4]。

【章旨】

此章以初生婴儿的无欲无敌，精固和至为喻，说明无私无欲、柔弱不争具有极为重要的意义。人君能够体道行德，处虚守静，柔弱处下，顺其自然，于己可以长生久视，于国可以长治久安。反之，就会灾祸及身，危殆灭亡。

【校勘】

[1] 含德之厚者，比于赤子。蜂虿虺蛇不螫，攫鸟猛兽不搏。

此从王弼本写定而依帛书本增“者”字，改“猛兽不据，攫鸟不搏”为“攫鸟猛兽不搏”。傅奕本同王本而“比于赤子”作“比之于赤子也”,无“虺蛇”二字。帛书甲本下句作:“逢𠩆蜾地弗螫,攫鸟猛兽弗搏”。乙本作“蠭疠虫蛇弗赫,据鸟孟兽弗捕”。各本文字或不同,而语义无别。

[2]骨弱筋柔而握固,未知牝牡之会而朘怒,精之至也。终日号而不嚘,和之至也。

此从帛书乙本写定而依甲本改“骨筋弱柔”作“骨弱筋柔”,且补其“和”后缺损的“之至也”三字。王弼本“会”作“合”,“朘怒”作“全作”,“嚘”作“嗄”。傅奕本“会”作“合”,“怒”作“作”,“号而不嚘”作“号而嗌不𪢶”。又帛书甲本“嚘”字省作“爱”。

按:王本“嚘”作“嗄”,乃“嚘”之误字。傅本作“号而嗌不𪢶”,毕沅云:“彭耜曰:‘古本无嗌字。嗌不嗄,《庄子》之文,后人溷于《老子》,所不取。’案:此及谷神子、李约皆有‘嗌’字,即耜所云相沿之误也。”

[3]知和曰常,知常曰明。益生曰祥,心使气曰强。

此从王弼本写定。傅奕本“曰强”作“则强”。帛书乙本间有缺损。甲本首句作“和曰常,知和曰明”,与楚简本同。

按:高亨《老子正诂》云:“知和曰常,义不可通,疑‘知’当作‘精’。盖‘精’字转写脱去,读者依下文增‘知’字耳。前文云‘精之至也’,又云‘和之至也’,故此总之曰‘精和曰常’。常乃自然之义,说见一章。此言‘精’与‘和’,乃性之自然也。”检核帛书甲本与楚简本,并作“和曰常”,而无“知”字,似可证高说之可信。

[4]物壮则老,谓之不道,不道早已。

此从王弼本写定。傅奕本、帛书本并同。帛书甲本“则”作“即”,乙本“早”假作“蚤”。

按:此三句已见于第三十章,此乃重出。

【注释】

①含德之厚者,比于赤子——指君王之真正能够体道行德而无私无欲者,其柔弱冲和,无欲无为,有如初生的婴儿一般。含德,指君王之体道行德。明道之君循守大道而无私无欲,守虚处静而柔弱冲和,若本身包含有大德,故曰含德。赤子,即新生婴儿,以其未有眉发而体色赤红,因称为赤子。《汉书·贾谊传》:“故自为赤子而教固已行矣。”师古曰:“赤子,言其新生,未有眉发,其色赤。”赤子无私无欲,柔弱恬静,无为自然,故言其含德甚厚。王弼注云:“含德之厚者不犯于物,故无物以损其全也。”

②蜂虿虺蛇不螫——谓各种毒虫全都不会行毒而伤害他。蜂虿虺蛇,泛指各种有毒的小动物。蜂,字或作“蠭”。《玉篇》:“蠭,螫人飞虫也。”虿,蝎子一类的毒虫。《广雅·释虫》:“虿、蝲,蝎也。”《左传》僖公二十二年:“蠭虿有毒。”孔疏云:“《通俗文》云:‘虿,长尾,谓之蝎。’”虺,古书中所说的一种毒蛇。蛇,字或作“虵”。爬行动物之一种,其毒常伤人致死。螫,即“蜇”,指蜂、蝎一类毒虫用毒牙毒刺等行毒伤人。《说文》:“螫,虫行毒也。”

③攫鸟猛兽不搏——谓鹰雕等猛禽与虎豹等猛兽全都不会抓扑伤害他。攫鸟,即鸷鸟。指鹰、雕一类食肉的猛禽。攫,抓取。鹰雕等猛禽能自高空飞下以爪抓取小鸟小兽食之,因称为攫鸟。搏,击打,扑打。《广雅·释诂》:“搏,击也。”

④骨弱筋柔而握固——谓婴儿虽身体柔弱,而以手握拳则能攥紧不松,以手持物则能牢固不失。《说文》:“握,搤持也。”

⑤未知牝牡之会而朘怒——谓婴儿虽以年龄幼小不懂得男女交合之事,其生殖器却常常勃起挺立。牝牡之会,此指男女交合。朘怒,指男婴生殖器的勃起。《说文》:"朘,赤子阴也。"怒,奋起,勃起。《广雅·释诂》:"怒,健也。"王念孙《疏证》云:"怒者,《庄子·逍遥游篇》云:'怒而飞,其翼若垂天之云。'《人间世》篇云:'怒其臂以当车辙。'《后汉书·第五伦传》:'鲜车怒马。'李贤注云'怒马,谓马之肥壮,其气愤盈也。'皆'健'之义也。"

⑥精之至——指其精气充沛旺盛到达了极点。精,此指人体中纯正精粹之元气。《易·乾》云:"纯粹精也。"至,至极。《易·坤》:"至哉坤元。"孔疏云:"至,谓至极也。"

⑦号而不嗄——虽号叫啼呼而无气伤逆滞之病。《玉篇》:"嗄,气逆也。"傅本作"敷",乃"嗄"之异体。

⑧和之至——指其元气淳真柔和达到了极致。和,柔和,和谐。《礼记·礼器》:"礼交动乎上,乐交动乎下,和之至也。"孔疏云:"'和之至也'者,谓堂上下礼乐交相应会,和谐之至极也。"

⑨知和曰常——谓懂得抟气至柔而和谐至极,则能顺常而无害。曰,则,就。傅奕本即作"则"。

⑩益生曰祥——谓想方设法以种种手段增益生命,就会反乎自然之性而产生灾害。益生,补益其生。即五十章所谓"生生之厚"中之"生生"。人生须本其自然,若强为增益,厚自奉养,违其自然之性,就会适得其反。祥,此指灾祸,亦即"夭祥"。王弼注云:"生不可益,益之则夭也。"按:古时凡吉凶之征兆皆可称为"祥",徐锴曰:"祥之言详也,天欲降以祸福,先以吉凶之兆详审告悟之也。"《玉篇》:"祥,妖、怪也。福也,善也。"《左

传》昭公十八年："里析告子产曰：'将有大祥'。"杜预注云："祥，变异之气。"孔疏云："祥者，善恶之征。《中庸》云：'国家将兴，必有祯祥。'祥则吉祥也。'国家将亡，必有妖孽。'孽则凶祥也。……是祥有善有恶，故杜云：'祥，变异之气。'"

⑪心使气曰强——心使气，以有欲有为之心支配虚静无为之德也。《庄子·人间世》："无听之以耳，而听之以心；无听之以心，而听之以气。听止于耳，心止于符。气也者，虚而待物者也。唯道集虚。虚者，心斋也。"《庄子·应帝王》："汝游心于淡，合气于漠。顺物自然而无容私焉，而天下治矣。"可见，老、庄所说的"气"，指无欲无为、虚静自然之心，即如同赤子之心。强，刚猛，刚健。与柔弱之义相反。四十二章有言"强梁者不得其死"。七十六章有言："坚强者死之徒也，柔弱者生之徒也。"则强梁刚劲乃老子所否定之事，以其不合于柔弱处下，自然无为之道。就是说，君王若以私欲有为之心来控制其虚静无为之心，就会极盛而衰，导致败亡。

【译文】

君王能够无私无欲，柔弱冲和，虚静无为，顺乎自然，则含有大德。其大德纯厚者，就如同初生的婴儿一样。即使碰到蜂蚁蛇蝎一类毒虫也不去蜇刺他，即使遇到鹰雕虎豹一类猛兽也不会扑抓他。别看他的筋骨非常柔弱，小拳头却攥得紧紧的。虽然他不懂得男女交合之事，但是生殖器却勃然挺起，这是因为他的精气旺盛到了极点。虽然他整天的啼呼号叫，但是声音却清亮而不沙哑，这是因为他无欲无为、恬静柔和到了极点。人君能够懂得虚静柔和，就能依顺于正常的自然规律；而能够懂得并循行自然规律，那就会通达圣明。强为增益其生而过度暖衣饱食，就会违背自然规律而身遭祸殃。若以盛欲有为之心支配驱使虚静无为之气，就会变的刚猛强健以至于壮盛僵硬。世间万物，过分的强壮就会转变为疲惫衰老，这是因为它不合于大道，不合于大道的事物就会提早败亡而终结其生。

五十六章

知者不言，言者不知①。塞其兑，闭其门；挫其锐，解其纷②；和其光，同其尘③，是谓玄同④[1]。故不可得而亲，亦不可得而疏⑤；不可得而利，亦不可得而害；不可得而贵，亦不可得而贱；故为天下贵[2]。

【章旨】

老子此章仍然劝喻君王要循守虚静无为之道，柔弱处下，顺其自然。"无成势，无常形，故能究万物之情；不为物先，不为物后，故能为万物主。"（引自《太史公自序·论六家要指》）

【校勘】

[1]知者不言，言者不知。塞其兑，闭其门；挫其锐，解其纷；和其光，同其尘，是谓玄同。

此从王弼本写定而依帛书本改"分"作"纷"。傅奕本首句"不言"、"不知"后并有"也"字。帛书本、楚简本"和其光，同其尘"并在"挫其锐，解其纷"前。又"兑"字，甲本作"闷"，乙本作"垗"。"锐"甲本作"阅"，乙本省作"兑"。

按："塞其兑，闭其门"二句曾见于第五十二章。"挫其锐，解其纷；和其光，同其尘"四句曾见于第四章。此乃同文复出。

[2]故不可得而亲,亦不可得而疏;不可得而利,亦不可得而害;不可得而贵,亦不可得而贱;故为天下贵。

此从王弼本写定而依帛书本增补诸“亦”字。甲本“贱”作“浅”。乙本间有缺损。傅奕本无句首“故”字。

【注释】

①知者不言,言者不知——指明通于大道的君王能够处无为之事,行不言之教。若有欲有为而发号施令者,则不能明知于大道。知,即明知于“道”。不言,即无为不言。

②挫其锐,解其纷——谓明道之君摧折其锋锐而持守柔弱,消散其壮盛而呈现虚静。其,指执政之君。锐,锋芒,锐利。指其进取有为之心。《说文》:“锐,芒也。”解,消散,离析。《汉书·张耳陈余列传》:“今独王陈,恐天下解也。”师古曰:“解,谓离散其心也。”纷,或作“芬”,或作“分”,盛大,强壮。指贪求多欲之所为。挫锐解纷则虚静柔弱,无欲不争。

③和其光,同其尘——谓明道之君柔和温顺其如日之光而不使显明,和同其至尊之身的言语行为使之不立特异。光,光明,光照。指君王的居至尊之位,成崇高之势。尘,指君王日常的言语行为。《后汉书·党锢列传》云:“盖前哲之遗尘有足求者。”遗尘即指先哲流传于世的言行事迹。和光同尘则能谦卑柔弱而守辱处下,不尚尊贵而与民相近。

④是谓玄同——谓这样做就从根本上完全合同于幽隐玄妙的大道。

⑤故不可得而亲,亦不可得而疏——谓明道之君顺乎自然而无私无欲,群臣百官既不能投其所好而亲近他,又不能营私舞弊而疏远他。不可得,犹如“不能得”,不能做到。《韩非子·二

柄篇》云:“人主有二患:任贤,则臣将乘于贤以劫其君,妄举,则事沮不胜。故人主好贤,则群臣饰行以要君欲,则是群臣之情不效;群臣之情不效,则人主无以异其臣矣。故越王好勇,而民多轻死;楚灵王好细腰,而国中多饿人;齐桓公妒而好内,故竖刁自宫以治内;桓公好味,易牙蒸其子首而进之;燕子哙好贤,故子之明不受国。故君见恶则群臣匿端,君见好则群臣诬能。人主欲见,则群臣之情态得其资矣。”

【译文】

君王之能明知于大道者,则处无为之事,行不言之教。若有欲有为而发号施令者,则未能明知于大道。禁塞其耳目不闻无睹,闭合其口鼻不言无声;摧折其锋锐守持柔弱,消散其壮盛居处虚静;掩蔽其光泽不使显明,融合于大众不立特异,这样才能真正和同于大道。因此也就使别人无从窥测揣摩其心思,既不能因了解他而投其所好同他亲近,也不能因此而同他疏远;既不能因了解他而营私舞弊乘机获利,也不能因此而暗中伤害他;既不能因了解他而逢迎吹捧使其尊显,也不能因此而拆台污蔑使其低贱。也正因为如此,他就被天下人所敬重而成为最尊贵的君王。

五十七章

以正治国①,以奇用兵②,以无事取天下③[1]。吾何以知其然哉?夫天下多忌讳而民弥贫④,民多利器而国家滋昏⑤,人多知巧而奇物滋起⑥,法物滋彰而盗贼多有⑦[2]。是以圣人之言曰:我无为而民自化⑧,我好静而民自正⑨,我无事而民自富⑩,我欲不欲而民自朴⑪[3]。

【章旨】

此章所说的“无事”,即无私无欲,无为不言。老子于此明确指出:君王行私智而制禁忌,贪私利而尚法物,所得的结果必定是国家混乱,万民贫困。只有虚静无为,才能民风淳朴,社会安定。

【校勘】

[1]以正治国,以奇用兵,以无事取天下。

此从王弼本写定。傅奕本“正”作“政”。帛书本“治”作“之”,“奇”作“畸”。又甲本“国”作“邦”。楚简本首句亦作“以正之邦”。

[2]吾何以知其然哉?夫天下多忌讳而民弥贫,民多利器而国家滋昏,人多知巧而奇物滋起,法物滋彰而盗贼多有。

此从王弼本写定而依帛书本删“哉”后“以此”二字,增补诸“而”字,且改“伎巧”作“知巧”,改“法令”作“法物”。帛书本并“滋”作“兹”,“彰”作“章”。傅奕本首句作“吾奚以知天下其然哉?以此”。末两句作“民多知慧而袤事滋起,法令滋章盗贼多有”。又,河上公本、楚简本末句亦作“法物滋章,盗贼多有”。

按:王本、傅本首句并作“吾何以知其然哉?以此”。俞樾云:“按此数句,当属上章。如二十一章曰:‘吾何以知众甫之然哉?以此。’五十四章曰:‘吾何以知天下之然哉?以此。’并用‘以此’二句为章末结句,是其例矣。下文‘天下多忌讳而民弥贫’,乃别为一章,今误合之。”今检核帛书甲、乙本及楚简本,并无“以此”二字。由此可以断定,王本、傅本均衍“以此”二字,而违离于《老子》一书惯例,因此将其删除。

[3]是以圣人之言曰:我无为而民自化,我好静而民自正,我无事而民自富,我欲不欲而民自朴。

此从帛书乙本写定。甲本间有缺损。王弼本首句作"故圣人云","欲不欲"作"无欲"。傅奕本同王本而"静"作"靖"。

【注释】

①以正治国——谓君王治国时当端身正己而无私无欲,循守大道而清静无为。正,端正,正直,不偏邪。傅本作"政",政、正同。《说文》:"政,正也。"《释名·释言语》:"政,正也,下所取正也。"

②以奇用兵——谓当以权变奇异之术用兵作战。奇,异常,奇邪,诡异。

③以无事取天下——谓君王当处虚守静,无为不言,才能得人心而取天下。四十八章云:"取天下恒以无事,及其有事也,不足以取天下。"与此义同。

④天下多忌讳而民弥贫——谓君王治理天下时如果所行之禁忌太多,就会影响民众的正常生活而使其陷于贫困。忌讳,因担心言语举动不当而出现不利后果所产生的禁忌。《说文》:"忌,憎恶也。"《玉篇》:"讳,隐也,忌也,避也。"人之所畏为忌,人之所隐为讳。凡忌讳之事,一为对自然现象没有科学的认识而出现迷信的心理所产生,一为对各种法令制度的严厉心生畏惧所产生。人们所禁忌之事皆从己心所生而并非自然所成,忌讳越多则行为越受束缚而影响人们的正常生活,因此老子反对它。弥,益加,愈加。

⑤民多利器而国家滋昏——谓民众所持有的利己之器越

多,那国家就会变得越混乱。利器,利己之器,指人们取财牟利的技能。器,才能,技能。《论语·子路篇》:"及其使人也,器之。"邢昺疏云:"度人才器而官之。"

⑥人多知巧而奇物滋起——谓人们所具有的智能与伎巧越多。则社会上的奇邪异常之物就会出现的越普遍。知巧,智能机巧,指人的聪慧善思而机敏能巧。《韩非子·扬权篇》云:"圣人之道,去智与巧,智巧不去,难以为常。民人用之,其身多殃;主上用之,其国危亡。"奇物,非常之物,奇邪之物。《礼记·曲礼》:"国君不乘奇车。"郑注云:"奇车,奇邪不正之车。何云'不如法之车'。"

⑦法物滋彰而盗贼多有——谓朝廷中所使用的礼仪之物、珍好之物越是美善,那大大小小的"盗贼"就会产生的越多。法物,珍好之物,朝廷中所使用的礼仪之物。以其物贵重华美,必重取于民始能完备,而重取于民则剥削严酷,剥削严酷则民生凋敝,民生凋敝则反抗者即"盗贼"必然多有。河上公注曰:"法物,好物也。珍好之物滋生彰著则农事废,饥寒近至,故盗贼多有。"彰,显明,华美。指朝廷所用法物的精美华丽,光彩夺目。或作"章",义同。

⑧我无为而民自化——谓君王能够去私去智,无为不言,民众自然而然就会顺从其教化而实现社会的安定。化,变化,此指化恶从善而至于和谐安定。《说文》:"化,教行也。"《玉篇》:"化,易也,教化也。"

⑨我好静而民自正——谓君王喜好虚静自然而不生贪欲,民众自然而然就能过着约定俗成的生活而没有昏乱淫邪之事。

⑩我无事而民自富——谓君王能够顺其自然而不生事端,

人民自然而然就会不须耗费而生活富裕。

⑪我欲不欲而民自朴——谓君王自己没有私心贪欲而纯朴诚实,那民众自然而然地就会保持其纯真质朴、老实厚道的本性。欲不欲,指我之所欲在于世俗之所不欲。世俗爱私贪利,我则爱无私心而物无私利;世俗好争必得,我则虚心弱志而无欲不争。

【辨析】

按“法物滋彰而盗贼多有”句,王本、傅本等作“法令滋彰”。唯河上公本、景龙碑本作“法物滋彰”。帛书甲、乙本多有缺损,甲本仅存“盗贼”二字,乙本仅存“物兹(滋)章(彰),而盗贼”六字。然而由此已经可以确定,乙本亦作“法物滋彰”。再有,楚简本亦作“法勿(物)慈(滋)章(彰)盗贼多又(有)”。依据这些资料,完全可以证明《老子》原本当作“法物滋彰而盗贼多有”。传世本作“法令滋彰”者,乃浅识者所误改。

那么,法物为何物呢?河上公注云:“法物,好物也。珍好之物滋生彰著,则农事废,饥寒并生,故盗贼多有也。”为何“珍好之物”称为法物呢?

《后汉书·光武帝纪》云:“益州传送公孙述瞽师、郊庙乐器、葆车、舆辇,于是法物始备。”李贤注:“瞽,无目之人也。为乐师,取其无所见,于音声审也。郊庙之器,罇彝之属也。乐器,钟磬之属。葆车,谓上建羽葆也。合聚五采羽名为葆。舆者,车之总名也。辇者,驾人以行。法物,谓大驾卤簿仪式也。时草创未暇,今得之,始备。”《史记·孝文本纪》:“乃使太仆婴与东牟侯兴居清宫,奉天子法驾,迎于代邸。”司马贞《索隐》云:“《汉官仪》云:‘天子卤簿有大驾、法驾。大驾公卿奉引,大将军参乘,属车八十一乘。法驾，公卿不在卤簿中，惟京兆尹、执金吾、长安令奉引，侍中参乘，属车三十六乘也。'”《汉书·霍光传》：“驾法驾，皮轩鸾旗，驱驰北宫、桂宫，弄彘斗虎。”师古曰：“皮轩鸾旗皆法驾所陈也。”据此，帝王所用之礼乐仪仗之物为法物。又《汉书·食货志》之“法钱”，《汉书·梅福传》之“法坐”，《汉书·叔孙通传》之“法酒”，《史记·淮南衡山列传》之“法冠”，《周礼·夏官·小司马》之“法羊”，《礼记·玉藻》郑注所言之“法服”等，凡帝王依礼法所用之物，皆称名为法物。以其制作精良而世俗罕见，故河上公云“珍好之物”。

【译文】

君王治理国家，当循守大道，无欲无为。不似用兵作战，多行权变欺诈之术。只有无私无欲，虚静无为，才能受人拥戴而得天下。我根据什么知道情况是这样呢？因为天下的禁忌避讳之事越多，对人们日常生活的影响也就越大，人民也就愈加贫困。民众利己的才能越多，那营私逐利之事也就越严重，上下欺瞒也就越厉害，国家也就愈加昏乱。人们越是有智能技巧，所制作的淫邪奇怪的东西也就越多，就会引发人们更大的私欲。君王的珍好之物越是华美而繁多，对民众的剥削压迫也就越厉害，那奋起反抗的所谓“盗贼”也就会出现的越多。所以明道之君曾这样说过：我能够无欲无为，人民自然而然就会和谐安定。我喜好虚静不争，人民自然而然就会纯正无邪。我能够无私无欲，人民自然而然就会生活富裕。我能够做别人所不愿做的事情，即柔弱处下无为不言，人民自然而然就会淳厚质朴。

五十八章

其政闷闷①，其民淳淳②；其政察察③，其民缺缺④[1]。祸兮，福之所倚⑤；福兮，祸之所伏⑥，孰知其极⑦[2]？其无正也⑧，正复为奇，善复为妖⑨，人之迷也其日固久矣⑩[3]。是以圣人方而不割⑪，廉而不刿⑫，直而不肆⑬，光而不燿⑭[4]。

【章旨】

此章乃重申君王施政当无欲无求，清静无为。如此，则社会风气就会淳朴敦厚；反之，民风就会缺陋浅薄。因为事物总是向对立的方面转化，而这种转化的过程与结果是人们不能预料的。

【校勘】

[1]其政闷闷，其民淳淳；其政察察，其民缺缺。

此从王弼本写定。傅奕本"闷"作"闵"，"淳"作"偆"，"察"作"詧"。帛书本并"政"作"正"。又甲本"民"作"邦"，"缺"作"夬"。乙本"闷"作"阔"，"淳"作"屯"。

[2]祸兮，福之所倚；福兮，祸之所伏。孰知其极？

此从王弼本写定。傅奕本同。帛书本并间有缺损。

[3]其无正也，正复为奇，善复为妖。人之迷也其日固久矣！

此从王弼本写定而依帛书乙本增"也"、"矣"等语气词。傅奕本"也"作"衺"，"妖"作"祅"。帛书乙本间有缺损。甲本全部缺损。

［4］是以圣人方而不割，廉而不刿，直而不肆，光而不燿。

此从王弼本写定。傅奕本“燿”作“耀”。帛书乙本无“圣人”二字，“廉”作“兼”，“刿”作“刺”，“肆”作“绁”，“燿”作“眺”。甲本全部缺损。

【注释】

①其政闷闷——谓君王之行政施教无为不言，顺乎自然。闷闷，形容明道之君无欲无求，其治国理政无为不言的样子。

②其民淳淳——谓其人民朴实憨厚，无欲不争。淳淳，形容民众纯朴厚道、实实在在的样子。

③察察——形容君王理政之明察详审、赏罚之严苛琐碎的情形。《说文》：“察，覆审也。”

④缺缺——形容民众缺失淳朴之性，风俗浅薄而多生狡诈的情形。缺缺，甲本作“夬夬”，并重言喻形词，音义相同。高亨云：“夬、缺均借为‘狭’。‘狭’与‘狯’同，狡诈也。”

⑤祸兮，福之所倚——谓眼前所发生的灾祸危难等事，其中自有福善之事所倚存。倚，仗恃，倚靠，倚赖。

⑥福兮，祸之所伏——谓目前出现的福瑞之事，其中自有祸灾危难所藏匿潜伏。伏，隐伏，藏匿。《玉篇》：“伏，匿也。”

⑦孰知其极——谓没有谁能知道这种祸福转化的终极在哪里。极，终结，尽头。《尔雅·释诂》：“极，至也。”疏云：“极者，穷尽之至也。”

《韩非子·解老篇》云：“人有祸则心畏恐，心畏恐则行端直，行端直则思虑熟，思虑熟则得事理，行端直则无祸害，无祸害则尽天年，得事理则必成功，尽天年则全而寿，必成功则富与贵，全寿富贵之谓福。而福本于有祸，故曰‘祸兮福之所倚’，以成其功也。人有福则富贵至,富贵至则衣食美,衣食美则骄心生,骄心生则行邪僻而动弃理,行邪僻则身死夭,动弃理则无成功。夫内有死夭之难而外无成功之名者,大祸也。而祸本生于有福,故曰'福兮祸之所伏'。"

⑧其无正也——谓福祸相为倚伏而彼此经常转化,从来就没有确定不变的终点。正,犹"定",犹"止"。《说文》:"正,是也。从止,一以止。"徐锴曰:"守一以止也。"《广韵》:"正,定也,平也。"

⑨正复为奇,善复为妖——谓正常之事时常转化为奇邪之事,福善之事或者转变为妖祥之事。妖,指物之乖戾反常。《左传》庄公十四年云:"妖由人兴也,人无衅焉妖不自作,人弃常则妖兴。"

⑩人之迷也其日固久矣——指人们迷茫于祸福、正奇、善妖的相互转化而莫知其极的时间原本就已经很久了。迷,迷惘,迷惑。

⑪方而不割——谓明道之君虽守正持道而坚定不移,却从不因此伤害他人。方,方正,守正。《广雅·释诂》:"方,正也。"方正之物,有棱有角而不圆滑,因此易于伤人。割,割裂,伤害。《尔雅·释言》:"割,裂也。"疏云:"割,谓以刀裂之也。"

⑫廉而不刿——谓明道之君虽无私无欲,是非分明,若有棱有角,却从不刺伤他人。廉,廉正,有棱角。《玉篇》:"廉,棱也。"《汉书·武帝纪》:"初令郡国举孝廉各一人。"师古曰:"孝谓善事父母者,廉谓清洁有廉隅者。"物有廉隅,则易于伤人。刿,割伤。《荀子·不苟篇》:"君子宽而不慢,廉而不刿。"杨倞注:"廉,棱也。《说文》云:'刿,利伤也。'但有廉隅,不至于刃伤也。"《方言》:"凡草木刺人,自关而东或谓之'刿',自关而西谓

之‘刺’。”

⑬直而不肆——谓其性情虽率真直爽而行为却不恣肆放纵。肆，放纵，放恣。《玉篇》：“肆，放也，恣也。”《礼记·表记》：“君子庄敬日强，安肆日偷。”郑注云：“肆，犹放恣也。偷，苟且也。”

⑭光而不燿——即“和其光，同其尘”。谓明道之君虽身居至尊而能柔和其光，使不强烈耀眼以至刺伤他人。燿，同“耀”，照耀，炫耀。指光亮强烈而刺激人眼。他本或作“曜”，燿、曜、耀乃异体字。《玉篇》：“曜，照也。亦作耀。”

张舜徽先生云：“此言人主贵能深自敛抑，毋露己才。虽有方、廉、直、光之美，不以此伤物炫世也。”

【译文】

人君治国施政，若能无欲无求，无为不言，那么民众也就会淳朴敦厚、老老实实。反之，其为政治国若详审苛察，吹毛求疵，那民众也就会机诈狡猾，多生奸伪。祸患啊，往往倚依而存在着福瑞；福瑞呢，又总是依存而潜伏着祸患。福祸相倚并存而其机甚微，又有谁知道它们相互转变的终结呢？祸福的相互转化是没有确定不变的终点的。正常的事物会转变为反常的，美善的东西又会转变成妖异的。人们迷惑于这种祸福、正奇、善妖的相互转化原本已经很久了。因此明道之君总是能够持守大道、方正诚实却又不损伤别人，总是能够严肃认真、是非分明却又不伤害他人，总是能够率直淳朴、天真自然而又不放纵恣肆，总是能够光明正大、神采奕奕，却又能够和光同尘而不炫耀刺眼。

五十九章

治人事天莫若啬①。夫唯啬,是以早服②[1]。早服谓之重积德③,重积德则无不克④,无不克则莫知其极,莫知其极可以有国,有国之母可以长久⑤[2]。是谓深根固柢⑥,长生久视⑦之道也[3]。

【章旨】

“啬”就是俭,即敛藏其神形不用而归于无为不言,为老子所看重的三宝之一。君王行俭啬之事,就能合于大道而厚积其德;就能“知足不辱,知止不殆”。若以之治国,则深根固柢;若以之治身,则长生久视。

【校勘】

[1]治人事天莫若啬。夫唯啬,是以早服。

此从王弼本写定而依傅奕本改“是谓”作“是以”。甲本全部缺损。乙本“早”作“蚤”。傅奕本“唯”作“惟”。

[2]早服谓之重积德,重积德则无不克,无不克则莫知其极,莫知其极可以有国,有国之母可以长久。

此从王弼本写定。傅奕本同。帛书本间有缺损。乙本“谓之”作“是谓”。

[3]是谓深根固柢,长生久视之道也。

此从王弼本写定而依帛书本增补句末“也”字。傅奕本同王本。帛书本“柢”作“氐”。又甲本“根”作“槿”。

【注释】

①治人事天莫若啬——谓使人调理和顺而成其天性、养其天年，没有比俭啬更为正确的做法了。治人，使人调理和顺而动静适宜，恬静自然而各成其性。《左传》宣公十五年："初，魏武子有嬖妾，无子。武子疾，命颗曰：'必嫁是。'疾病则曰：'必以为殉。'及卒，颗嫁之。曰：'疾病则乱，吾从其治也。'"此治则为身安志定。事天，即顺天，指顺乎天性，颐养天年，全其自然而不施人为。事，顺从，顺应。《左传》襄公二十八年："小事大，未获事焉，从之如志，礼也。"杜注云："言当从大国，请事以顺其志。"孔疏云："言小国之事大国也，当每事顺从。"啬，爱惜，俭啬。指啬省其精神而敛藏贞固之。《广韵》："啬，爱惜也。又贪也，悋也。"《左传》僖公二十一年："修城郭，贬食省用，务穑劝分，此其务也。"杜注云："穑，俭也。劝分，有无相济。"孔疏云："穑是爱惜之义，故为俭也。"奚侗云："啬以治民，则民不劳；啬以治身，则精不亏。"人君能省约其精神，俭啬其志欲以顺乎自然之性，就会内心不驰，外欲不动，故能早行于大道而厚积其德。

②早服——谓早日服从于大道，即及早循行于大道。服，行用，实行。《管子·权修篇》："上身服以先之。"注云："服，行也。凡所欲教人，在上必身自行之。"《左传》文公十八年："服谗搜慝，以诬盛德。"杜注云："服，行也。搜，隐也。慝，恶也。"

③重积德——指多多积累自身之德。重，增厚，增多。《说文》："重，厚也。"《荀子·富国篇》："若夫重色而衣之，重味而食之，重财物而制之，合天下而君之，非特以为淫泰也，固以为王天下。"杨倞注："重，多也。"

④无不克——即无所不胜。克，胜任，战胜。《玉篇》："克，胜也。"《说文》："克，肩也。"徐锴曰："肩者，任也。能胜此物谓

之克。"

⑤有国之母可以长久——谓君王保有了国家这个根本,这个基础,就能够长久不衰。母,根本,基础。

⑥深根固柢——谓使其根柢深入而牢固。柢,树根,本根。《说文》:"柢,木根也。"徐锴曰:"华叶之根曰蒂,木之根曰柢。"深根固柢,则国家稳固,统治长久。

⑦长生久视——谓使其生之日长,使其活之年久,即延年益寿也。视,观看,观望。《说文》:"视,瞻也。"视于物则能明。《广雅·释诂》:"视,明也。"人生存世则能明,死后入土则为殁,故"视"有"活"意。《吕氏春秋·重己篇》:"无贤不肖,莫不欲长生久视。"高诱注:"视,活也。"

【译文】

要使人调理和顺,无灾无害,顺其天性,养其天年,没有比俭啬,即柔弱处下、虚静无为更为要紧的了。只有敛藏其心志而柔弱处下、虚静无为,才能及早地循守于大道。能及早地循守于大道就能厚积其德,积德厚重就会无往而不胜,无往不胜就没有谁能知晓他的最终的极点,莫知其终极之点就能得民众爱戴而保有其国。保有了邦国这个根基,也就能够长久不衰。因此说俭啬积德就是可以使君王益寿延年,使国家稳固长久的基本原则。

六十章

治大国若烹小鲜①[1]。以道莅天下②,其鬼不神③。非其鬼不神也,其神不伤人也④[2]。非其神不伤人也,圣人亦不伤人⑤。夫两不相伤,故德交归焉⑥[3]。

【章旨】

此章以烹鱼切勿烦扰为喻,申明君人治国尤贵于清静无为。清静无为则顺其自然,而神人各得其所。神从天道而民顺人道,如此则德归于民而天下大治。

【校勘】

[1]治大国若烹小鲜。

此从王弼本写定。傅奕本、帛书本并同。又乙本"烹"作"亨"。

[2]以道莅天下,其鬼不神。非其鬼不神也,其神不伤人也。

此从王弼本写定而依帛书本增补两"也"字。甲本缺损"以道莅"三字。乙本"莅"作"立"。傅奕本首句作"以道莅天下者"。

[3]非其神不伤人也,圣人亦不伤人。夫两不相伤,故德交归焉。

此从王弼本写定而依帛书本增"也"字。傅奕本同王本。帛书甲本"圣人亦不伤人"作"圣人亦弗伤也"。乙本间有缺损。

【注释】

①治大国若烹小鲜——谓君王行政施教治理国家,当如同烹煮鲜鱼一样不可胡乱翻搅。小鲜,鲜鱼,生鱼。《礼记·内则》:"冬宜鲜羽。"郑注云:"鲜,生鱼也。"烹煮鲜鱼不可胡乱翻搅,屡屡搅动就会把鱼弄烂,此为烹调的常识。同样,治理国家若政令烦苛,反复变动,就会使民众无所适从而散乱不归。《诗·桧

风·匪风》:"谁能亨鱼,溉之釜鬵。"毛传云:"烹鱼烦则碎,治民烦则散,知烹鱼则知治民矣。"

②以道莅天下——谓君王循守大道而临视天下,治理国家。莅,临近,临视。字或作"蒞",古字作"竦"。《说文》:"竦,临也。"

③其鬼不神——谓鬼魂亦因阴阳和静而顺乎自然,不敢作祟害人。鬼,古人以为人死后精魂升天为鬼。《说文》:"鬼,人所归为鬼。"《列子·天瑞篇》云:"精神者,天之分;骨骸者,地之分。属天清而散,属地浊而聚。精神离形,各归其真,故谓之鬼。鬼,归也,归其真宅。"神,灵验,神灵。《广韵》:"神,灵也。《易·系辞》曰:'阴阳不测之谓神'。"高亨言:"按此'神'字借为'魁'。《说文》:'魁,神也。从鬼申声。'盖鬼灵曰'魁',故字从鬼,与'神'义有别。其鬼不魁,犹言其鬼不灵耳。"

④非其鬼不神也,其神不伤人也——意谓并不是那些鬼神没有灵验了,而是因为君王循守大道以治理天下,社会安定而和谐,那些鬼神不再生成妖妄伤害于人了。高延第云:"有道之君御天下,上下安于性命之情,不邀福,不稔祸,祈祷事绝,妖祥不兴,故其鬼不神。《庄子》云:'一心定而王天下,其鬼不祟。'又云:'阴阳和静,鬼神不扰。'皆此义也。"

⑤圣人亦不伤人——谓明道之君莅临天下,无为不言而顺乎自然,亦无妄行威权妨害民生之政。帛书本作"圣人亦弗伤也",文义相同。

⑥夫两不相伤,故德交归焉——指鬼神与明道之君相互都不伤害民众,而圣人之德与神灵之德又都依归于民众,使民生安定而天下大治。交,共同。《广雅·释诂》:"交,合也。"归,依归,归附。《诗·曹风·蜉蝣》:"心之忧矣,于我归处。"郑笺云:

"归,依归。"王弼注云:"神不伤人,圣人亦不伤人。圣人不伤人,神亦不伤人。故曰'两不相伤'也。神圣合,'道(德)交归'之也。"

【译文】

君王治理国家就如同烹煮鲜鱼一样,烹鱼不能胡乱翻搅,屡屡翻动就会把鱼弄烂;治国则不可随意妄为,妄为数变就会伤民害国。持守大道以临治天下,使社会安定而人民和谐,那鬼神就会显得没有什么灵验。并不是那些鬼神没有什么灵验了,而是那些鬼神也不再伤害人民了。不仅仅那些神灵不再伤害人民,明道之君也不以繁苛之政伤害人民了。两方面都不伤害人民,因此那大恩大德就全都归附于人民了。

六十一章

大国者,下流也①,天下之牝②也[1]。天下之交③也,牝恒以静胜牡④。为其静也,故宜为下⑤[2]。大国以下小国,则取小国⑥;小国以下大国,则取于大国⑦。故或下以取,或下而取⑧[3]。大国不过欲兼畜人⑨,小国不过欲入事人⑩。夫两者各得其所欲,大者宜为下[4]。

【章旨】

此章针对诸侯间争强好胜、交战不已的动乱局面,提出了处理国与国之间关系的准则,即循守大道而虚静处下,无为不争。大国处下不争,则小国从之而得安;小国守静无为,则入事大国而无患。

【校勘】

[1]大国者,下流也,天下之牝也。

此从帛书甲本写定而依乙本改“邦”作“国”,且增补“也”字。王弼本无“也”字,“天下之牝”前有“天下之交”四字。傅奕本同王弼本而“下流”前有“天下之”三字。

[2]天下之交也,牝恒以静胜牡。为其静也,故宜为下。

此从帛书乙本写定而依甲本删“为下”后“也”字。甲本“交”作“郊”,“静”作“靓”。王弼本“天下之交”已在上句“天下之牝”前,余作“牝常以静胜牡。以静为下”。傅奕本同王本而末句作“以其靖,故为下也”。

[3]大国以下小国,则取小国;小国以下大国,则取于大国。故或下以取,或下而取。

此从王弼本写定而依帛书甲本删句首“故”字,增“取于大国”中之“于”字。傅奕本句首有“故”字而“或下”前无“故”字,“取小国”作“取于小国”。帛书甲本“国”作“邦”。乙本末句有缺损。又遂州龙兴观碑本“取于大国”与“或下而取”中之“取”并作“聚”。

按:劳健言:“‘聚’字诸本多误同上句亦作‘取’。开元本、敦煌唐写本、周氏残片与道藏龙兴碑本、赵志坚本皆作‘聚’,是也。聚者犹言附保,即下章‘不善人所保’之义。诸作‘取’者当是‘冣’之讹。《说文》:‘冣,积也。’徐锴曰:‘古之人以聚物之聚为冣。’按此字自汉以来,相承用为‘最’字,如蔡湛颂碑‘三载勋冣’,即其例。是必传写者不识‘冣’字本义,乃妄去冖作取。注家多因而曲为之说,实不可通也。”

[4]大国不过欲兼畜人,小国不过欲入事人。夫两者各得其所欲,大者宜为下。

此从王弼本写定。傅奕本无“夫”字,“大者”前有“故”字。帛书乙本首句作“故大国者”,末句作“则大者宜为下”。甲本“两者各得其所欲”作“皆得其欲”。各本用字或有异,而文义无别。

【注释】

①大国者,下流也——意谓大国就好像是河川的下游近海处,汇聚收纳上游的许许多多小国,如此则愈见其大。下流,即下游,指河川下游的低洼近海地段,上游各条支流汇入其中。《论语·子张篇》:“纣之不善,不如是之甚也,是以君子恶居下流。天下之恶皆归焉。”邢昺疏云:“下流者,谓为恶行而处人下,若地形卑下则众流所归。人之为恶处下,众恶所归。”

②天下之牝——谓大国有如天下最为虚静低下之地而万物汇合聚集于此。牝,母性生殖器。牝常持虚守静而胜牡,此喻大国常虚静无为而待天下之归往。

③天下之交——指天下万物之交配媾合。交,指阴阳交合,雌雄交配。《玉篇》:“交,合也。”《礼记·月令》:“鹖旦不鸣,虎始交。”郑注云:“鹖且,求旦之鸟也。交,犹合也。”

④牝恒以静胜牡——谓雄雌交配媾合时,雌性总是以持虚守静而胜于雄性。牝牡,犹如雌雄。《说文》:“牡,畜父也。”又云:“牝,畜母也。”雌畜常以静守而雄性则以动入,雄性泄精而后殆,故言牝以静胜。

⑤为其静也,故宜为下——正因为母牝的本性虚静,所以也就应该低身处下。此喻大国既然为天下之牝,当然就应该虚静处下而为天下所归往。

⑥大国以下小国,则取小国——谓大国能谦卑处下而礼遇

小国,就会取得小国信赖并甘居于卑微附属之地。下,低下,处下,用作动词。《玉篇》:“下,犹后也,亦犹贱也。”取,收取,取得。《玉篇》:“取,资也,收也。”

⑦小国以下大国,则取于大国——谓小国能够归顺与依附大国,则为大国所信任与容纳。取,同“聚”;字本作“冣”。《说文》:“冣,积也。”

⑧或下以取,或下而取——指大国的谦卑处下而取得小国的归附,而小国的卑微低下则归聚依附于大国。后一“取”字读作“冣”。

⑨欲兼畜人——即想要兼并容纳他人。兼,吞并,合并。《尚书·仲虺之诰》:“兼弱攻昧,取乱侮亡。”孔疏云:“兼谓包之,攻谓击之。……兼、攻、取、侮,是此欲吞并之意。”畜,容纳。《左传》襄二十六年:“获罪于两君,天下谁畜之?”杜注云:“畜,犹容也。”

⑩欲入事人——谓小国的目的不过是想要归附而听命于大国。入事,归附而顺从之。

【译文】

大国就像是河川的下游近海处,汇纳聚合了上游的许多小国而愈见其大,它就像是天下最大的母性生殖器。天下万物交配媾合时,雌畜总是以持虚守静而胜于雄性的,正因为她本性虚静,所以也就应该位处下方。(大国既然为天下之牝,当然就应该守静处下。)大国能谦卑处下而礼遇小国,就会取得小国的信任与归附;小国若柔弱处下而服从大国,就会归附于大国而得到庇护。因此这世界上有的以谦卑处下而取得别人的拥护,有的则卑微居下而得到别人的庇护。大国的目的不过是要容纳而畜养小国，小国的目的不过是要归附而听命于大国。既然大家都能够实现自己的意愿，那么大国当然也就首先要谦卑处下了。

六十二章

道者，万物之奥也①。善人之宝②也，不善人之所保③也[1]。美言可以市④，尊行可以加人⑤。人之不善，何弃之有⑥[2]？故立天子，置三公⑦，虽有拱璧以先驷马⑧，不如坐进此道⑨[3]。古之所以贵此道者何也⑩？不曰求以得，有罪以免邪！故为天下贵[4]。

【章旨】

此章重申天下万物全都归顺于“道”。对善人而言它是宝物，对不善人而言它能保护。依世俗的眼光来看，持守大道既能得其所求，又能免其有罪。因此，自古以来“道”就被天下人所尊尚。

【校勘】

[1]道者，万物之奥也。善人之宝也，不善人之所保也。

此从王弼本写定而依帛书本增补诸“也”字。傅奕本同王本而“奥”后有“也”字，“宝”前亦有“所”字。帛书本并“奥”作“注”，“宝”作“葆”。又甲本“保”亦作“葆”。

[2]美言可以市，尊行可以加人。人之不善，何弃之有？

此从王弼本写定。帛书本并“加”假作“贺”。傅奕本作“美言可以于市，尊言可以加于人”。

[3]故立天子，置三公，虽有拱璧以先驷马，不如坐进此道。

此从王弼本写定。傅奕本末句作“不如进此道也”。帛书甲本“三公”作“三卿”,“拱璧”作“共之璧”,“驷”作“四”,“不如坐进此道”作“不善坐而进此”。乙本作“不若坐而进此”而间有缺损。

[4]古之所以贵此道者何也?不曰求以得,有罪以免邪?故为天下贵。

此从傅奕本写定。王弼本无“也”字,“求以得”作“以求得”。帛书本无“道”字,“曰”作“谓”,“邪”作“舆”。乙本间有缺损。

【注释】

①道者,万物之奥也——谓大道乃为天下万物所爱好而向往归聚之所。奥,本指深邃幽隐处。《释名·释宫室》:“室中西南隅曰奥。不见户明,所在秘奥也。”以其深隐,遂有蕴藏之意。《广雅·释诂》:“奥,藏也。”故凡物所归聚、积聚之所为奥。地之低洼处为凹,山间低地为坳。大道渊博深广而为万物归聚向往,若水之流注其中,故河上公注曰:“道为万物之藏,无所不容也。”帛书本作“万物之注”,《周礼·天官·兽人》:“及弊田,令禽注于虞中。”贾公彦疏云:“注,犹聚也。”故用词虽异,而语义相同。

又帛书整理小组认为:“按注读为主,《礼记·礼运》‘故人以为奥也。’注:‘奥,犹主也。’”万物归聚于“道”,则犹如“道”为万物之主。第四章赞“道”云“渊兮似万物之宗”,与此义同。

②善人之宝——善人循守大道则重积德而无不克,长生久视而无遗身殃,故为善人之宝。

③不善人之所保——谓大道乃使不善人得到保护,受到恩

惠。不善人沾被其恩则适己而有得,因此为不善人所喜爱。保,保养,保护。《国语·周语上》:"事神保民,莫弗欣喜。"韦昭注:"保,养也。"

④美言可以市——谓动听悦人的美言善语,可以为其人交易求利,谋得好处。犹如今天之广告宣传,可以使物品得善价而速售。市,本指买卖之所,此称交易取利之事。《说文》:"市,买卖所之也。"《国语·齐语》:"以其所有,易其所无,市贱鬻贵。"韦昭注:"市,取也。"《广雅·释诂》:"市,买也。"

⑤尊行可以加人——谓尊贵之行可以取得众人的敬佩与尊崇。加人,谓居于人上,被人所敬仰。《广韵》:"加,上也,陵也。"《礼记·内则》:"不敢以贵富加于父兄宗族。"郑注云:"加,犹高也。"《论语·公冶长篇》:"吾亦欲无加诸人。"注云:"加,陵也。"

⑥人之不善,何弃之有——谓人虽有不善,亦不当被弃置不用。人有不善,众人并不嫌弃他,美言以劝喻之,尊行以诱导之,保护慈爱之以使其合于大道而归于至善,如此则虽有不善,亦何可弃之?

⑦立天子,置三公——谓拥立天子,任命三公之时。三公,周时立太师、太傅、太保为三公,为群臣中最尊贵者。《尚书·周官》:"立太师、太傅、太保。兹惟三公,论道经邦,燮理阴阳。"帛书本作"三卿",则指诸侯之重臣。置,设立。《礼记·杂记》:"无子则为之置后。"郑注云:"置,犹立也。"

⑧拱璧以先驷马——指先赠送很大的玉璧,然后赠送四马一乘的重礼。拱璧,特大的玉璧。拱,通"珙"。《说文》:"珙,玉也。"《玉篇》:"珙,大璧也。"《左传》襄公二十八年:"崔氏之臣曰:'与我其拱璧,吾献其柩。'"杜注"拱璧"云:"崔氏大璧。"孔

疏云："拱，谓合两手也。此璧两手拱抱之，故为大璧。"《广韵》："璧，《白虎通》曰：'璧者，外圜象天，内方象地。'"驷马，指四匹马共拉一车，称为一乘。《玉篇》："驷，四马一乘也。"

按：古之献物，有轻先重后之礼。《左传》僖公三十三年："及滑，郑商人弦高将市于周，遇之，以乘韦先，牛十二犒师。"杜注云："商，行贾也。乘，四。韦(先)，先韦乃入牛。古者将献遗于人，必有以先之。"孔疏云："此言乘韦，谓四韦也。遗人之物必以轻先重后，故先韦乃入牛。"《左传》襄公十九年："公享晋六卿于蒲圃，赐之三命之服，军尉、司马、司空、舆尉、候奄皆受一命之服。贿荀偃束锦、加璧、乘马，先吴寿梦之鼎。"杜注云："荀偃，中军元帅，故特贿之。五匹为束，四马为乘。寿梦，吴子乘也，献鼎于鲁，因以为名。古之献物，必有以先。今以璧、马为鼎之先。"《左传》襄公二十六年："三月甲寅，朔，享子展，赐之先路三命之服，先八邑。赐子产次路再命之服，先六邑。子产辞邑。"杜注云："以路及命服为邑之先。"孔疏云："礼，遗人以物，皆以轻先重后。故以路及命服为邑之先也。"又襄公二十六年："圉人归以告夫人，夫人使遗之锦与马，先之以玉。"杜注云："以玉为锦、马之先。"以上所言，皆为明证。

⑨坐进此道——谓席坐而论说进献此虚静无为之道。进，进言，进献。《左传》宣公十二年："进思尽忠，退思补过。"孔疏云："君在其上，施之于君则称进。"

⑩古之所以贵此道者何也——谓古时君王所以尊崇而循行虚静无为之道的原因是什么呢？此句乃设问之辞，与下文"不曰……邪？"相应。正肯定了"道"能够"求而得"，"有罪而免"的重要作用。帛书本上文即言"不若坐而进此"，故此句亦无"道"字，与上文语句保持一致。

【辨析】

此章中“美言可以市，尊行可以加人”一句，王弼本、帛书甲、乙本并同。惟傅奕本作“美言可以于市，尊言可以加于人”。然而《淮南子·道应训》与《人间训》中，两处引用此文均作“美言可以市尊，美行可以加人”。其于“行”前增一“美”字。如此，则“尊”、“人”之韵相协，“言”、“行”之义相合。故多有学者采信之。如俞樾云：“按《淮南子·道应》篇、《人间》篇引此文并作‘美言可以市尊，美行可以加人’，是今本脱下‘美’字。”奚侗云：“‘市’，当训‘取’。《国语·齐语》：‘市贱鬻贵。’高注：‘市，取也。’‘加’，当训‘重’。《尔雅·释诂》：‘加，重也。’此言美言可以取人尊敬，美行可以见重于人。各本捝下‘美’字，而断‘美言可以市’为句，‘尊行可以加人’为句，大谬。宜从《淮南·道应》、《人间》两篇所引订正。”

然而由傅奕本之“美言可以于市，尊言可以加于人”分析，似乎前句中增字亦可，如增一“售”字，作“美言可以售于市，尊行可以加于人”，亦能文从字顺。即直接于王弼本中增一“多”字于“市”前，作“美言可以多市，尊行可以加人”，亦无不可。今帛书甲、乙本并同王本，而王弼注云：“美言之，则可以夺众货之贾，故曰‘美言可以市’也。尊行之，则千里之外应之，故曰‘可以加于人’也。”所言亦合乎情理，故本书仍依从其旧。

【译文】

大道幽隐玄远而为天下万物所向往归聚，善人持守大道则恩惠普施于众而有德，因此它是善人的大宝。不善人则沾被其恩惠而得到庇护，因此它是不善人的保护者。善美的言语能够取得众人的赞赏和尊敬，高尚的行为可以受到众人的称誉和景仰。所以善人总是持守大道，用美言和尊行来关爱和救助那些不善之人。别人如有不善，又怎能对他弃置不顾呢？因此说拥立天子或置任三公等重臣时，即使有珙璧在先、驷马随后等一系列隆重的朝聘礼仪，也不如论说而进谏此"道"于安邦治国更为有效，更为可贵。古时人们之所以尊贵此道的原因何在呢？不就是因为所求可以有得，有罪能够免灾，因此也就被天下人所尊贵吗！

六十三章

为无为①，事无事②，味无味③[1]。大小多少④，报怨以德⑤[2]。图难于其易⑥，为大于其细⑦[3]。天下之难作于易⑧，天下之大作于细。是以圣人终不为大，故能成其大⑨[4]。夫轻诺必寡信⑩，多易必多难⑪。是以圣人犹难之⑫，故终于无难⑬[5]。

【章旨】

此章进一步阐述了"反者道之动，弱者道之用"的基本原则，劝喻人君虚静无为，谦卑处下，"图难于其易，为大于其细"。

【校勘】

[1]为无为，事无事，味无味。

此从王弼本写定。傅奕本、帛书甲本并同。乙本间有缺损。

[2]大小多少，报怨以德。

此从王弼本写定。傅奕本、帛书甲本并同。乙本全部缺损。

[3]图难于其易，为大于其细。

此从王弼本写定。傅奕本“于”前并有“乎”字。帛书本并多有缺损,又其“于”字作“乎”,句末有“也”字。

[4]天下之难作于易,天下之大作于细。是以圣人终不为大,故能成其大。

此从帛书甲本写定而依王弼本增补其缺损的“成其大”三字。王本前两句作“天下难事必作于易,天下大事必作于细”。傅奕本同王本而“天下”后并有“之”字。

[5]夫轻诺必寡信,多易必多难。是以圣人犹难之,故终于无难。

此从王弼本写定而依帛书甲本改末句“终无难矣”作“故终于无难”。乙本间有缺损。傅奕本“必”前并有“者”字。

【注释】

①为无为——谓君王的言语行为、行政施教要顺其自然,清静无为。为,作为,行为。指人们平时的言行处事,君王的施政治国。《国语·晋语七》:“诸侯之为,日在君侧。”韦昭注:“为,行也。”无为,指无私无欲,无为不言。即不依照个人的心志欲念去作为,而顺从事物之客观规律去行事。

②事无事——谓君王的行政施教要顺其自然,而不要依从于个人的志欲任意妄为而多生事端。无事,即无欲无为,顺其自然。

③味无味——谓君王的饮食用餐要清淡适口而不贪求肥美厚味。味,滋味,味道。此用作动词,泛指人们的饮食用餐。无味,指清心淡欲,不贪美食,不求厚味。

④大小多少——谓大其小者而多其少者。指君王须推重于柔弱卑微,崇尚于少私寡欲。大、多,用作动词。意为推崇,尊

尚，推重。小，少，为名词。指处虚守静，无欲无为，柔弱卑微，简易质朴。《荀子·非十二子篇》："上功用，大俭约而僈差等。"王念孙曰："上，与'尚'同。大，亦'尚'也；谓尊尚俭约也。"

⑤报怨以德——谓君王对于别人的怨恨，要用体道行德来应答回报。《说文》："怨，恚也。"《广韵》："怨，恨也。"在老子看来，生恩怨则必有私心，有私心则背离大道。只有体道而行，清静无为，无私无欲，报怨以德，才真正体现"道"的原则，才是最为正确的做法。

⑥图难于其易——谓谋划解决困难时要从简易处下手。图，图谋，谋划。《说文》："图，画计难也。"《尔雅·释诂》："图，谋也。"

⑦为大于其细——谓完成大业要从细小之事做起。为，犹如完成，成就。《广雅·释诂》："为，成也。""图难于其易，为大于其细"二句似为古代成语。老子于此解说其义而阐发道德之论，也是对上句所言"大小多少"的具体解释。

⑧天下之难作于易——指天下所有的困难事情必定产生于简易之初。作，兴起，发生。《说文》："作，起也。"《韩非子·喻老篇》云："有形之类，大必起于小；行久之物，族必起于少。故曰：天下难事必作于易，天下大事必作于细。"

⑨圣人终不为大，故能成其大——明道之君始终都能谦卑处下而不妄自尊大，因此也就能够君临天下而成就其大业。

⑩轻诺必寡信——指轻易允诺者，很少能够信守其言。即轻视其诺言者必然缺少诚信。诺，应答之辞。

⑪多易必多难——谓总是把事情看的很容易的人，必定会经常遇到很多困难。多易，指经常把事情看得很简单而心生轻视。

⑫圣人犹难之——即圣人犹之难之。指明道之君总是认真

仔细地谋划考虑各种事情，追究探明事情的原委而认真地予以解决。犹，或作猷，谋划。《诗·大雅·文王》："世之不显，厥犹翼翼。"郑笺云："犹，谋也。"《尔雅·释诂》："猷，谋也。"邢疏云："猷者，以道而谋也。"难，诘责，诘问。难之，即追问其事之究竟。

⑬终于无难——谓凡事都谨慎小心，预先都考虑得非常周全详细，最终也就没有什么困难了。张舜徽先生云："此言凡轻于许诺者，视事太易，必难践言；凡视事太易者，未曾慎思，终必自困也。重申善为君者，遇事慎之重之，而不视之太易，故终致无难事也。"

【译文】

君王的所作所为要顺其自然，清静无为。君王的尽职行事要少私寡欲，不生事端。君王的吃喝食饮要清淡适口，不求肥厚。要尊尚其柔弱卑微而自甘于谦卑处下，要用体道行德来回应对待别人的怨恨。解决困难问题要从简易的地方着手，实现宏图大业要从细小的事情开始。天下所有困难的事情都兴起于容易之时，天下所有重大的事情都产生于细小之始。因此明道之君始终都不妄自尊大、张扬夸耀，最终却能够成就大业而实现大治。那些轻易作出的许诺必定缺少诚信而难于兑现，总是把事情看得很容易那肯定会遇到很多困难。因此明道之君总是认真对待各种事情，反复仔细地谋划考虑其中的困难，而最终也就没有什么困难了。

六十四章

其安也,易持①;其未兆也,易谋②;其脆也,易泮③;其微也,易散④。为之于未有⑤,治之于未乱⑥[1]。合抱之木,生于毫末⑦;九层之台,起于累土⑧;千里之行,始于足下[2]。为者败之,执者失之⑨。是以圣人无为也,故无败;无执也,故无失[3]。民之从事也,恒于其几成而败之⑩,故曰:"慎终若始⑪,则无败事矣[4]。"是以圣人欲不欲⑫,不贵难得之货;学不学,复众人之所过⑬;以辅万物之自然,而不敢为⑭也[5]。

【章旨】

此章乃推演"图难于其易,为大于其细"之义,劝喻人君循守大道要从现在做起,从细微之事做起。要无私无欲,无为无执。并且要慎始慎终,持之以恒。

【校勘】

[1]其安也,易持;其未兆也,易谋;其脆也,易泮;其微也,易散。为之于未有,治之于未乱。

此从王弼本写定而依帛书甲本例增诸"易"字前"也"字。傅奕本"泮"作"判",末两句作"为之乎其未有,治之乎其未乱"。帛书甲本仅存首句,作"其安也,易持也"。乙本全部缺损。

[2]合抱之木,生于毫末;九层之台,起于累土;千里之行,

始于足下。

此从王弼本写定。傅奕本“抱”作“裒”,“毫”作“豪”,“层”作“成”。帛书本并“层”作“成”,“起”作“作”。又“累”字,甲本作“羸”,乙本作“虆”。“千里之行”,甲本作“百仁之高”,乙本作“百千之高”。

[3]为者败之,执者失之。是以圣人无为也,故无败;无执也,故无失。

此从王弼本写定而依帛书甲本增补“故”前“也”字。傅奕本同王本。帛书本并多有缺损。又乙本“为者”作“为之者”。

[4]民之从事也,恒于其几成而败之。故曰:“慎终若始,则无败事矣。”

此从帛书乙本写定而依傅奕本增“其”后“几”字。甲本“成”后有“事”字,“故”后无“曰”字。王弼本作“民之从事,常于几成而败之,慎终如始,则无败事”。傅奕本同王本而“几”前有“其”字,句末有“矣”字。楚简本首句作“人之败,恒于其且成也败之”。

[5]是以圣人欲不欲,不贵难得之货;学不学,复众人之所过;以辅万物之自然,而不敢为也。

此从王弼本写定而依傅奕本增句末“也”字。帛书本并“欲不欲”后有“而”字,“以辅”作“能辅”。又甲本“学不学”后亦有“而”字。

【注释】

①其安也,易持——谓那些安静不动的东西往往易于握持而不失,那些安定稳固的物体往往容易维持而不变。其,语助词。

②其未兆也,易谋——谓那些尚未形成、尚未发生的事情往往易于谋划处置。未兆,没有显现征兆,指事情尚未发生的时候。兆,本指烧灼龟甲时开裂的纹路,视其兆而占卜其事。引申为表征,迹象。《说文》:"兆,灼龟坼也。"《国语·吴语》:"天占既兆,人事又见。"韦昭注:"兆,见也。"

③其脆也,易泮——指那些松脆的东西往往容易开裂破碎。泮,通"判",分解,分裂,分散。《说文》:"判,分也。"

④其微也,易散——谓事情在隐微不显的时候易于消散清除。散,分散,消散。

⑤为之于未有——要在问题还没有出现之前就预先来安排处置。为,"为而不恃"之为。指顺乎自然的正常作为。

⑥治之于未乱——要在混乱尚未产生之前就及时地治理解决。张舜徽先生云:"此二句言善为君者,慎于事先,故无败失。若变至而图之,则多败;已危而持之,则多失。'为之于未有',乃就上文'其安易持,其未兆易谋'而言;'治之于未乱',乃就上文'其脆易泮,其微易散'而言;所以明慎始之要。"

⑦合抱之木,生于毫末——指那些高大粗壮,需要众人连手才能围拢的树木,是由小芽嫩苗长成的。毫末,形容极细微的东西,此指嫩芽小苗。

⑧九层之台,起于累土——指那些极其高大的土台,乃是由一点点的土壤堆积而成的。九层,或作"九成",亦云"九重"。《尔雅·释地》:"丘一成为敦丘。"郭璞注:"成,犹重也。"累,或作"絫",黍累为我国古代两种极小的重量单位。《孙子算经》卷上:"称之所起起于黍,十黍为一絫。"《汉书·律历志》:"权轻重者不失黍絫。"应劭曰:"十黍为絫,十絫为一铢。"累,帛书甲本作"羸",乙本作"虆",乃音同假借。

⑨为者败之，执者失之——指依照自己的私欲而着意作为的君王必定遭遇失败。而按照自己的欲念着意把持权柄、获取财货的君王必定失去所得。

⑩恒于其几成而败之——常常在事情接近成功时反而败坏其事。几成，谓几近成功，接近事情的完成。《尔雅·释诂》："几，近也。"楚简本此句作"恒于其且成也败之"，后人或改"且"作"几"，遂成傅本之"常于其几成而败之"。或夺"其"字，遂成王本之"常于几成而败之"。或夺"且"字，则成帛书本之"恒于其成而败之"。然而统观其文义，并无明显区别。

⑪慎终若始——谓做事情在其快要结束的时候也要谨慎小心，就如同事情刚刚开始一样。千万不可草率懈怠，掉以轻心。

⑫欲不欲——欲众人之所不欲。谓明道之君所欲得之物乃为众人所不愿得到的东西。众人贵难得之货，圣人反不贵之。众人好有欲有为，圣人则无欲无为。

⑬学不学，复众人之所过——谓明道之君如若有学，也只是仿效世俗众人所不愿仿效的东西如虚静无为、柔弱处下等，返回到众人所经过而弃之不顾的卑下污辱之地。复，返归，返回。众人以清静无为为无用而弃之不顾，圣人则返归于清静无为而循行之。众人以谦卑处下为低贱无能而远离之，圣人则返归于卑下污辱之地而守持之。

⑭以辅万物之自然，而不敢为——谓总是能够辅相天下万物，顺其自然地生长而不敢有欲有为，即不敢以自己的私心贪欲而背"道"妄为。此乃总结之语，谓圣人之"欲不欲"与"学不学"，正是辅相万物之自然而不敢为的具体表现。

【译文】

那些安定稳固的事物往往易于维持,那些尚未发生的事情往往易于谋划,那些松软脆弱的东西往往易于破裂,那些隐微不显的事物往往容易消散。所以,要在事情没有出现之前来安排处置,要在混乱尚未产生之初就治理解决。那合抱粗的大树,长成于小芽嫩苗;那九重高的楼台,修成于细壤累土;那千里之遥的行程,开始于脚下之地。天下所有之事,凡依照自己的私欲去着意作为的,反而会败坏其事;天下所有之物,凡依照自己的心思去执意把持的,反而会失去其物。所以,明道之君总是顺其自然,清静无为,因此也就没有败亡之事;总是无私无欲,不抓持什么东西,因此也就什么都不会失去。而民众在做事的时候,往往是在几乎接近成功的时候反而遭到失败。因此说:"当事情快要结束时仍然谨慎小心,就如同刚刚开始一样,那决不会出现败亡之事。"所以明道之君总是愿望得到那些众人所不愿得到的东西,而不看重那些稀见难得的珍宝金玉;总是学习那些众人所不愿学的东西如清静无为等,返归于众人所曾经过但被弃之不顾的卑下污辱之地;总是能够辅助天下万物顺其自然地发展变化,不敢为了满足私欲而胡作妄为。

六十五章

古之善为道者①,非以明民,将以愚之②[1]。夫民之难治,以其多知③也。故以知治国,国之贼也④;不以知治国,国之德⑤也[2]。恒知此两者亦稽式也⑥,恒知稽式,是谓玄德⑦。玄德深矣,远矣,与物反矣⑧,乃至大顺⑨[3]。

【章旨】

老子此章重申“见素抱朴”之义，强调人君治国必须黜其聪明，偃其智慧。即管子所谓的“其处(物)也若无知，其应物也若偶之”。只有体行此道的君王才能有大德，也才能至于大顺的最高境界。

【校勘】

[1]古之善为道者，非以明民，将以愚之。

此从王弼本写定。傅奕本同。帛书甲本作“故曰：为道者非以明民也，将以愚之也”。乙本间有缺损，又“故曰”作“古之”。

[2]夫民之难治，以其多知也。故以知治国，国之贼也；不以知治国，国之德也。

此从傅奕本写定而依帛书乙本增句首“夫”字，且改“福”作“德”。王弼本作“民之难治，以其智多。故以智治国，国之贼；不以智治国，国之福”。帛书本并无“多”字，“治”作“知”，“不以”作“以不”。又甲本无“夫”字，“国”作“邦”。

按：王本“民之难治，以其智多”句下，其注云：“多智巧诈，故难治也。”据此则王本“智多”原亦当作“多智”。

[3]恒知此两者亦稽式也，恒知稽式，是谓玄德。玄德深矣，远矣，与物反矣，乃至大顺。

此从帛书乙本写定而依甲本补“物”前“与”字，改“反也”作“反矣”。又甲本“是谓”作“此谓”。王弼本首句作“知此两者，亦稽式”，末句作“然后乃至大顺”。傅奕本“恒知稽式”作“能知稽式”，“乃至大顺”作“乃复至于大顺”。

【注释】

①善为道者——此指能够循守大道以行政施教的君王。四十八章云："为道者日损。损之又损，以至于无为而无以为。"则善为道者能处虚守静而无为不言。

②非以明民，将以愚之——意谓明道之君不把自己的聪明才智显露于民众，不用自己的机敏智巧对付民众，而是闭智塞聪，和光同尘，以无欲无求、淳厚朴实的"愚昧"之态显示于民。王弼注云："明，谓多见巧诈，蔽其朴也。愚，谓无知守真，顺自然也。"人君显露其才智而与民争利，则民众亦效仿其所作所为，遂易生蒙蔽欺瞒之患而伤害其政，故明道之君往往闭塞其聪明而示之以愚。

③民之难治，以其多知——谓民众所以难于治理的根本原因，是因为君王总是推崇和显示自己的聪明才智。其，代词，指人君。多，用作动词，看重，推崇，炫耀。第十章云："爱民治国，能无以知乎？"十九章云："绝圣弃智，民利百倍。"老子一贯主张君王治国"不以知"，主张"弃智"，反对"多知"。

④以知治国，国之贼也——谓君王倚仗着自己的聪明才智来发号施令，治理国事，是对国家的严重危害。帛书本"治国"作"知国"，知，犹"主"。知国，谓主持国政。《左传》襄公二十六年："公孙挥曰：'子产其将知政矣，让不失礼。'"《国语·越语上》："有能助寡人谋而退吴者，吾与之共知越国之政。"其知政，即为政，即主政治国。贼，伤害，危害。国之贼，指对国家的祸害。

王弼注云："民之难治，以其多智也。当务塞兑闭门，令无知无欲尔。以智术动民，邪心既动，复以巧术防民之伪；民知其术防，随而避之，思维密巧，奸伪益滋。故曰：'以智治国，国之贼也。’”

⑤国之德——即国之福。福、德二字义可通。《礼记·哀公问》:“君之及此言也,百姓之德也。”郑注:“德,犹福也。”《国语·晋语六》:“夫德,福之基也。”

⑥恒知此两者亦稽式也——谓君王经常能明知于这两点,也就等于是参考和效仿历来治国的经验法则。两者,指“以知治国,国之贼也”与“不以知治国,国之德也”。稽式,指参考效法历来治国的法则、法式。稽,考察,考核。《尚书·尧典》:“曰若稽古帝尧。”注云:“稽,考也。”式,法式,法则,准则。《说文》:“式,法也。”《尚书·说命》:“百官承式。”注云:“百官仰法。”

⑦玄德——深远之德,根本之德。玄,深远幽隐,微妙幽深。凡合于道者则谓玄德。

⑧与物反矣——谓偕同民众一起返归于大道。物,指民众。众议为物议,众论为物论,故“物”有“众”意。反,同“返”。指返归其真,即返归于质朴之初,返归于自然之道。

⑨乃至大顺——谓天下万物莫不顺乎自然之道而成其自然之性,使天下达于大治。《说文》:“顺,理也。”

【辨析】

此章所言,或有学者以为其集中体现了老子敌视人民的愚民思想。“非以明民,将以愚之”则被解释为“不是用道来教人民聪明,而是用道来教人民愚昧”,并与第三章之“虚其心,实其腹,弱其志,强其骨”相联系,以为这都是针对人民的。其实这的确是对老子的误解。

此章首句言“古之善为道者,非以明民,将以愚之”,若去掉两个“以”字,作“非明民,将愚之”,明民谓使民明,愚之谓使民愚，其说似尚可成立。今有两“以”字，以，用也。用何物？用“明”，用“愚”。换句话说，此句可读作“非用明于民，将用愚于民”，且其“愚”字乃指守其淳朴而不用智巧，不施心计，并非欺瞒愚弄之意。接下来不是说“故以知治国，国之贼；不以知治国，国之德”吗？通观《老子》全书，其讲“无为”、“不言”、“为雌”、“不盈”、“无以知”、“若朴”、“若浊”、“致虚”、“守静”、“其政闷闷，其民淳淳；其政察察，其民缺缺”等等，全都是对着侯王，即诸侯之君而言的，此处当然也不例外。如果对照二十章所言：“我独泊兮，其未兆，如婴儿之未孩，儽儽兮若无所归。众人皆有余，而我独若遗，我愚人之心也哉，沌沌兮！俗人昭昭，我独昏昏；俗人察察，我独闷闷。”就会看得更为明白。当然，仔细阅读一下第三章而贯通其文义，就会明白那“虚其心，实其腹，弱其志，强其骨”，也并非针对民众，而同样是指诸侯之君的。

另外，张舜徽先生云：“此言古之精于君道者，大智内明，无幽不照，外若愚昧，不耀于人，闭智塞聪，使人莫由窥其端倪，而绝欺蔽之原也。‘非以明民’，谓不以己之聪明才智显露于外，使群下得洞察其浅深也。‘将以愚之’，则谓自处于无知无能以愚惑群下，而群下竞效其智能以为己用也。《管子·心术上篇》云：‘有道之君，其处(物)也若无知，其应物也若偶之，静因之道也。’《吕氏春秋·君守篇》云：‘善为君者无识，其次无事。有识则有不备矣，有事则有不恢矣。’《淮南子·原道篇》云：‘圣人内修其本而不外饰其末，保其精神，偃其智故。’皆足以发明斯恉。古之言君道者，必主于去健羡，黜聪明，所以养其神也。《韩非子·扬权篇》云：‘主上不神，下将有因。’又云：‘主失其神，虎随其后；主上不知，虎将为狗。’神者，不测之谓也。‘非以明民，将以愚之’，即人君韬光晦迹之术。实道论之精英，乃无为而无不为之根柢。自来解《老子》者，昧于斯恉，乃谓为古代愚民政策所自出，而以秦世燔《诗》《书》、愚黔首比傅之，惑矣。顾历代人君，上托斯语而行愚民之政者，固比比皆是，然非《老子》原意所在也。”显然，张先生将老子所倡“无为不言”之“道”，与战国秦汉时所流行的“道论”，即黄老派所宣扬的“无为而无不为”的君人南面之术相等同了。老子之“道”主张处虚守静，顺其自然，无私无欲，无为不言。而“道论”家所主张的则是君王以“无为不言”之术来驾驭群臣，最后收到“无不为”的成效。两者是有着根本不同的。

【译文】

上古时代善于循守大道的君王，（其行政施教顺乎自然、清静无为，）从不把自己的聪明才智显露于民众，而总是闭塞其聪明，显现出无私无欲、无知无能的愚昧之态。民众难于治理的根本原因，就是因为君王自诩和炫耀自己的聪明才智，（反而导致臣民的竞相仿效，造成群臣的投机钻营，蒙骗欺蔽。）所以任用自己的聪明智能来治理国家，那是国家的祸害；不用自己的聪明智能而循守大道来治理国家，那才是国家的福分。君王经常能明了于上述两点，也就是稽考并效仿古代治国的法度准则。经常能够稽考而效仿古代治国的法度准则，这就是具有着循守大道的根本之德。君王的根本之德幽深而又玄远，最终就会与民众一起返朴归真，就能使天下万物莫不顺其自然，从而实现国家的安定与社会的和谐。

六十六章

江海所以能为百谷王①者，以其善下之②也，故能为百谷王[1]。是以圣人之欲上民③也，必以其言下之④；欲先民也，必以其身后之⑤[2]。故居上而民弗重⑥也，居前而民弗害也，天下皆乐推而弗厌⑦也。非以其无争与⑧，故天下莫能与争[3]？

【章旨】

此以江海之低洼善下而为百川所归聚为喻，申明君王必须谦卑处下，无欲不争。君王能守辱处下，则为万民所拥戴；君王能谦让不争，则为天下所敬重。天下皆乐推而不厌，如何不为万民之主？

【校勘】

[1]江海所以能为百谷王者，以其善下之也，故能为百谷王。

此从傅奕本写定。王弼本无“也”字。帛书本“故”作“是以”。又甲本“所以”前有“之”字。

[2]是以圣人之欲上民也，必以其言下之；欲先民也，必以其身后之。

此从帛书本写定而依王弼本删“欲先民”前“其”字。王本无“圣人之”及两“也”字。傅奕本无“圣人”后“之”字与两“也”字。

[3]故居上而民弗重也，居前而民弗害也，天下皆乐推而弗

厌也。非以其无争与,故天下莫能与争?

此从帛书乙本写定而依甲本改“不以”作“非以”。甲本“居上”句在“居前”句后,无“皆”字。傅奕本作“是以圣人处之上而民弗重,处之前而民不害也。是以天下乐推而不猒,不以其不争,故天下莫能与之争”?王弼本同傅本而无诸“之”字,“以其不争”前脱“不”字。

【注释】

①为百谷王——谓成为天下之溪流河川所归往汇聚之地。《说文》:“王,天下所归往也。”

②善下之——谓喜好以卑微低下自处,喜好居处于低洼卑下之地。善,喜好。下,处下,用作动词。

③圣人之欲上民——谓明道之君将要居于民上而为其君。欲,将然之辞。此指圣人之从民愿而居其上,非谓圣人之内有私欲而贪求上位。上,居上,用作动词。

④以其言下之——谓使其言语行为谦虚卑下而恭敬于民。如自称孤、寡、不穀等。

⑤欲先民也,必以其身后之——谓君王将要居于民众之前成为其君,就一定要使自己退身民后而谦让不争。先民,即先于民,位居于民众之前。《玉篇》:“先,前也。”

吴澄云:“言下之,卑屈其言而不尊高。身后之,退却其身而不前进。此圣人谦让盛德,非有心于上人先人(而)为之。读者不以辞害意可也。”

⑥居上而民弗重——谓明道之君虽位居民上而民众并不感到负担沉重和辛苦劳累。高亨言:“‘重’犹‘累’也。‘而民不重’,言民不以为累也。《诗·小雅·无将大车》:‘无思百忧,祇

自重兮。'郑笺:'重,犹累也。'《汉书·荆燕吴传》:'事发相重',颜注:'重,犹累也。'即'重'有'累'义之证。"

⑦乐推而弗厌——谓民众全都乐意推举他为君王而并无厌弃之心。推,拥戴,推举。《尚书·周官》云:"推贤让能,庶官乃和。"厌,厌恶,厌弃。《论语·雍也篇》:"予所否者,天厌之!天厌之!"邢疏云:"予,我也。否,不也。厌,弃也。"

⑧非以其无争与——不是因为他无私无欲,不与民争吗?与,通"欤",疑问词。

按:末句王弼本作"以其不争,故天下莫能与之争",乃平常之叙述句式。帛书本之"非以其无争与,故天下莫能与争",傅奕本之"不以其不争,故天下莫能与之争"并为反问句式。虽所用句式有异,而所表达的语义则相同。都是说明道之君无为不争,虚静处下,因此能得民众拥戴而无人能与之相争。

【译文】

大江大海所以能够成为河川溪谷归流汇聚之地,就是因为它们喜好自处于最为低洼卑下的地方,所以才能够成为百谷之王。因此明道之君要想位居于民众之上而被人尊崇,就一定要使自己的言谈话语谦卑低微,甘居人下。要想位居于民众之前而被人拥戴,就一定要使自己的行为处事柔弱卑下,甘居人后。故而君王虽然位居于民众之上,但民众并不因此感到有负担;虽然身居于民众之前,而民众并不因此感到有所妨碍。天下之人全都乐意推举他成为君王而并不厌烦其在上位,不就是因为他谦卑处下,无欲不争,因此天下也就没有谁能够同他相争吗?

六十七章

天下皆谓我大①,大而不肖②。夫唯不肖,故能大③;若肖,久矣其细也夫[1]! 我恒有三宝,持而宝之④:一曰慈⑤,二曰俭⑥,三曰不敢为天下先⑦[2]。夫慈,故能勇⑧;俭,故能广⑨;不敢为天下先,故能为成器长⑩[3]。今舍其慈,且勇⑪;舍其俭,且广;舍其后,且先;则死矣⑫[4]! 夫慈,以战则胜,以守则固。天将建之,如以慈垣之⑬[5]。

【章旨】

此章描述了"道"的周普天下与遍及万物之"大",介绍了循守大"道"的三项基本原则:一曰慈,二曰俭,三曰不敢为天下先。君王能够遵循这些基本原则,就能兴旺昌盛;反之,就会必入死地。

【校勘】

[1]天下皆谓我大,大而不肖。夫唯不肖,故能大;若肖,久矣其细也夫!

此从帛书乙本写定而依王弼本增补"皆"字,且改"宵"作"肖"。甲本间有缺损,而末句作"若宵,细久矣"。王本作"天下皆谓我道大,似不肖。夫唯大,故似不肖;若肖,久矣其细也夫"! 傅奕本同王本而首句无"道"字。又"唯"作"惟"。

按:张舜徽先生云:"首句之'我',谓'道'也。《老子》明云:'吾不知其名,字之曰道,强为之名曰大。'是'大'者,道之别名。故此处首句'天下皆谓我大',犹云天下之人,皆称道为大也。后人附注'道'字于'我'字下,展转传钞,窜入正文,故王弼本遂作'天下皆谓我道大'矣。帛书乙本无'道'字,可证也。"

[2]我恒有三宝,持而宝之:一曰慈,二曰俭,三曰不敢为天下先。

此从王弼本写定而依帛书本增补"恒"字。傅奕本首句作"吾有三宝"。帛书乙本"宝"作"琛","持"作"市","俭"作"检"。甲本脱"持而宝"三字,"宝"作"葆","俭"作"检"。

[3]夫慈,故能勇。俭,故能广。不敢为天下先,故能为成器长。

此从傅奕本写定而依帛书本增"成器长"前"为"字。王弼本无"夫"字,"成器长"前亦无"为"字。帛书甲本"成器"作"成事"。乙本"故能广"之"故"误作"敢"。

按:《韩非子·解老篇》引此文亦作"成事长",与甲本相同。"成器"义同"成事",乃指大事、大器。

[4]今舍其慈,且勇;舍其俭,且广;舍其后,且先;则死矣!

此从帛书乙本写定而依王弼本改"兹"作"慈",改"检"作"俭"。甲本脱"舍其俭,且广"五字,又"死"前有"必"字。王弼本无诸"其"字及"则"字。傅奕本"则死矣"作"是谓入死门"。

[5]夫慈,以战则胜,以守则固。天将建之,如以慈垣之。

此从帛书乙本写定且依王弼本改"兹"作"慈","单"作"战","朕"作"胜"。甲本缺损"以战"二字。王弼本末句作"天将救之,以慈卫之"。傅奕本同王本而"以战则胜"作"以陈则正"。它本或作"以阵则胜"。盖"战"与"陈"、"阵","胜"与"正"古音相同,义亦相近,可互为通假。

【注释】

①天下皆谓我大——谓天下之人都称说我广博宏大。我，指“道”。大，指道的幽深玄远，广博宏大，乃老子为“道”所立之名。二十五章云：“有物混成，先天地生。寂兮廖兮！独立而不改，周行而不殆，可以为天地母。吾不知其名，字之曰道，强为之名曰大。”

②大而不肖——谓“道”虽广博宏大，却不似于任何一物。肖，类似。《说文》：“肖，骨肉相似也。”《方言》云：“肖、类，法也。齐曰‘类’，西楚、梁、益之间曰‘肖’。”郭璞注云：“肖者，似也。”

③唯不肖，故能大——谓“道”就是因为不与世间任何一物相似，所以才没有具体之形，没有可命之名，所以才称其为“大”。

④持而宝之——谓持守不失且宝爱珍藏着它。宝，用作动词，或作“保”，意为珍爱，珍藏，保藏。

⑤一曰慈——第一宝为慈爱。慈，慈爱，慈惠。《说文》：“慈，爱也。”《左传》文公十八年：“忠肃共懿，宣慈惠和。”孔疏云：“慈者，爱出于心，恩被于物也。”慈爱于物则恩惠存心而奉献于外。此指“道”之爱人爱物，无私无欲，处下不争而善利万物。

⑥二曰俭——第二宝为俭约。俭，俭啬，俭约。指“道”的无私无欲，不贪不奢，知足知止，恬淡俭约。“甚爱必大废，多藏必厚亡。”俭于物则民安而国家富足，啬于身则精固而长生久视。

⑦不敢为天下先——指君王之言行处事总是循守大道而不敢不为，总是柔弱处下而顺其自然。即第七章所言之“圣人后

其身而身先,外其身而身存”。先,首唱,即先人而为。《荀子·修身篇》:“以善先人者谓之教,以善和人者谓之顺。”杨倞注:“先,谓首唱也。”

⑧慈,故能勇——谓其慈惠爱众,则能勇猛果决,无所畏惧。其柔以克刚,故能健壮有力,无所不胜。陆希声云:“夫慈愍于物者,必能勇于拯救,所谓‘仁者必有勇’也。”

⑨俭,故能广——谓俭约于物则家给人足,国泰民安。啬爱于身则精力充沛,长生久视。五十九章言:“治人事天莫若啬。夫唯啬,是以早服,早服谓之重积德。”重积德则无灾无祸,自然就能广且久。

⑩为成器长——指成为大器之长,即成为天下之君。成器,犹“大器”。《左传》成公六年:“成师以出而败楚之二县,何荣之有焉?”杜注云:“六军悉出,故曰成师。以大胜小,不足为荣。”《左传》襄公十四年:“成国不过半天子之军”。杜注云:“成国,大国。”

⑪舍其慈,且勇——谓舍弃慈柔之本,而一味地盲目逞强而好勇斗狠,无惧无畏。舍,舍弃,丢弃。且,义同“担”,《广雅·释诂》:“摣、担,取也。”王弼注云:“且,犹取也。”且勇,即取用勇敢而弃其柔弱,指采用好勇斗狠而无所畏惧。

⑫则死矣——谓就会步入死地。帛书甲本作“则必死矣”,傅本作“是谓入死门”,虽所言有异,而文义相同。

⑬天将建之,如以慈垣之——谓上天若将确立他为君王,就会以慈爱护卫其身。建,设置,树立。《玉篇》:“建,竖立也。”王本、傅本“建”并作“救”,《玉篇》:“救,助也。”如,则,就。王引之《经传释词》云:“如,则也。”垣,围墙。此用作动词,意为护卫,保护。《说文》:“垣,墙也。”《释名·释宫室》:“垣,援也。

人所依阻以为援卫也。”王念孙《广雅疏证》云：“垣之言环也，环绕于宫外也。”

【译文】

天下之人都称赞我广博宏大，且称名我作“大”，我虽然玄远宏大，却不似于任何一物。就是因为我与任何事物都不相似，所以我才能够这么玄远宏大。如果要是相似于任何一物，那么我早就已经变得细小了啊！我总是有三件宝物持守而珍藏于身。一件叫作“慈”，即慈爱恩惠；一件叫作“俭”，即俭约不奢；一件叫作“不敢为天下先”，即柔弱处下而无为不争。持守这个“慈”，就能勇于救施而无所畏惧；持守这个“俭”，就能无灾无祸而久行广用；持守“不敢为天下先”，就能得民众拥戴而真正成为天下之君。现在如果舍弃掉慈爱，只是一味的勇往直前；舍弃掉俭约，只是一味的奢侈贪求；舍弃掉柔弱处下，只是一味的有为争先，那就必定是死路一条。那“慈”是最有力量的，用它攻战就能取胜于敌，用它据守就能稳固自己。上天想要树立什么人，就会用慈爱恩惠来护卫保佑着他。

六十八章

善为士者不武①，善战者不怒②，善胜敌者不与③，善用人者为之下④，是谓不争之德[1]。是谓用人⑤，是谓配天⑥，古之极也⑦[2]。

【章旨】

老子此章以为士用人和善战胜敌的最佳境界为喻，说明守辱处下、无为不争是君王应有的美德。是自古以来用人配天，即顺从人道符合天道的最高准则。

【校勘】

［1］善为士者不武，善战者不怒，善胜敌者不与，善用人者为之下，是谓不争之德。

此从王弼本写定。傅奕本句首有“古之”二字，“武”后有“也”字，“不与”作“不争”。帛书乙本句首有“故”字。甲本“争”作“诤”。

［2］是谓用人，是谓配天。古之极也。

此从王弼本写定而依帛书乙本删“用人”后“之力”二字。甲本脱“配”字。乙本“配”作“肥”。傅奕本同王本。

【注释】

①善为士者不武——谓善于训导与使用群臣百官的君王绝不盛气凌人。为士，养士，用士。指训导与统领百官。王弼注云：“士，卒之帅也。”《礼记·王制》有云“天子之元士”，“诸侯之上士、中士、下士”，则士为各级官员之总称。武，指刚健威猛而凌驾人上。王弼注云：“武，尚先凌人也。”《玉篇》：“武，健也。一曰威也，断也。”善于养士用士之君谦卑处下，柔弱虚静，故“不武”。

②善战者不怒——谓善于指挥作战的将帅不因自己的志欲而生恼怒愤恨之心。不怒，不愤恨，不气恼。《说文》：“怒，恚也。”“恚，恨也。”《孙子兵法·火攻篇》云：“主不可以怒而兴师，将不可以愠而致战。”愤恨气恼皆由于己心私欲而发，善战者观天察地，明于敌我而无私无欲，故“不怒”。

③善胜敌者不与——谓善于胜敌之君不会直接与敌人交战拼杀以取得胜利，总是能不战而屈人之兵。与，连及，接触。引申指交战、攻杀。《国语·越语下》："彼来从我，固守勿与。"韦昭注云："勿与战也。"高延第云："不与，谓不待交兵接刃。《孙子兵法》云：'用兵之法，全国为上，破国次之；全军为上，破军次之。''不战而屈人之兵，善之善者也。'即'胜敌不与'之义也。"

④善用人者为之下——谓善于使用人才的君王总是甘居他人之后，即谦卑待人，柔弱处下。

⑤用人——即行用人道，践行于人道。指君王之行政施教能够顺乎民心而符合人与人相互交往的准则。用，行用，顺从。《说文》："用，可施行也。"《孝经·庶人》："用天之道。"邢疏云："春生夏长，秋敛冬藏，举事顺时，此用天道也。"则"用"乃"顺"、"由"之意。

⑥配天——即配合天道，符合天道。指君王之行政施教符合于客观自然的运行规律。《玉篇》："配，匹也，对也，合也。"

⑦古之极也——指古时君王所遵行的最高准则，所达至的最佳境界。用人配天，乃谓明道之君其体道行德，既符合于人与人相互交往的基本准则，又符合于天地万物客观自然的运行规律，因而达到了最高境界，故言"古之极也"。《国语·越语下》载：越王句践召范蠡而问焉，范蠡对曰："夫人事，必将与天地相参，然后乃可以成功。"此即用人配天。

【译文】

善于统领百官的君王从来就是顺乎自然、虚静无为而没有刚健威猛、咄咄逼人的架势；善于攻战杀敌的将帅从来就是顺天明理、无私无欲的，决不会由于己心私欲而气恼愤恨；善于用兵胜敌的君王总是能不战而屈人之兵,决不同敌人打接触战;善于使用人才的君王总是能守柔处弱、甘居人下而从不会飞扬跋扈、夸耀自我。这些就是清虚自守,无为不争的大德;就是既符合于人事,又符合于天道,这是古代君王所遵循的最高准则。

六十九章

用兵有言①曰:“吾不敢为主而为客②,不敢进寸而退尺③[1]。”是谓行无行④,攘无臂⑤,执无兵⑥,扔无敌⑦[2]。祸莫大于无敌⑧,无敌几亡吾宝⑨。故抗兵相若⑩,则哀者胜矣⑪[3]。

【章旨】

此章以用兵之法为喻,说明知雄守雌,谦退不争的极端重要性。如魏源所云:“老子见天下方务于刚强,而刚强莫甚于战争,因即其所明者以喻之。使之即兵以知柔退,即柔退以反于仁慈,非为谈兵而设也。”

【校勘】

[1]用兵有言曰:“吾不敢为主而为客,不敢进寸而退尺。”

此从傅奕本写定。帛书乙本同。王弼本无“曰”字。甲本脱后句“敢”字,“退”作“芮”。

[2]是谓行无行,攘无臂,执无兵,扔无敌。

此从傅奕本写定而依王弼本改“仍”作“扔”。王弼本“执无兵”在“扔无敌”后。帛书本“扔”作“乃”。仍、乃、扔音同而假。又甲本“攘”作“襄”。

[3]祸莫大于无敌，无敌几亡吾宝。故抗兵相若，则哀者胜矣。

此从傅奕本写定而依王弼本删“几亡”前“则”字。王本“无敌”作“轻敌”，“亡”作“丧”，“相若”误作“相加”。帛书本“几”作“近”，“宝”后有“矣”字。又甲本“抗兵”作“称兵”。

按：王本“几丧吾宝”句下，其注云：“故曰：‘几亡吾宝’。”据此则王本原“丧”字亦当作“亡”。又“抗兵相若”，王本作“抗兵相加”，然其注云“抗，举也。加，当也。”如，即“若”，义同“当”。据此则“加”应为“如”字之误。王本原文当作“抗兵相如”。

【注释】

①用兵有言——谓古之善用兵者曾有此语。用兵，盖脱一“者”字，指统兵作战的将帅。

②不敢为主而为客——即不敢主动兴师动众去进攻，而只是像宾客顺随主人一样应对敌方的进攻。为主，指主动兴兵攻敌。肇兵端而主动进攻则为阳而显示刚强。为客，指迫于形势不得已而应敌之兵。被动应敌为阴而主于柔弱。

③不敢进寸而退尺——谓不敢有少许进兵相争之意，而甘愿大步后退撤兵。进寸，比喻难进。退尺，比喻易退。

④行无行——谓虽有行动而不见其形迹，指我虽行军布阵而对方却不能察知我的行为踪迹。前一“行”字，谓行动，行迹，泛指行军、布阵等各种军事行动。无行，即无形。“行”通“形”，指形态、情形。

⑤攘无臂——谓我虽奋臂相推拒敌于外，对方却看不见有臂膀挥动。《说文》：“攘，推也。”

⑥执无兵——谓我虽严阵以待装备齐整，对方却看不见我

手执兵器。《说文》："兵，械也，从廾持斤，并力之皃。"

⑦扔无敌——谓我虽顺势牵引于敌使其就范，对方却看不见我之靠近接触。扔，牵引，牵拉。《说文》："扔，因也。"《广雅·释诂》："扔，引也。"无敌，指不见对手。

⑧祸莫大于无敌——谓没有比轻视敌人所造成的危害更为严重的了。无敌，即目中无敌，此指轻蔑敌人而骄横逞强。王本作"轻敌"，"无敌"与"轻敌"义近。

⑨无敌几亡吾宝——谓目中无敌就接近于丧失我所持守的宝物。几，接近，将近。《尔雅·释诂》："几，近也。"宝，此指所持守之"道"，即前文所说的"慈、俭、不敢为天下先"三宝。无敌者往往自以为强横而骄傲气盛，又大多轻于杀人而妄行进攻，自然也就不合于大"道"而丧失其宝。

⑩抗兵相若——谓双方举兵对阵而实力相当。抗，举起，兴举。《广韵》："抗，举也。"甲本作"称"，"称"、"举"义同。《诗·小雅·宾之初筵》："大侯既抗，弓矢斯张。"毛传云："抗，举也。"《尚书·牧誓》："称尔戈，比尔干，立尔矛。"注云："称，举也。"孔疏云："戈短，人执以举之，故言称。"抗兵即执举兵械而交战。相若，相似，相当。指双方军力彼此相近而不分上下。

⑪哀者胜矣——谓心存哀怜而彼此相惜者必能取胜。哀，爱怜，哀矜。《释名·释言语》："哀，爱也。爱乃思念之也。"《淮南子·说林训》："狐死首邱，寒将翔水，各哀其所生。"高诱注："寒将，水鸟。哀，犹爱也。"哀矜性命者自然有慈善之心。慈爱相愍故赴敌能勇，而战之则胜。

【译文】

善用兵者曾说："我不敢耀武逞强去兴兵攻敌，而只是采取守势应敌作战;我不敢轻敌冒进那怕是只有一寸,而往往会主动后退那怕是多达数尺。"这种处静以应敌、守柔而不争的用兵之道就会使得虽有行军布阵对方却不见其安排调动,虽被排斥阻击对方却不见其臂膀的推抵,虽有强大的军力对方却看不到其执矛操戟拿着武器,虽受到牵引拉拽对方却看不见对手在哪里。用兵拒敌的祸患没有比目中无敌、轻视对手更为严重的了,轻视敌人就必定要丧失掉那守柔处下的宝物而不能自保。所以说,举兵对阵而军力相当的时候,那守柔贵慈、悲悯哀伤的一方就必然会取胜于敌。

七十章

吾言甚易知也①,甚易行也。而天下莫之能知也,莫之能行②也[1]。言有宗,事有君③。夫唯无知也,是以不我知④[2]。知我者希,则我贵矣⑤!是以圣人被褐而怀玉⑥[3]。

【章旨】

此章乃感叹于道家的宗旨虽然简单明确,易知易行,但天下之人囿于私欲私利而莫能知,莫能行。大概这也反映了老子自叹其言不为世人所知,其道不为君王所行的感慨与无奈。

【校勘】

[1]吾言甚易知也,甚易行也。而天下莫之能知也,莫之能行也。

此从帛书乙本写定而依甲本增补"易"前"甚"字。甲本"天下”作“人”。王弼本无“也”、“而”、“之”诸字。傅奕本亦无“也”字,“天下”作“人”。

[2]言有宗,事有君。夫唯无知也,是以不我知。

此从王弼本写定而依帛书本增补“也”字。帛书甲本上句作“言有君,事有宗”。傅奕本“君”作“主”,末句作“夫惟无知,是以不吾知也”。

[3]知我者稀,则我贵矣!是以圣人被褐而怀玉。

此从傅奕本写定。王弼本上句作“知我者希,则我者贵”,下句无“而”字。帛书乙本首句作“知者希”。甲本间有缺损。

【注释】

①吾言甚易知也——此老子自谓我所提倡的体道行德的主张非常简单明白,很容易被人知晓和了解。

②莫之能行——谓天下的诸侯之君没有谁能够遵从与实行此“道”。王弼注云:“可不出户窥牖而知,故曰‘甚易知’也;无为而成,故曰‘甚易行’也;惑于躁欲,故曰‘莫之能知’也;迷于荣利,故曰‘莫之能行’也。”

③言有宗,事有君——此老子自谓其所言之话与所倡之事并有明确的主旨。宗,根本。《广雅·释诂》:“宗,本也。”老子主张“处无为之事,行不言之教”,言以“不言”为宗,行以“无为”为君。

④不我知——即不知我。意谓不能明了于老子所提倡的道德,不能明了体道行德的宗旨。

⑤知我者稀,则我贵矣——此用物以稀为贵的常识为喻,说明能够明知于道德者越是稀少,则越能显出道德的尊贵。

⑥圣人被褐而怀玉——谓明道之君形秽而质真,其外表有

若凡庸低贱而内心则纯洁和润有如宝玉。被褐，身穿粗衣。褐，用粗毛或麻制作的衣裳，贱民所常服。《说文》：“褐，一曰粗衣。”怀玉，指内德充沛而若怀宝玉。怀，犹如保藏，珍藏。

【译文】

我（即道）所宣扬的主张极易为人所知晓，也极易为人所实行；而天下的君王却没有谁能够知晓，没有谁能够实行。我（即道）所提出的主张以“不言”为宗主，所行之事以“无为”为根本。只是因为那些君王愚昧无知，不明了于这个宗旨，因此也就不能了解我（即道）。知晓我（即道）的人越是稀少，那我就越显得尊贵。因为物以稀为贵嘛！所以明道之君总是被褐藏身而外若愚钝，其内心则如宝玉一般纯美和润。

七十一章

知不知，尚矣①；不知知，病矣②。夫唯病病，是以不病③[1]。圣人之不病④也，以其病病，是以不病[2]。

【章旨】

这里告诫君王务必掩其聪明而外露愚钝，“以不知为道，以奈何为宝”（引自《吕氏春秋》），只有这样才能合于大道而达于大治。

【校勘】

[1]知不知，尚矣；不知知，病矣。夫唯病病，是以不病。

此从傅奕本写定。王弼本“尚”作“上”，无两“矣”字。帛书本无“夫唯病病,是以不病”句。又甲本“不知知”误作“不知不知”。

[2]圣人之不病也,以其病病,是以不病。

此从王弼本写定而依帛书本增补“之”、“也”二字。傅奕本无“也”字,“是以不病”作“是以不吾病”。帛书本“圣人”前有“是以”二字。甲本间有缺损。

【注释】

①知不知,尚矣——即知之而不自以为知,这是非常高明的。谓君王虽明知其事而当守之以愚,不自以为能而炫耀之。尚,通“上”;高贵,尊崇。此处意为明智,高明。

②不知知,病矣——即不知而自以为知,这是非常愚钝的。谓君王不能明了于大道,其内心愚昧无知反而自以为聪明智慧,这是非常有害与危险的。病,病害,病痛。指病患极为严重。《说文》:“病,疾加也。”

③唯病病,是以不病——谓只有痛恨憎恶那些不知而自以为知的错误作法,才能康健无病。第一个“病”字,用作动词,谓以那些错误的作法为祸而忧患其事,痛恨其事。病病,即痛恨其病。指痛恨那些不知而自以为知的错误行为。

④圣人之不病——指明道之君不生困辱,不存忧患。奚侗云:“圣人之所以能不病者无它,以能病其所病,故不病耳。”

【译文】

人君虽深通于大道而并不自以为贤智聪明,亦即被褐而怀玉,这是非常高明与值得推崇的。若并不通晓于大道却自以为智慧聪明，那就非常愚蠢而令人厌恶。只有痛恨并革除那些病害，因此才会不生祸患也没有困辱。那些明道之君常常没有祸患、没有困辱的原因，就是因为他们痛恨那些自以为知的病害且能及时革除它们，所以才没有困辱与祸患。

七十二章

民不畏威①，则大威至矣②[1]！无狎其所居③，无厌其所生④。夫唯不厌，是以不厌⑤[2]。是以圣人自知而不自见⑥也，自爱而不自贵⑦也。故去彼取此⑧[3]。

【章旨】

此章乃劝说君王切勿炫耀张扬，妄发淫威；切勿压迫民众，困顿民生。只有慈爱宽厚地对待民众，才会得到他们的拥护和尊敬，才能具有极高的威望。

【校勘】

［1］民不畏威，则大威至矣！

此从傅奕本写定。王弼本无“矣”字。帛书本“威”亦作“畏”。乙本“民”后有“之”字，“至”前有“将”字。甲本间有缺损。

［2］无狎其所居，无厌其所生。夫唯不厌，是以不厌。

此从王弼本写定。傅奕本“不”作“无”。帛书本“无”作“毋”。又“狎”字，甲本作“闸”，乙本作“伻”。

［3］是以圣人自知而不自见也，自爱而不自贵也。故去彼取此。

此从傅奕本写定而依帛书乙本增补“也”字。又乙本“去彼取此”作“去罷而取此”。甲本间有缺损,又“彼”作“被”。王弼本无“而”、“也”字。

【注释】

①民不畏威——谓民众心中并无畏惧权威之意,丝毫都不惧怕君王的威权。帛书本“威”亦作“畏”,“威”、“畏”古通用。威,指君王的威势和权力。《释名·释言语》:“威,畏也,可畏惧也。”《荀子·强国篇》云:“威有三,有道德之威者,有暴察之威者,有狂妄之威者,此三威者,不可不孰察也。”

②则大威至矣——谓君王所拥有的至高无上的威德就会达成与展现。大威,指君王能体道行德使天下大治,因而所具有的极高的威信,极大的威望。《广雅·释诂》:“威,德也。”时雍逍遥《道德真经全解》云:“怒而威,其威也小;不怒而威,其威也大。圣人不以威屈天下,使民无畏威之容而有畏德之心,则不怒之威默加乎人,是谓大威至矣。”

③无狎其所居——不要局促限制民众的生存居处而使其不得舒适自由。狎,帛书甲本作“闸”,乙本作“伻”,均假为“狭”。狭,窄狭,小狭,引申为拘束,限制。

④无厌其所生——不要压制束缚民众的日常生活而使其不能安定和顺。厌,通“压”,压迫,逼迫,镇压。《说文》:“厌,笮也。”徐锴曰:“笮,镇也,压也。”《史记·高祖本纪》:“秦始皇帝常曰‘东南有天子气’,于是因东游以厌之。”司马贞《索隐》云:“《广雅》云:‘厌,镇也。’”

⑤唯不厌,是以不厌——只有君王不因为自己的贪求多欲压迫民众,民众才不会因为厌恶君王的统治而推翻他。前之

“不厌”，谓不压迫，不压制。厌，通“压”。即‘无厌其所生’之‘厌’。后之“不厌”，谓不厌弃，不厌恶。义同六十六章“天下皆乐推而弗厌”之“弗厌”。

⑥自知而不自见——谓明道之君有自知之明而能知足知止，绝不妄自夸示与炫耀。见，通“现”，指显示夸耀。

⑦自爱而不自贵——谓明道之君能清静少欲而守柔处下，绝不多欲有为而骄矜尊贵。自爱，谓爱护自身而使之虚静寡欲。自贵，谓自生骄矜之心而妄居尊贵之位。

⑧去彼取此——谓去其“自见”、“自贵”之行而守其“自知”、“自爱”之志。

【辨析】

此章首句“民不畏威，则大威至矣”，学者有多种解释。例如：

一、王弼注云：“清静无为谓之居，谦后不盈谓之生。离其清静，行其躁欲，弃其谦后，任其威权，则物扰而民僻。威不能复制民，民不能堪其威，则上下大溃矣，天诛将至，故曰‘民不畏威，则大威至’。”则大威乃指上天对其君王的诛罚。

二、奚侗云：“威，即谓可畏之事，如刑罚兵戎之属。民不畏其所可畏，其故由于不能安居乐业，而祸乱自兹起，则大可畏者至矣。此为治天下者垂戒，非为凡人言也。”则大威乃指民众的反抗斗争。

三、吴澄云：“威，可畏者，损寿戕身之事。大威，大可畏者，死也。人不畏其所可畏，必戕身损寿以速其死，有大可畏者至矣。《庄子》曰：‘人之所取畏者，衽席之上，饮食之间，而不知为之戒者，过也。’”则以大威指君王之厚其生而损寿戕身。

四、高亨言:“至者,碍止之义。言民不畏威,则君之威权碍止而不能通行也。正所以为人君用威者警。下文云:‘无狭其所居,无厌其所生’,即明告以勿用威权矣。《说文》:‘,鸟飞从高下至地也。从一,一犹地也。象形。’金文及甲骨文至作,从矢至于一,矢至则止,是至原有止义。其证一也。《说文》又曰:‘室、屋皆从至,至所至止也。’台(繁体为臺)亦从至,是至原有止义。其证二也。《荀子·礼论篇》:‘社止于诸侯。’《史记·礼书》作‘社至于诸侯。’是至、止同义。其证三也。”则以“大威至”指君王之威权命令不得通行。

然细读老子之文,品味老子之意,众说似皆不甚合于老子本旨。

通观老子之书,其中言大道、大制、大声、大象、大器、大成、大盈、大辩、大巧、大顺与玄牝、玄览、玄德、玄通者众多,而一加乎“大”、“玄”二字,则所指皆为合于大道而顺乎自然之事。此言大威,当亦同此义。如此,则大威非谓君王运用手中权力滥杀威吓所成之权威,而谓君王循守大道,顺乎自然,处无为之事,行不言之教,致使天下达于大治,因而深得民心所成就的威信与威望。

《史记·秦本纪》载秦缪公与戎王使者由余的对话,读此对话,或许能够有助于我们对此章文义的理解。特抄录如下:由余曰:“夫自上圣黄帝作为礼乐法度,身以先之,仅以小治。及其后世,日以骄淫,阻法度之威,以责督于下,下罷极则以仁义怨望于上,上下交争怨而相篡弑,至于灭宗,皆以此类也。夫戎夷不然,上含淳德以遇其下,下怀忠信以事其上,一国之政犹一身之治。不知所以治,此真圣人之治也。”由此可知,君王内含淳德以善待民众,则其所成之威乃为大威,所成之治乃为大治。范应元云:“道者在人之身,则为神明。畏者,严惮之意也。威者,自心神明之威也。自心神明,正直无私,威不可犯,深可信畏。”范氏之说可谓得老子之旨。

【译文】

君王在上而(循守大道,处无为之事,行不言之教,不用刑罚杀戮压服人民,)人民并不害怕他的威权(而非常地爱戴他,拥护他),那么他的极高的威望也就形成了。所以君王一定不要限制人民的自由居处,不要压迫人民的安定生活。只要君王不去压制人民,人民也就不会厌恶与痛恨其君王。所以明道之君总是有自知之明而不炫耀自己,总是能自爱自重而谦卑处下,从不张扬跋扈而自显尊贵。因此要去掉那些自贤自贵的行为而采取虚静处下,柔弱不争的做法。

七十三章

勇于敢则杀①,勇于不敢则活②。此两者或利或害③,天之所恶,孰知其故[1]?天之道,不争而善胜④,不言而善应⑤,不召而自来⑥,绁然而善谋⑦[2]。天网恢恢⑧,疏而不失⑨[3]。

【章旨】

这里还是以天道的无为自然而成就万物,来证明君王的柔弱处下最为正确。告诫人君须“勇于不敢”而“勿以取强”,因为“勇于敢”为天之所恶,必然要受到上天的惩罚。

【校勘】

[1]勇于敢则杀,勇于不敢则活。此两者或利或害,天之所恶,孰知其故?

此从王弼本写定。傅奕本同。帛书本"活"作"栝"。又甲本"敢"后有"者"字,其余多有缺损。乙本无"此"字。

按:王本、傅本"孰知其故"句后,并有"是以圣人犹难之"一句。帛书甲、乙本无此句。奚侗云:"'是以'一句谊与上下文不属,盖六十三章文复出于此。"高亨言:"'是以圣人犹难之'句,严遵本、六朝写本残卷、景龙碑、龙兴观碑并无之。此句乃后人引六十三章以注此文者,宜据删。本章文皆韵语,而此句独非韵,以是明之。"据此,将"是以圣人犹难之"一句删去。

[2]天之道,不争而善胜,不言而善应,不召而自来,繟然而善谋。

此从王弼本写定。傅奕本"繟然"作"默然"。帛书乙本"争"作"战","繟"省作"单",无"然"字。甲本间有缺损,"繟"作"弹",亦无"然"字。

按:劳健以为当作"坦然而善谋"。因为坦为"宽广貌",与下文"恢恢"义正相应。张松如、高明等并从之。然而由前言"不争"、"不言"与下文"疏而不失"来看,似乎以"繟然而善谋"为优。《广雅》:"繟,缓也。"其不急不迫,无忧无虑,看似稀松平常,淡然无奇,却把事情安排得周到细致,无缺无失,不正是"繟然而善谋"吗?

[3]天网恢恢,疏而不失。

此从王弼本写定。傅奕本同。帛书乙本"恢"作"経"。甲本全部缺损。

按:帛书本"恢"作"経",《说文》无"経"字,有"経"字。《说文》:“㚒,大也。从多圣声。”徐铉注音为“苦回切”。《广雅·释诂》:“㚒,大也。”王念孙《疏证》云:“恢与㚒通。”则“㚒”与“㚒”音义并同。故帛书本之“袿”当读为“㚒”而义通于“恢”。

【注释】

①勇于敢则杀——谓其心志骄溢而勇气充盈者,其言行处事往往奋发进取而勇决果敢,如此则必入死地。亦即所谓“坚强者死之徒”。勇,指具有充足的信心和胆量而勇于作为。《释名·释言语》:“勇,踊也。遇敌踊跃欲击之也。”《论语·子罕篇》:“知者不惑,仁者不忧,勇者不惧。”邢疏云:“勇者果敢,故不恐惧。”敢,进取,进犯。引申为奋勇向前而毫不畏惧。《说文》:“敢,进取也。”《广韵》“敢,勇也,犯也。”君王若“勇于敢”则强梁恣肆,气势盛壮,必狭民之居且压民之生,如此则民众必然厌弃之。民众厌弃之则天诛将至,故而必杀其身。

②勇于不敢则活——指君王能坚决地循守于大道而柔弱处下,虚静谦退,则必然长生久视。不敢则柔弱,柔弱者生之徒,故能活。

③此两者或利或害——谓“敢”与“不敢”两事或有利或有害,勇于不敢则活而有利,勇于敢则杀而有害。

高延第云:“敢谓强梁,不敢谓柔弱。强梁者死之徒,故杀;柔弱者生之徒,故活。利害所以不同者,盖物壮则老,强梁不道,天且恶之,祸福景响,莫知其然。”

④不争而善胜——谓天道虽无为不争,却能经常取得胜利。善胜,好胜,常胜。

⑤不言而善应——谓天道虽然无为不言,却往往能够及时准确地回报其人其事。应,响应,报应。顺天则吉利,逆天则凶

害,此则善应。

⑥不召而自来——谓天道虽不召唤、召集众物,却因其无私无欲而守辱处下,往往能够自然而然地使众物归聚依顺。

⑦绰然而善谋——谓天道坦荡宽广而无私无欲,虽其不营求私利而百般算计,却往往必有所得而不生败事。绰然,不急不迫,无忧无虑的样子。《说文》:“绰,带缓也。”善谋,指谋划的非常周到全面而无缺无失。

⑧天网恢恢——谓上天所编织的善善恶恶之网恢宏广大,无处不在。《说文》:“恢,大也。从心灰声。”

⑨疏而不失——谓天网虽然看起来稀松疏散,但其奖善惩恶之效却非常确实,从来不会有任何的遗漏缺失。

【译文】

君王如果勇决果敢,自以为强梁盛壮而恣睢暴戾,就会步入死地;君王如果处虚守静,其无欲无为而柔弱不争,就会存活发展,成长壮大。这两种行为有的就获益而有的就受害,这是上天所厌恶和喜好的不同,有谁能明了其中的缘故呢?上天的原则和规律是:虽然其无为不争却往往能够取得胜利,虽然其虚静不言却往往得到恰当的回报,虽然其无欲不求却往往不用招徕就能够使民众归聚依附,虽然其不急不迫却能够谋划的十分周全。循守大道行事的自然有德,违背天道妄为的必定败亡。上天所编织的奖善惩恶的法网是那样恢弘广大,无边无际。虽然看似稀疏松散,但惩处那些违背天道的坏人坏事却从来不会有任何的遗漏或差错。

七十四章

若民恒且不畏死①,奈何以杀惧之也②[1]?若民恒且畏死,而为奇者吾将得而杀之③,夫孰敢矣④[2]?若民恒且必畏死,则恒有司杀者⑤。夫代司杀者杀,是代大匠斲⑥也。夫代大匠斲者,则希不伤其手⑦矣[3]。

【章旨】

此章有两层意思:一是用杀戮的办法恐吓镇压民众既没有必要,也没有作用,根本不符合清静无为的治国之道。二是若有违法犯罪而该处刑杀的,自然有主管机关司理其职,君王不该越俎代庖。总之,君王切不可严刑酷法,滥用刑杀。否则,必然会祸及自身。

【校勘】

[1]若民恒且不畏死,奈何以杀惧之也?

此从帛书乙本写定而依王弼本改"若何"作"奈何"。甲本间有缺损。王本作"民不畏死,奈何以死惧之"?傅奕本作"民常不畏死,如之何其以死惧之"?句首并无"若"字,而失其设问之意。而通读上下文句,此句明显当为疑问句。

按:帛书乙本首句原作"若民恒且畏不畏死",其"不畏"前之"畏"字,显系误抄所增,故径直删去。

[2]若民恒且畏死,而为奇者吾将得而杀之,夫孰敢矣?

此从帛书乙本写定而依甲本改"使"作"若",增补"吾将"二字,且依王弼本改"畸"作"奇"。甲本作"若民恒是死,则而为者吾将得而杀之，夫孰敢矣”。其“畏”误作“是”，且脱“奇”字。王弼本作“若使民常畏死，而为奇者吾得执而杀之，孰敢”？傅奕本同王本而无“执”字，“敢”后有“也”字。

按：“得而杀之”，王本作“得执而杀之”。得，谓捕得，本有“执”义。“执”字或为夹注而误入句中。

[3]若民恒且必畏死，则恒有司杀者。夫代司杀者杀，是代大匠斲也。夫代大匠斲者，则希不伤其手矣！

此从帛书乙本写定而依甲本改“又”作“有”，增末句“者”、“矣”二字。甲本“代”误作“伐”。王弼本无“若民恒且必畏死”句，作“常有司杀者杀，夫代司杀者杀，是谓代大匠斲。夫代大匠斲者，希有不伤其手矣”！傅奕本同王本而前“夫”字作“而”，无“谓”字，末句作“稀不自伤其手矣”。

【注释】

①若民恒且不畏死——假如民众总是并不畏惧死亡之事，假如民众从来都不惧怕被杀身死。若，假使，假如。恒，经常，总是。且，未定之辞。

②奈何以杀惧之也——用诛杀其身使他们惧怕又会如何呢？用杀戮来恐吓他们又有什么作用呢？奈何，如何，怎样。王引之《经传释词》云：“奈，如也。奈何，如何也。”又云：“若，犹‘奈’也。凡经言‘若何’、‘若之何’者皆是。”惧之，使之恐惧，使其惧怕。《玉篇》：“惧，恐也。”

③为奇者吾将得而杀之——意谓那些违法犯罪之人我就要抓捕并诛杀他们。为奇者，指那些做奇邪之事的人，那些违法犯罪的人。奇，或作“畸”，邪伪不正。《礼记·曲礼》：“国君不乘奇车。”郑注云：“奇邪不正之车。”吾，此乃“道”即“天”之自谓，

并非指君王。

④夫孰敢矣——那还有谁敢于作为那些奇邪之事呢？还有谁敢于违法犯罪呢？孰，谁，哪个；疑问代词。假使民众本来就畏惧死亡，而为非作歹都要被刑杀，那还有谁敢于“为奇”呢？当然，没有人“为奇”，也就用不着刑杀了。

⑤恒有司杀者——谓有人为非作歹时，总是有执掌刑罚的主管部门依法处罚。司杀者，指上天主管执法刑杀的机关。《玉篇》：“司者，主也。”上天之司杀者居高临下司察人之过，天网恢恢，疏而不失，是不会有人漏掉的。

⑥代司杀者杀，是代大匠斲——意谓君王替代上天主管刑杀的职官去杀戮有罪之人，这就如同庸人替代木匠砍凿木头，那是不称其职的。匠，工匠，木工。《说文》：“匠，木工也。”斲，用刀砍，击杀。《说文》：“斲，击也。”

⑦希不伤其手——很少有不会自伤其手的。此喻人君自任其能而代行天职，肯定只会把事情办坏。道家所论，主于无为不言而顺其自然，若君王不能无为不言而多欲有为，废天道而夺天职，滥用刑罚而杀戮民众，就必定会祸及己身。

【译文】

（人君治国，必不可施以严刑峻法而滥用诛杀。）如果君王以威权压迫强暴民众，使民众生不如死，那民众就会毫不畏惧于死亡，再想用刑杀去威吓他们又有什么作用呢？如果民众原本就爱恋生活而畏惧被诛死，而那些为非作歹的人将要全部抓获并把他们刑杀，那还有谁敢于违法犯罪呢？（没有人犯罪，还用什么刑杀呢？）如果民众总是爱恋其生而确实畏惧死亡，那就应该有上天之刑法机关主管其事，（根本用不着君王来诛戮刑杀。)君王代替刑法机关诛杀刑戮,这就等于代替工匠用斧头去砍凿。代替工匠去砍凿斲击,很少能有不自伤其手的。(总之,君王必须清静无为,切不可滥用刑杀。)

七十五章

人之饥也,以其取食说之多也①,是以饥[1]。百姓之不治②也,以其上之有以为③也,是以不治[2]。民之轻死④也,以其求生之厚⑤也,是以轻死[3]。夫唯无以生为⑥者,是贤于贵生⑦[4]。

【章旨】

此章从分析君王的多欲有为造成了人民的饥贫、政治的混乱和民众的反抗等事入手,劝喻人君"少私寡欲"而无以生为,守虚处静以成天下自化。

【校勘】

[1]人之饥也,以其取食说之多也,是以饥。

此从帛书甲本写定。乙本无句末"也"字,"说"作"跷"。王弼本作"民之饥,以其上食税之多,是以饥"。傅奕本作"民之饥者,以其上食税之多也,是以饥"。

[2]百姓之不治也,以其上之有以为也,是以不治。

此从帛书乙本写定而依甲本改"生"作"姓",增补"是"字。甲本无"上"后"之"字。王弼本作"民之难治,以其上之有为,是以难治"。傅奕本作"民之难治者,以其上之有为也,是以难治"。

［3］民之轻死也，以其求生之厚也，是以轻死。

此从帛书乙本写定。甲本无“轻死”后“也”字。王弼本无两“也”字。傅奕本作“民之轻死者，以其上求生生之厚也，是以轻死”。

［4］夫唯无以生为者，是贤于贵生。

此从王弼本写定。傅奕本“为”后多“贵”字，句末有“也”字。帛书本无“贤”后“于”字。

按：“贤于贵生”与“贤贵生”文义不同。老子此文以“贵生”即“生生”同“无以生为”做比较，介词“于”不能缺少，故作“贤于贵生”为是。

【注释】

①人之饥也，以其取食涚之多也——指人们的饥饿乏食，生活困苦，全都因为人们所获取的食物经由各种途径大多都散失了。涚，读同“脱”，脱失，散失。

②百姓之不治——谓朝中百官不能尽其职责，忠于职守。百姓，即百官，指贵族阶层。《尚书·尧典》：“九族既睦，平章百姓；百姓昭明，协和万邦。”注云：“百姓，百官。”不治，不安于职守，不尽职尽责。按：不治，王本、傅本并作“难治”，不治谓乱而不可治，难治谓可治而不易治，含义稍有区别。然详审老子之文，似作“不治”更为符合其本义。

③其上之有以为——指在上位的君王任智行私而贪求货贿。有以为，即有所为。指君王未能处虚守静而无欲无为。君臣之间，往往上行而下效。君王不能顺其自然而无私无欲，相反为满足其私欲而妄生事端，为所欲为，则群臣百官亦追逐私利而恣意妄为，故“百姓不治”。有以为，王本、傅本并作“有为”，盖

脱一“以”字。其心有以为,其行方能有为,换句话说,君王之有为,皆因其心之有以为而不能虚静。

④民之轻死——谓民众不能安其所生而终其天年,遂看轻死亡而多有反抗。

⑤以其求生之厚——是因为民众要求其生活能够过得充裕富足一些。其,指民众。君王在上而有以为,百官又昏乱不治,民众多遭压迫剥削,饥饿无食而不能裹腹,其要求生活得富足一些而不得实现,故轻死而不惧,奋起而反抗。魏源云:“我自厚其生,则人亦各欲厚其生。人各欲厚其生而不得,夫安得不轻死乎?则是民之轻弃其生,由于生生之厚;而民之厚生,由于上之自厚其生,有以诱之而又夺之也。”

⑥无以生为——谓君王及百官不做什么事情以求生生之厚,不做什么事情来厚自奉养以求长生。为,做,求。不能清静无为而造生事端剥削民众以满足私欲,不能恬淡虚静而奢侈糜费以厚自奉养,皆为君王贵生、生生之事。

⑦贤于贵生——贤,用作动词,好于,多于,胜过。人君因“贵生”而厚自奉养,内则贪求嗜欲而自戕其身,外则剥夺民众而激起变乱。因此,其少私寡欲而无以生为,反而贤于贵生。

按:此章分别而言人、民、百姓,则其含义本有区别。人之范围最广,君臣百官、士农工商,甚至奴隶婢妾均在其中,故言“人之饥”。民的范围稍窄,盖指除君臣百官及奴婢人等的士农工商而已,故言“民之轻死”。百姓的范围最小,专指统治集团内部的各级官吏,故言“百姓之不治”。

【辨析】

此章首句“人之饥也,以其取食说之多也,是以饥”,乃从帛书甲本写定。乙本作“人之饥也，以其取食跣之多，是以饥”。帛书甲本之“逆”与乙本之“跣”，两字虽不见于《说文》，而从走与从足之义相同。如《汉书·高帝纪》载：项羽围成皋，“汉王跳，独与滕公共车出成皋玉门，北渡河，宿小修武。”如淳曰：“跳，音逃，谓走也。《史记》作‘逃’。”则“跳”通于“逃”。其它如“跡”通“迹”，“趟”通“踹”，“遄”通“踹”，“趋”通“躅”等皆是。也就是说，汉时所书帛书甲、乙本的文义完全相同。而传世本中王弼本作“民之饥，以其上食税之多，是以饥”。傅奕本则作“民之饥者，以其上食税之多也，是以饥”。可以看出，传世本之文义也基本相同。

而比较传世本与出土帛书本的文义，其间的差别又很大。那么，究竟哪一个更为符合老子本义呢？

我们不妨先从帛书本谈起。首先，我们需要弄清“逆”字的意义。逆、跣二字均不见于字书，但显然为形声字。按《说文》云：“兑，说也。从儿㕣声。”徐铉曰：“㕣，古文兖字，非声。当从口从八，象气之分散。”就是说“兑”乃象形字，象人立而气从口出。另外，“兑”字从言作说，从心作悦，从金作锐，从禾作税，从肉作脱，从虫作蜕。由此可知，其本有遂顺、出离、离弃之义。疑逆、跣二字本为逃脱之意，当读为“脱”。“脱”字从肉从兑，本为脱肉于骨之意。大概因为后来“脱”字行用渐广，遂包涵逃脱，脱离之义，而逆、跣二字遂逐渐废弃不用。

逆读为“脱”，则首句之义为：“人们遭受饥饿的原因，是因为他们取得的食物脱失的太多了，所以才经常饥饿。”巧合的是，我们将“逆”字换作“税”字，此句之文义不变，因为“税”字原本读作“脱”。不仅如此，就是“说”字，也与“税”、“脱”二字原本就互为通假。例如：《礼记·玉藻》：“见于天子，与射，无说笏。入大庙说笏,非古也。”郑注云:“言凡吉事无所说笏也。大庙之中唯君当事说笏也。说,本又作‘税’,同他活反。”则执笏、插笏为搢笏,而释笏为脱笏。《左传》昭公二十一年:“遂败华氏于新里。翟偻新居于新里,既战,说甲于公而归。”杜注云:“说,他活反。”《左传》定公四年:“史皇曰:‘安求其事,难而逃之,将何所入? 子必死之,初罪必尽说。’”杜注云:“言致死以克吴,可以免贪贿致寇之罪。”《礼记·少仪》:“排阖说屦于户内者,一人而已矣。”郑注云:“说,他活反。本又作脱。”《诗·大雅·瞻卬》:“此宜无罪,女反收之;彼宜有罪,女覆说之。”毛传云:“收,拘收也。说,赦也。说音税,注同。一音他活反。”可见,“说”字通于“脱”无疑。《尔雅·释诂》云:“税,舍也。”《墨子·三辩》:“此譬之犹马驾而不税,弓张而不弛。”孙诒让《墨子间诂》云:“《方言》云‘税,舍车也。赵、宋、陈、魏之间谓之税。’郭璞注云‘税,犹脱也。’毕(沅)云:‘《太平御览》作“脱”,同。’”《左传》庄公九年:“召忽死之,管仲请囚。鲍叔受之,及堂阜而税之。”杜注云:“堂阜,齐地。东莞蒙阴县西北有夷吾亭,或曰鲍叔解夷吾缚于此,因以为名。税,本又作‘说’。”《左传》成公九年:“有司对曰:‘郑人所献楚囚也。’使税之。”杜注云:“税,解也。税,吐活反。”《史记·李斯列传》:“物极则衰,吾未知所税驾也。”司马贞《索隐》云:“税驾犹解驾,言休息也。李斯言已今日富贵已极,然未知向后吉凶,止泊在何处也。”《汉书·叙传下》:“叔孙奉常,与时抑扬,税介免胄,礼义是创。”师古曰:“税,舍也。介,甲也。”《左传》襄公十八年:“齐侯见之,畏其众也,乃脱归。”杜注云:“脱,不张旗帜。”总之,“税”、“脱”、“说”三字常常互为通假。

因此,我们可以这样设想,传世本《老子》原当作“以其取食税之多也”。然而,当“租税”制度通行于世,“税”字更多的用于“租税”、“赋税”、“税敛”等事时,一般人对于它读为“他活反”,通假于“脱”的意义逐渐忘却了。也就是说,人们已把“税”字读为“租税”之“税”了。大概又见其下句“百姓之不治也,以其上之有以为也,是以不治”中有“上”字,于是又增一“上”字于此句中,作“以其上取食税之多也”,这就变成“在上的君王与贵族收取租税太多”了。而“君王与贵族收取租税”就叫“食租税”或“食税”,其“取”字是多余的。于是又将“取”字删除,作“以其上食税之多也”,也就是传世本现在这个样子了。

至此,我们可以得出结论:帛书本之“人之饥也,以其取食逸之多也,是以饥”当为老子原文。而传世本中所载,则已经被后人作过改动。

【译文】

人们遭受饥饿而不得饱食,是由于他们所取得的食物通过各种途径脱失的太多,因此才使得粮食缺乏而其生活陷于饥饿困苦。百官之不治其事而政务烦乱,是由于君王不能循守无为不言之道,反而自贤自用,行私逞欲,因此导致了百官的各行其私而社会混乱。民众之所以不怕诛死而反叛作乱,是因为君王的剥削过重逼使他们饥寒切身而生存无望,即使要求自己生活的稍微富足一点也不得实现,所以就铤而走险,轻死犯上。因此,人君顺其自然、清静无为,不做什么厚自奉养以求长生的事情,反而能胜过其厚自奉养而得以长生。

七十六章

人之生也柔弱①，其死也髄信坚强②。万物草木之生也柔脆③，其死也枯槁④[1]。故坚强者死之徒⑤也，柔弱者生之徒⑥也[2]。是以兵强则不胜⑦，木强则兢⑧。故强大处下，柔弱处上⑨[3]。

【章旨】

此章以人与草木等有生命之物活着时柔软而死亡后坚硬的现象，证明其“坚强者死之徒，柔弱者生之徒”的观点的正确性，劝喻君王守柔处弱，无为不争，以使自身永远“处上”，即保持其统治地位。

【校勘】

[1]人之生也柔弱，其死也髄信坚强。万物草木之生也柔脆，其死也枯槁。

此从王弼本写定而依帛书乙本增“髄信”二字。傅奕本无“万物”二字。帛书甲本“髄信”作“莅仞”。又“枯槁”二字，甲本作“棹薧”，乙本作“棹槁”。棹、枯音同而假。薧为“槁”之异体字。

[2]故坚强者死之徒也，柔弱者生之徒也。

此从傅奕本写定。王弼本无两“也”字。帛书本句首作“故曰”。又甲本“柔弱者”作“柔弱微细”，其“微细”二字，似为衍文。乙本无两“者”字。

[3]是以兵强则不胜，木强则兢。故强大处下，柔弱处上。

此从王弼本写定而依帛书乙本改“兵”作“兢”，增补“强大”前“故”字。傅奕本“兢”作“共”，“强大”作“坚强”。帛书甲本“兢”作“恒”，“柔弱”后有“微细”二字。

按：又帛书甲本“恒”字乃“兢”之借字。王本作“兵”，傅本作“共”，他本或作“折”，盖“兢”字义通于“拱”，或借作“共”，而以形近误作“兵”，后“兵”又误作“折”字。

【注释】

①人之生也柔弱——指人们在活着的时候身体柔软灵活，屈伸自如。生，与“死”相对，指生存，活着。

②其死也髄信坚强——指人死之后，其尸体挺直而僵硬。“髄”，不见于字书。帛书整理小组认为：“髄从骨恒声，字书不见，疑其义与緪近。髄信指尸体挺伸。”甲本“髄信”作“葟仞”。帛书整理小组认为：“葟，当即《说文》之桓，《广雅·释诂》：‘挺、桓、终、殚，竟也。’仞，乙本作“信”，即“伸”。此句言人死后尸体挺直坚强。”

③万物草木之生也柔脆——谓万物如草木等活着的时候柔软而脆嫩。脆，即“胞”之俗字。《说文》：“胞，小耎易断也。”

④其死也枯槁——指草木等物死后变得枯萎干硬。《广韵》：“槁，木枯也。”

⑤坚强者死之徒——谓天下万物凡强盛坚硬者，皆归聚为必死之类。徒，众，类，群。

⑥柔弱者生之徒——意谓凡万物之柔软弱小者才能生机勃勃，最有前途。以喻君王之柔弱处下、虚静无为者，才能生机无限。

范应元云：“冲气为和，故柔弱也。和气既无，故刚强也。

前言人既如是，此言物亦皆然。以人、物验之，则知刚强者死之徒，柔弱者生之徒。欲强梁而自生其生者，断不可也，明矣。”

⑦兵强则不胜——谓兵械若过分粗大沉重，则人们执握时即不能胜任。兵，兵械，武器。《说文》：“兵，械也。从廾，持斤并力之貌。”胜，胜任，能够承担。《说文》：“胜，任也。”《广韵》：“胜，举也。”《礼记·表记》：“殷周之道，不胜其敝。”郑玄云：“胜，犹任也。”不胜，指不能举起兵器，不堪兵器之重负。《国语·吴语》载越王伐吴前，曾命令越人：“筋力不足以胜甲兵，志行不足以听命者，归莫告。”又《周礼·冬官·玉人》云：“凡兵无过三其身，过三其身弗能用也。而无已又以害人。”贾公彦疏云：“已，止也。谓不徒止，又以害人。人，自己身也。”可证兵器之大小轻重，当适合于人。

⑧木强则兢——谓树木高大粗壮后就会挺直强硬。兢，坚强，强硬。《诗·小雅·无羊》：“矜矜兢兢，不骞不崩。”毛传云：“矜矜兢兢，以言坚强也。”此指树木的粗壮挺拔，致密坚硬。

⑨强大处下，柔弱处上——谓凡物之粗壮有力者（如树干）居于下方，柔嫩软弱者（如树枝）处于上位。此喻指君王身居民上，自当虚静无为，柔弱不争。

【译文】

人在活着的时候身体柔和软弱而有弹性，而死亡之后尸体就变的僵硬挺直；万物草木在活着的时候茎枝柔软而脆嫩，而死亡之后茎枝就变的干枯坚硬。所以说，坚强盛壮是归于死亡的一类，而柔嫩软弱是属于存活成长的一类。因此，兵器太过粗大了就非人力所能胜任而不可举动，树木粗壮高大了就会坚硬挺直而不可屈折。所以强大有力的总是居处于低下之位，而柔弱虚静的总是占据高上之位。(人君有鉴于此,自当循守大道而虚静柔弱,无为不言,以使自己永远居于尊上之位。)

七十七章

天之道,其犹张弓与①!高者抑之,下者举之②;有余者损之,不足者补之③[1]。天之道,损有余而补不足④。人之道则不然,损不足以奉有余⑤[2]。夫孰能有余而有以取奉于天下⑥?唯有道者乎!是以圣人为而不恃,功成而不处。若此,其不欲见贤⑦也[3]。

【章旨】

此章以"天之道"来比较"人之道",认为"天之道"能均平无私,即"损有余而补不足",而"人之道"则相反,往往"损不足以奉有余",为满足私欲而损人利己。以此劝喻君王循守大道而虚静无为。

【校勘】

[1]天之道,其犹张弓与!高者抑之,下者举之;有余者损之,不足者补之。

此从王弼本写定。傅奕本"弓"后有"者"字。帛书本"与"作"也","抑"作"印"。又甲本"天"后衍"下"字,"损"作"敗"。乙本无"其"字,"损"作"云"。

[2]天之道,损有余而补不足。人之道则不然,损不足以奉有余。

此从王弼本写定。傅奕本同。帛书乙本"补"作"益",无

“则不然”三字。甲本句首有“故”字,其余文句间有缺损。

[3]夫孰能有余而有以取奉于天下?唯有道者乎!是以圣人为而不恃,功成而不处。若此,其不欲见贤也。

此从王弼本写定而依帛书本补“夫”、“而有”、“取”、“乎”、“若此”、“也”诸字。傅奕本前句作“孰能损有余而奉不足于天下者,其惟道者乎”!余同王弼本而句末作“邪”。帛书甲本首句作“孰能有余而有以取奉于天者乎”,其余文句严重缺损。乙本首句缺损“有以取”三字,作“夫孰能又余而奉于天者?唯有道者乎!是以圣人为而弗有,成功而弗居也。若此,其不欲见贤也”。疑帛书本“奉于天者”其“天”后脱一“下”字。

【注释】

①其犹张弓与——谓犹如搭箭拉弓使之开张而准备射出一样。张,张开,拉开。《说文》:“张,施弓弦也。”《诗·小雅·吉日》云:“既张我弓,既挟我矢,发彼小豝,殪此大兕。”《礼记·杂记下》:“张而不弛,文武弗能也。弛而不张,文武弗为也。一张一弛,文武之道也。”郑注云:“张弛,以弓弩喻人也。”与,语助辞。

②高者抑之,下者举之——谓箭头抬的过高就要向下按压使之对准目标,箭头如果过低就要向上抬起使之对准目标。抑,压制,按压。

③有余者损之,不足者补之——指用力过大时就要减少一些气力以使弓弦不要拉得过紧。用力不足时就要增加用力以使弓弦拉紧一些。抑之,举之以调整箭矢的方向,使之瞄准目标;损之,补之以调整弓弦紧张的力度,使之大小适中而能射中目标。此言天道均平无私,既无太过,亦无不及。

④天之道,损有余而补不足——谓天道无私,故能有余者减

损之,不足者增补之,而使其均平。均平则能安,安则能久。

⑤人之道则不然,损不足以奉有余——谓人间所行之道,往往其穷困不足者反而益加减损,其富足有余者反而多多给予。奉,给予,奉献。《广韵》:"奉,与也,献也。"君王既不能无私无欲,群臣百官又污贿贪求,往往剥削那些穷困之民,故言其"损不足以奉有余"。

⑥有余而有以取奉于天下——谓从自己的财物中取出那些多余的东西奉献给天下之人。有以取,即有所取。

⑦其不欲见贤——谓明道之君不欲显示与炫耀自己的财富地位和权势。见,同"现",显示,炫耀。

【译文】

上天所遵循的原则大概就好像开弓射箭一样吧!高了就往下压低一点儿,低了就往上抬高一点儿,用的力量太大了就减少一点儿,用的力量不足了就增加一点儿。就是说上天之"道"是减损那些有余的而补充不足的,使其能够均平适当。而人们所遵循的规则却不然,往往是剥削那些穷困不足的而供奉那些财产富裕的。有谁能够虽然富有却愿意拿出多余的财物奉献给天下之人呢?只有那些持守大道的人。因此那些明道之君总是顺乎自然以化成万物却不自恃有恩以求报答,虽然成就万物之功业却不自居其功而矜夸炫耀。他们总是如此这般行事,完全是因为不愿显示自己的财富地位和权势。

七十八章

天下莫柔弱于水,而攻坚强者莫之能胜①,以其无以易之②也[1]。柔之胜刚也，弱之胜强③也，天下莫不知，而莫之能行④也[2]。故圣人之言云："受国之垢⑤，是谓社稷之主⑥；受国之不祥⑦，是谓天下之王。"正言若反⑧也[3]。

【章旨】

此章以水虽柔弱却能攻玉穿石为喻，重申柔弱胜刚强的道理。告诫人君必须守辱处下，虚静无为，才能成为"社稷主"，成为"天下王"。

【校勘】

[1]天下莫柔弱于水，而攻坚强者莫之能胜，以其无以易之也。

此从王弼本写定而依帛书本增补"其"前"以"字和句末"也"字。帛书甲、乙本并间有缺损。傅奕本"胜"字作"先"。

[2]柔之胜刚也，弱之胜强也，天下莫不知，而莫之能行也。

此从傅奕本写定而依帛书本增补"也"字。王弼本"弱之胜强"在"柔之胜刚"之前，末句作"莫能行"。帛书甲本多有缺损。乙本"柔"误作"水"。

[3]故圣人之言云："受国之垢，是谓社稷之主；受国之不祥，是谓天下之王。"正言若反也。

此从傅奕本写定。王弼本作"是以圣人云：'受国之垢，是谓社稷主；受国不祥，是谓天下王。'"帛书本并"受"前有"曰"字，"垢"作"询"，句末无"也"字。又乙本首句作"是故圣人言云"。

【注释】

①攻坚强者莫之能胜——意谓水虽柔弱，而以之攻治玉石，则没有什么东西能够比它更好，没有任何一物能够超过它。攻，冲击，整治。《说文》："攻，击也。"《玉篇》："攻，治也。"古人以水冲击玉石使其晶莹剔透谓之攻玉。傅本"胜"作"先"，语义相同。

②以其无以易之——谓以水之柔弱而能胜于刚强，若此之便利，无物可以替代它。以其，即以此，指使用水之柔弱而攻治刚强之物。易，换易，替代。

③柔之胜刚，弱之胜强——即柔弱胜刚强，此乃老子所倡之"道"的基本规律与循守大道的基本原则。

④天下莫不知，而莫之能行——谓天下之人虽然明知于此理，却没有谁愿意践行之。没有哪个君王愿意循守柔弱处下之道而居无为之事，行不言之教。

⑤受国之垢——指承受与含忍国家的垢辱。如君王常以孤、寡、不穀自称。垢，尘污，耻辱。《玉篇》："垢，不洁也，尘也。"《左传》宣公十五年："川泽纳污，山薮藏疾，瑾瑜匿瑕，国君含垢，天之道也。"杜注云："含垢，忍垢耻。"

⑥社稷之主——国家的君主。社稷，指国家。社，本为封土立社以祭土神。稷，为五谷之长，因奉为谷神。古代帝王祭祀土神与谷神以为天下求福报功，因用以代称国家。

⑦受国之不祥——指承担国家的灾祸罪戾。如君王常以"万方有罪，罪在朕躬"为言。

⑧正言若反——即正话有如反说。合乎大道的正理，说起来却好像反语一样。指君王的居至尊之位而以卑下自处，虽有至德而以孤寡不穀自称。

【译文】

天下万物没有什么比水更为柔弱的了，然而用它来攻治坚硬的玉石却最为合适，没有什么东西能够超过它，因此也没有什么东西可以替代它。柔软之物能够胜过坚硬之物，弱小之物能够胜过强大之物，天下之人没有不明知此理的，可是却没有谁愿意依据这个原理而自处于柔弱。所以明道之君有这样的言语："能够自处于柔弱卑下之地而承当和忍受国家的屈辱，这样的人才是国家的君主。能够自处于柔弱卑下之地而承受国家的灾祸和罪戾，这样的人才是天下的帝王。"正面之言、正确之理却好像是反说一样。

七十九章

和大怨，必有余怨①，安可以为善②？是以圣人执左契而不责于人③[1]。故有德司契④，无德司彻⑤。夫天道无亲，恒与善人⑥[2]。

【章旨】

此章告诫君王要与人为善而报怨以德，不要为满足私欲而征责敛取于民。如果贪求责取，民众就会心生怨恨；怨恨已生再去调和，无论怎样都不会消弭干净而至于善美。

【校勘】

[1]和大怨，必有余怨，安可以为善？是以圣人执左契而不责于人。

此从王弼本写定。傅奕本同。帛书本"不责"并作"不以责”。又甲本“安”作“焉”,“执左契”作“右介”。乙本间有缺损,而“契”作“芥”。

按:帛书甲本作“圣人右介而不以责于人”,学者或解为君王虽居至尊之位而执右契,却不以之责取于人,乃施而不求其报,从天道而行善也。其说当然可通。然一“左”,一“右”,必有一误。今诸本皆作“执左契”,唯甲本一家作“右契”,而执右契自然就处于责求他人之位,故此从众本而定为“执左契”。

[2]故有德司契,无德司彻。夫天道无亲,恒与善人。

此从傅奕本写定而依帛书甲本改“常”作“恒”,且增补“夫”字。王弼本无“故”、“夫”二字,“恒”作“常”。帛书甲本“契”作“介”,“彻”作“𠊱”。又乙本“契”作“芥”,末句缺损。

【注释】

①和大怨,必有余怨——谓怨恨已成之后,虽尽力调和,众人心中之怨必不能完全平复,而仍有一些怨恨余留心中。余怨,指遗留于心中的怨恨,留存在心中的不满情绪。

②安可以为善——怎么可以称作是善美呢?安,或作“焉”。高延第云:“人有怨心,从而平之,虽不寻仇构衅,其意终未释也。喻治国者当为之于未有,治之于未乱;及其有事然后图之,不足为善矣。”

③圣人执左契而不责于人——意谓明道之君无私无欲,无为不争,若执左契一般,从不责求于人,亦不与人生怨。契,券契,契约。犹如现今之合同文书。《说文》:“契,大约也。”“券,契也。”古人在订立契约时,将有关内容书之于竹木之上,刻其侧而为契,双方各执其一,待以后执行约定时两契相合以为凭证。古人以右为上,主权人执右契而责取于人,执左契者只待验

证符合而已。《商君书·定分篇》云:“以左券予吏之问法令者。主法令之吏谨藏其右券,木柙以室藏之。”《战国策·韩策》云:“操右契而为公责德于秦魏之王。”即为例证。此言“圣人执左契而不责于人”,既执左契,当然也就无权责取于人了。此乃以券契之事为喻,论述明道之君以虚静卑弱自处,不自为主而反自为客。既不责取于人而民众自然喜而往归之,归而无怨,焉能不善?

④有德司契——谓有德之君循守大道,无私无欲,处下不争,若执左契者而不责求于人。司,主管,执掌。《广雅·释诂》:“司,主也。”有德,指明道之君。其持守大道而处无为之事,行不言之教,天下大治而人民爱戴之,所以说有德。

⑤无德司彻——谓无德之君则以聚敛财富满足私欲为事,有如司彻之官专门掌管征税赋取。彻,周代的取税之法。《广雅·释诂》:“彻,税也。”《论语·颜渊篇》:“哀公问有若曰:‘年饥,用不足,如之何?’有若对曰:‘盍彻乎?’”郑注云:“周法,什一而税谓之彻。”人君无道而行私,专以征收责取为务,民不聊生则怨恨四起,叛离背弃者众多,所以说无德。

⑥天道无亲,恒与善人——谓上天所遵循的原则是无亲疏不偏私,而只是善待并佑助那些有德之君。无亲,即无私爱,不私其亲。义同第五章之“天地不仁”。与,亲近,亲善。引申为佑助,善待。《说文》:“与,党与也。”《广韵》:“与,善也,待也。”善人,即有德之君。其少私寡欲、虚静无为而使天下达于大治,众人皆以为善。

【译文】

(君王若行私多欲,必招致众怨。)待大怨已成,再去修好施善以求调和众怨,必不能和好如初而仍有余留的怨恨,这怎么可以算得上是完好无缺呢？所以明道之君总是像掌握着左券一样，从不去责求索取于人，因而也就没有人去怨恨他。因此有德的君王循守大道而无私无欲，有如只是掌管着契券以待验证符合而已。而无德的君王却为满足私欲，专主于征收责取。上天的原则是从不亲近、不偏私于任何人，它总是善待并佑助那些循守大道而无欲无为的有德之君。

八十章

小国寡民①，使有什佰之器而不用②，使民重死而不远徙③[1]。虽有舟舆，无所乘之④；虽有甲兵，无所陈之⑤[2]。使民复结绳而用之⑥，甘其食，美其服⑦，安其居，乐其俗⑧。邻国相望，鸡犬之声相闻，民至老死不相往来⑨[3]。

【章旨】

老子厌恶当世的侵夺攻伐，战争不已，而向往着淳朴自然、安定和睦的社会生活。但他对于心中憧憬的这种未来社会并不能作出详实具体地描述，并且担心人们不相信会有这种美好生活，因此就追述了远古时期淳朴和谐的社会生活情景以为证明。这与《论语》、《孟子》中称述尧舜禹汤等圣人之事，用意正同。

【校勘】

[1]小国寡民，使有什佰之器而不用，使民重死而不远徙。

此从王弼本写定。傅奕本“使有”作“使民有”，“不用”后有“也”字。帛书本“什佰”作“十百人”，“远徙”前无“不”字。

又甲本“不”作“毋”,乙本作“勿”。

［2］虽有舟舆,无所乘之;虽有甲兵,无所陈之。

此从王弼本写定。傅奕本同。帛书本无“虽”字。甲本“舟舆”作“车周”,乙本作“周车”,并“周”假为“舟”。

［3］使民复结绳而用之,甘其食,美其服,安其居,乐其俗。邻国相望,鸡犬之声相闻,民至老死不相往来。

此从王弼本写定而依帛书本改“使人”作“使民”。傅奕本“用之”后误增“至治之极民”五字,“居”作“俗”,“俗”作“业”,末句作“使民至老死不相与往来”。帛书本“乐其俗”在“安其居”前。又甲本“邻”作“𩭐”,“犬”作“狗”。乙本“邻”作“哭”。“哭”即“吝”。

【注释】

①小国寡民——特指远古时期的社会,即今言原始社会中部落氏族时期的生活状态。小国寡民,虽称名为“国”,并非真如后代的建国立制而形成为国家的社会形态。《庄子·胠箧篇》云:“昔者,容成氏、大庭氏、伯皇氏、中央氏、栗陆氏、骊畜氏、轩辕氏、赫胥氏、尊卢氏、祝融氏、伏羲氏、神农氏。当是时也,民结绳而用之。甘其食,美其服,乐其俗,安其居。邻国相望,鸡狗之音相闻,民至老死而不相往来。若此之时,则至治已。”所言与老子此处文字相似,均为道家述古之辞。

②使有什佰之器而不用——假使有效能十倍百倍于人力的器械,也都弃置不用。什佰之器,指十倍或百倍于人力的工作效能的器械工具。帛书本作“十百人之器”,语义更明确。

③使民重死而不远徙——假使民众受到死亡的严重威胁,数死而不能生存,也不会迁徙他乡。重死,数死,多死。犹如死

而复死，以喻面临死亡威胁之甚。《左传》襄公四年："武不可重，用不恢于夏家。"杜注云："重，犹数也。"《荀子·富国篇》："若夫重色而衣之，重味而食之，重财物而制之，合天下而君之，非特以为淫泰也，固以为王天下。"杨倞注："重，多也。直用反。"《史记·春申君列传》："王无重世之德于韩魏，而有累世之怨也。"司马贞《索隐》云："重世，犹累世也。"徙，迁移，躲避。指迁移他乡以避死求生。《玉篇》："徙，移也，避也。"

④虽有舟舆，无所乘之——谓即使有舟船、车舆一类高效能的器械，也没有谁去驾乘使用。无所，没有谁，没有什么人。《吕氏春秋·有度篇》："孔墨之弟子徒属充满天下，皆以仁义之术教导于天下，然而无所行。"谓没有什么人实行。

⑤虽有甲兵，无所陈之——谓即使有坚甲锐兵一类利战的武器，也没有什么人操执使用。陈，排列，摆开。此指握持兵器排列战阵。

⑥使民复结绳而用之——假使让民众重新再回到结绳记事的时期过着古朴简易的生活。结绳，挽结绳子的疙瘩用它来记事。传说文字出现之前，古人用刻木结绳的办法记事。

⑦甘其食，美其服——谓民众亦心满意足而以为那些粗淡之食吃起来非常香甜可口，以为自己的兽皮草衣穿起来特别华美漂亮。甘，意动用法，谓以其食为甘美。美，意动用法，谓以其服为华丽。

⑧安其居，乐其俗——谓民众安居于其简陋之室而不知其苦，欢乐于其朴野之俗而不觉其鄙。

⑨民至老死不相往来——谓民众无欲无求，抱朴守拙，虽至老死而无所争，无所求。往来，指交易进退，各得所欲。

【辨析】

一、此章中"使民重死而不远徙"一句，帛书甲、乙本并无"不"字，作"使民重死而远徙"。疑其乃《老子》之原文。《玉篇》云："远，于阮切，遐也。于劝切，离也。"则"远"字之用，既可作副词，意为远近长短之远；又可以作动词，意为疏远，避开，远离。例如：《诗·邶风·泉水》："女子有行，远父母兄弟。"郑笺云："妇人有出嫁之道，远于亲亲。故礼缘人情，使得归宁。远，于万反。"《国语·周语中》："使无有远志"韦昭注云："远志，离叛也。"叛则远离。《论语·雍也篇》："敬鬼神而远之。"邢疏云："恭敬鬼神而疏远之。"《论语·学而篇》："恭近于礼，远耻辱也。"邢疏云："恭虽非礼，以其能远耻辱，故曰近礼。"《汉书·刘向传》："黜远外戚。"师古注："远谓疏而离之也。音于万反。"《汉书·张骞传》："(大月氏)又自以远远汉，殊无报胡之心。"颜师古注："下远，音于万反。"帛书本"远徙"之远，正用作动词，而谓避开迁徙他乡。然而后世用"远"字作动词日渐稀少，为适应这种语言环境的变化，遂有人于"远徙"前增一"不"字以便利读者，变远离之"远"为远近之"远"。这就使得传世本中，此句成为"使民重死而不远徙"了。

二、关于此章的立言宗旨，前人已经有了明确的注说。如杜道坚云："老圣叹世道不古，智诈相欺为乱，无以挽回人心，于是敷述上古无为之化，以诏后世，使反锲薄之风为淳厚之气。其以道自任若此。"然而近代解说《老子》之书者，往往有人认为此章表达了老子倒退、复古的社会历史观。说老子极力颂扬"小国寡民"的美好生活，主张毁掉一切文化，回到原始社会中去。其实这种认识值得商榷。

通观《老子》全书，可以明确的感到，老子提倡君王体道行德，无为而治，其主要目的是为了让广大民众得以休养生息，过上和平恬静的生活。在老子看来，正是因为君王的私心贪欲，导致了整个社会的欺瞒诈伪，彼此争夺，以至于互相攻杀。要解决这一问题，就要从“少私寡欲”开始，就要“知足知止”，“无为不言”。只有这样，才能使人类社会走向安定和谐，才能使天下达于大治。虽然老子深刻地看到了现实生活中的种种问题，但他不可能预见和幻想到未来人类最终要走向的那种民主的、自由的、博爱的、平等的社会，而人类曾经有过的那种美好的、安定的社会状态，那种十分单纯质朴的氏族生活的影子，自然也就成了老子赞颂的对象。这种对原始社会生活的肯定和颂扬，其本意当然不是说要复古，不是要开历史倒车。如果换个角度来看，老子或者是以肯定原始社会的方式去批判奴隶制文明中的弊病，是以赞颂氏族生活的静谧和谐来批判现实社会中国与国之间的征战攻杀，人与人之间的争斗侵夺。当然，这种批判是在对古代历史非常熟悉的基础上产生的，而老子正是这样的历史学家。

恩格斯对原始氏族社会曾经作过这样的描述，他说：“这种十分单纯质朴的氏族制度是一种多末美妙的制度啊！没有军队、宪兵和警察，没有贵族、国王、总督、地方官和法官，没有监狱，没有诉讼，而一切都是有条有理的。一切争端和纠纷，都由当事的全体即氏族和部落来解决，或者由各个氏族互相解决。”（见《家庭、私有制和国家的起源》）恩格斯描绘原始氏族社会的美妙，是向人们提示出人类将要在更高的形式上复活这个美妙的社会，即建设共产主义社会。阅读恩格斯的话语，或许能够对我们正确地理解老子此章的立言宗旨有所启发。

【译文】

太古时期,那些部族群落中生活的民众,假使有十倍甚至百倍于人力的工作效能的器具,也没有谁去使用它;假使环境极为恶劣甚至让民众无法生存下去,以至于经常遭受死亡的威胁,他们也不愿意迁徙他乡。即使有便利的舟船车舆,也没有谁去乘坐它;即使有坚固锐利的甲胄兵器,也没有谁去使用它。假使让民众再回到结绳记事的原始状态下生活,他们也会满足于自己的粗淡饮食而以为非常甘美,喜爱自己的兽皮草衣而以为特别华丽,安居于自己的石室草屋而无忧无虑,享乐于自己质朴的生活习俗而非常欢喜。他们乐天知命地过着自己的生活,近邻的部族互相间都可以望见,鸡狗鸣叫的声音互相间也能够听见,他们却直到老死也不相往来以求得利益,更不用说攻城掠地的战争了。

八十一章

信言不美,美言不信①。知者不博,博者不知②。善者不多,多者不善③[1]。圣人不积④,既以为人己愈有⑤,既以与人己愈多[2]。故天之道,利而不害⑥;圣人之道,为而不争⑦[3]。

【章旨】

此章老子有两层意思:一是说自己所述虽然质朴率直,没有什么华美的语言,但却是诚实可信的。二是说君王要“为而不争”,千万不可居功自傲,矜夸自大。

【校勘】

[1]信言不美,美言不信。知者不博,博者不知。善者不多,多者不善。

此从帛书乙本写定。甲本多有缺损。王弼本作“信言不美,美言不信。善者不辩,辩者不善。知者不博,博者不知”。傅奕本同王本而“善者”作“善言”,“辩者”作“辩言”。

[2]圣人不积,既以为人已愈有,既以与人已愈多。

此从王弼本写定。傅奕本、帛书本“不积”作“无积”。又甲本多有缺损。乙本末句作“既以予人矣已俞多”。

[3]故天之道,利而不害;圣人之道,为而不争。

此从王弼本写定而依帛书本增“故”字。傅奕本与王弼本相同。帛书甲本全部缺损。乙本无“圣”字。

按:末句帛书乙本无“圣”字,作“人之道,为而不争”。七十七章言:“天之道,损有余而补不足。人之道则不然,损不足以奉有余。夫孰能有余而有以取奉于天下?唯有道者乎!”据此可知帛书乙本乃夺一“圣”字,作“人之道,为而不争”,显然不合老子本义。

【注释】

①信言不美,美言不信——谓诚信之言质朴实在,没有什么华丽的词语。而华美之言则往往缺少诚信。信言,诚实无欺的话语。《广雅·释诂》:“信,诚也。”

②知者不博,博者不知——谓真能明知于事要者,必专精熟识于其事而不务多闻博识;而多闻博识者亦必不能专精真知于其事。知,真知于事,指对事物有深入真切的认识。博,谓多闻博识。

③善者不多,多者不善——谓明道之君能守柔处下而无为不争,其言语行为从不自是自贤。而君王之自矜自大者,则必不能循守大道而成其善德。善者,即“天道无亲,恒与善人”之善人,指君王之明知于大道而能持守循行者。多,称扬、赞美之意。

④圣人不积——谓明道之君不积其功以自伐,不蓄其财以自贤。积,蓄藏,积存。《说文》:“积,聚也。”《庄子·天道篇》云:“天道运而无所积,故万物成;帝道运而无所积,故天下归;圣道运而无所积,故海内服。”其“积”,并谓积滞而不通。道家以为:人君当体道行德,“生而弗有,为而弗恃,长而弗宰”,若积劳伐功,自贤其能,则违天弃众而庶事无成。

⑤既以为人己愈有——意谓君王在以功劳财富施与众人之后,而自己则益加有德。为,施予,赠予;同“遗”。《广雅·释诂》:“为,施也。”《广韵》:“为,助也。”《诗·大雅·凫鹥》:“公尸燕饮,福禄来为。”郑笺云:“为,犹助也。”为人,指施予众人,给予他人。与下“与人”义同。

⑥天之道,利而不害——谓上天所遵循的原则,只是惠及万物而无所妨害。利,指利益天下万物。

⑦圣人之道,为而不争——谓圣人所遵循的原则,就是恩泽施予他人而不争其功。为,同“遗”,给予、赠送。即七十七章所言“有余而有以取奉于天下”。

【译文】

诚信真实的话语总是质朴无华、实实在在,而浮华漂亮的话语则常常虚伪不实;有真知灼见的人从不追求广博宽泛的学问而无所专注,那些广收博览而无所专注的人也决不会有真知灼见。持守大道而无欲无为的人从不夸矜自大,炫耀自我;而喜好炫耀矜夸的人也决不会无私无欲，虚静无为。明道之君从不贪求功绩与蓄积货财，拿这些货财馈赠帮助别人之后，自己反而拥有更多的恩德；拿这些功劳给予他人之后，自己反而得到更大的成就。因此说，上天所遵循的原则，是惠及万物而无所妨害；明道之君所遵循的原则，是施予帮助他人而无欲不争。